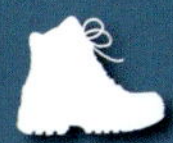

Matthias Hiergeist
Hans-Peter Müller

WANDERFÜHRER

BAYERISCHES DONAUTAL & KLOSTERWINKEL

Entdecker-Touren zwischen Deggendorf und Passau

SüdOst Verlag

Vorwort

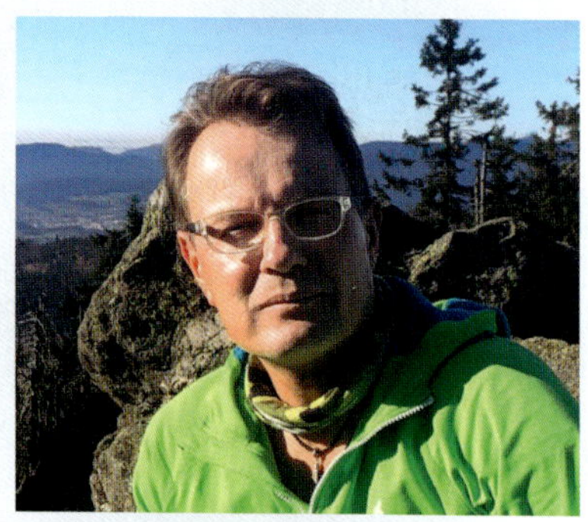

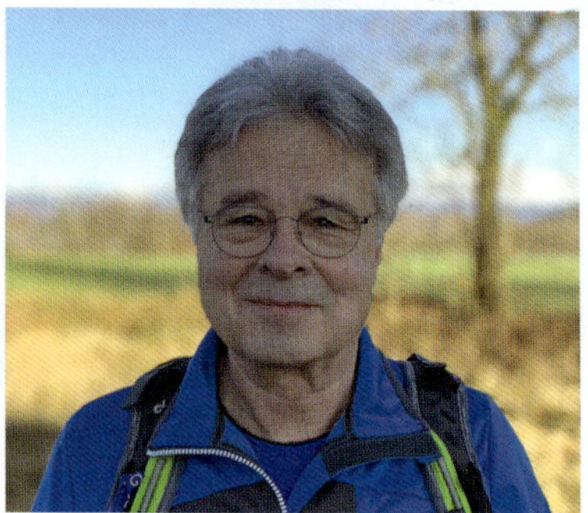

Matthias Hiergeist ist 1972 geboren und Touristiker mit vollem Herzen.
Als Geschäftsführer der Tourismusgemeinschaft Bayerisches Donautal und Klosterwinkel e.V. ist er zuständig für 13 Mitgliedsgemeinden und setzt sich für die Erlebnisregion ein.
Bekannt als Globetrotter, kulturell und kulinarisch interessiert, ist er als ehemaliger Hotelier und Gastronom ein geselliger Zeitgenosse.
Als Jakobspilger startend von seiner niederbayerischen Heimat, ist er jedes Jahr immer wieder ein Stück unterwegs Richtung Santiago di Compostela.
Aber natürlich ist er auch immer wieder auf den Wanderwegen des Bayerischen Waldes, aber auch grenzüberschreitend in Böhmen, Österreich und Südtirol unterwegs.

Hans-Peter Müller ist Jahrgang 1953 und seit einigen Jahren im Ruhestand. Aufgewachsen ist er in der Nähe der Kleinstadt Vilshofen an der Donau. Dort hat er auch den Großteil seines Lebens verbracht. Das Wandern war schon immer seine Leidenschaft. Seitdem nun auch seine Kinder aus dem Haus sind, hat er wieder mehr Zeit dafür und durchstreift hauptsächlich den Böhmerwald von der Oberpfalz, über den Bayerischen Wald mit dem Grenzbereich in Tschechien bis nach Oberösterreich.

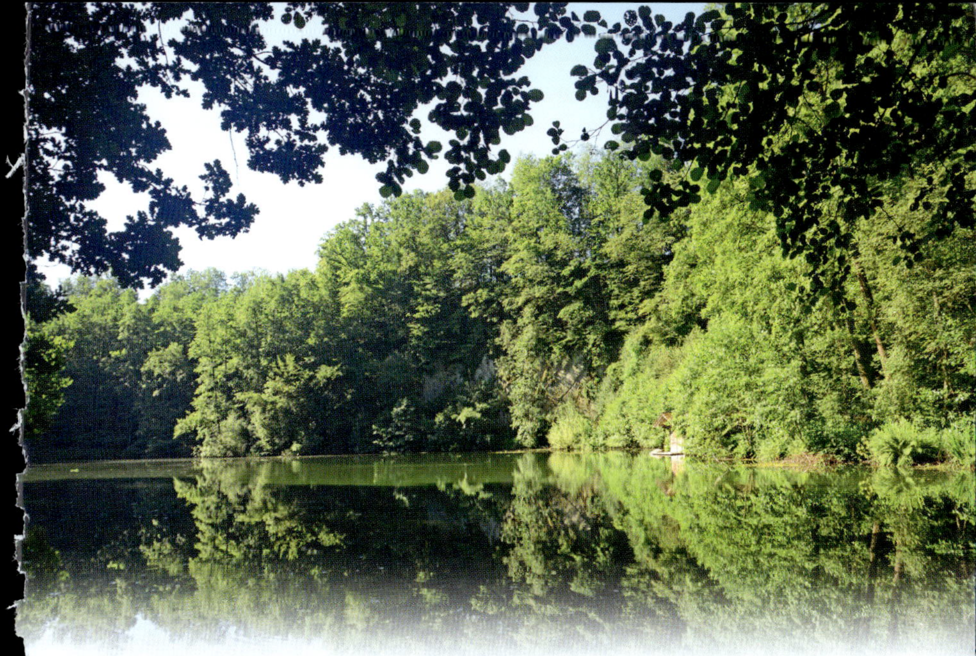

Nach diesem kurzen Steckbrief von uns, den beiden Autoren dieses Wanderführers, nun die Antwort auf die Frage, wie es zu diesem Buch kam: Im Januar 21 entdeckte ich, Matthias, den gerade im Battenberg Gietl Verlag neu erschienenen Wanderführer „Lallinger Winkel und Sonnenwald" von Sonja Berndl – und es war mir sofort klar, so einen brauchen wir auch für unsere schöne Region Bayerisches Donautal und Klosterwinkel!
Also, kurz entschlossen, Kontakt aufgenommen – und ich rannte offene Türen ein.
Es bestand sofort Interesse und wir waren uns schnell einig – noch dazu hatte der Verlag schon einen sehr guten „Mit-Autor" im Auge, der mir beim Erwandern, Beschreiben und auch Fotografieren der Wegstrecke helfen konnte.
Also wieder, kurz entschlossen, Kontakt mit Hans-Peter aufgenommen – und dieser brauchte nicht lange zu überlegen und sagte zu.

Ich stellte 20 abwechslungsreiche und interessante Wanderwege zusammen, im Gebiet von der Isarmündung bis Fürstenzell, und der sich im Ruhestand befindende Hans-Peter legte los, erstellte Tourenbeschreibungen, bearbeitete GPX-Daten und brachte seine Fotos mit ein.

Im Herbst 2021 war sprichwörtlich alles im Kasten.

Wir wünschen euch beim Erwandern und Erkunden der in diesem Buch vorgestellten Touren viel Spaß, neue Entdeckungen, bleibende Eindrücke und tolle Ausblicke!

Inhaltsverzeichnis

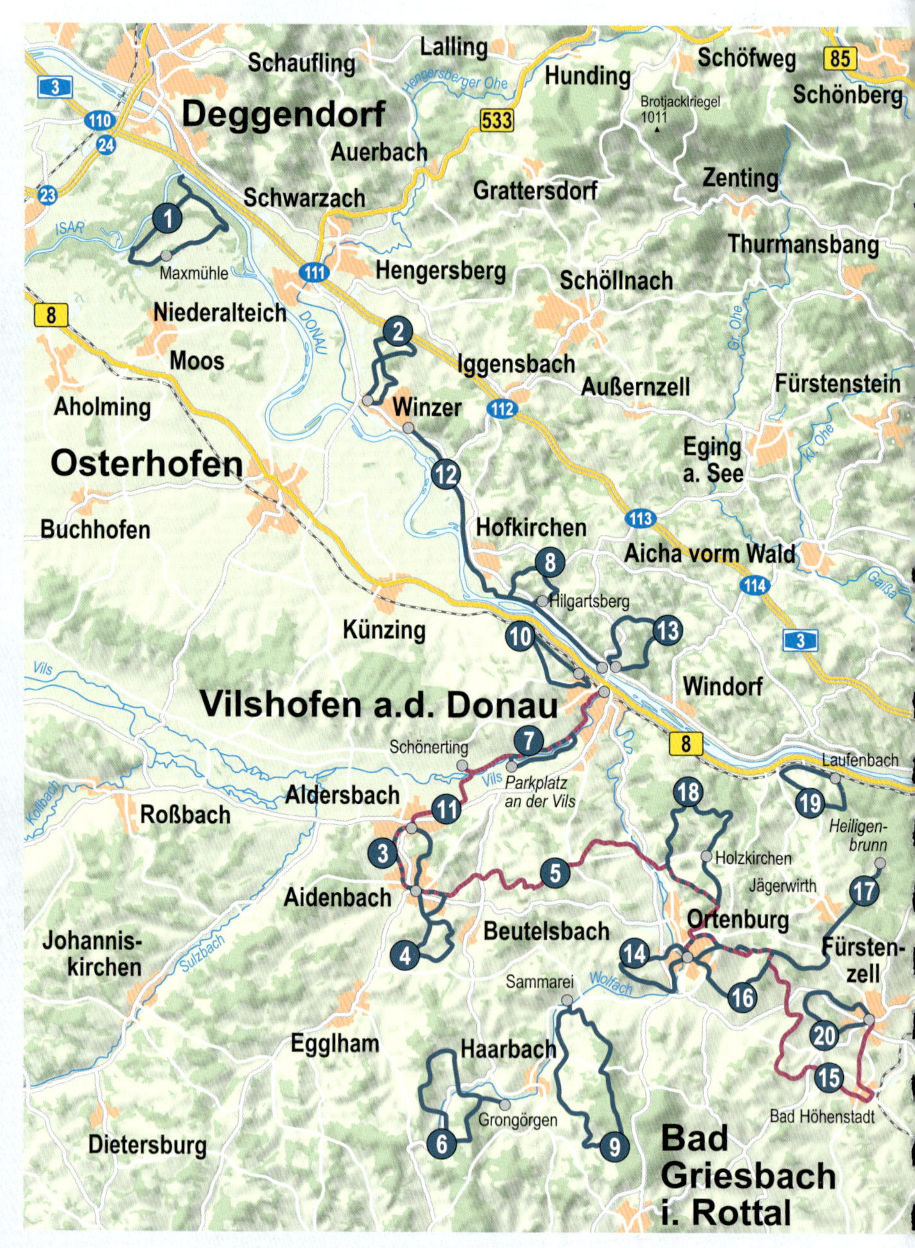
Schaufling
Lalling
Hunding
Schöfweg
85
Schönberg
3
110
24
Deggendorf
Hengersberger Ohe
533
Brotjacklriegel
1011
Auerbach
Zenting
23
Schwarzach
Grattersdorf
ISAR
1
Thurmansbang
Maxmühle
111
Hengersberg
Schöllnach
8
Niederalteich
DONAU
Gr. Ohe
2
Moos
Iggensbach
Außernzell
Fürstenstein
Aholming
Winzer
112
Eging
a. See
Kl. Ohe
Osterhofen
12
113
Buchhofen
Hofkirchen
Aicha vorm Wald
8
114
Gaißa
Hilgartsberg
Künzing
10
13
3
Vils
Windorf
Vilshofen a.d. Donau
7
8
Schönerting
Laufenbach
Vils
Parkplatz
an der Vils
Aldersbach
18
19
Kollbach
Roßbach
11
Heiligen-
brunn
3
Holzkirchen
5
Jägerwirth
17
Aidenbach
Ortenburg
Beutelsbach
Johannis-
kirchen
Fürsten-
zell
14
Sulzbach
4
Sammarei
Wolfach
16
20
Egglham
Haarbach
15
Grongörgen
Bad Höhenstadt
6
9
Bad
Griesbach
i. Rottal
Dietersburg

1. Isarmündung
2. Kapellenwanderweg
3. Stüberlweg
4. Denkmalweg
5. Via Nova – Etappe Aidenbach – Ortenburg
6. Leonhardiweg
7. Granitweg
8. Hilgartsberger Rundweg
9. Wallfahrtsweg Sammarei
10. Hölzlöder Panoramaweg
11. Via Nova – Etappe Vilshofen – Aidenbach
12. Donauplanetenweg
13. 7-Brückerlweg
14. St. Kolomanweg
15. Via Nova – Etappe Ortenburg – Fürstenzell
16. Voglsingerweg
17. Friedensweg
18. Römersteig
19. Durchs Laufenbachtal
20. Fürstenzeller Kreuzweg

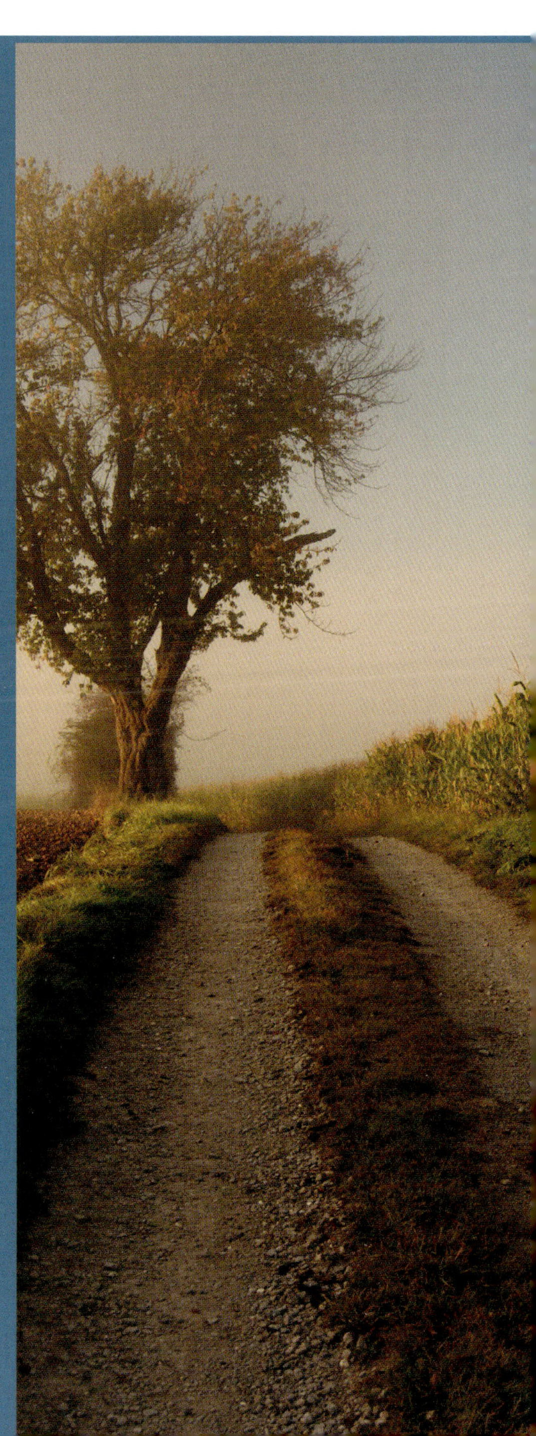

Wandern im Bayerischen Donautal und Klosterwinkel

Dichte Wälder, saftige Streuobstwiesen und weitreichende Felder durchzogen von rauschenden Fluss- und Bachläufen prägen die Wanderregion Bayerisches Donautal und Klosterwinkel.

Mitten im Herzen Niederbayerns ist das Wandern in der unberührten Natur der Vilsauen oder entlang herrlicher Wege an der Donau und Isarmündung besonders schön. Abwechslung und Gemeinsamkeiten erleben ist hier besonders und einzigartig.

Historische Wege erkunden, mit dem Friedensweg bei Ortenburg, oder auch auf dem Denkmalweg bei Aidenbach, Ort der Bauernschlacht von 1706.

Pilgern Sie auf der Via Nova durch den Klosterwinkel, lernen Sie die jahrhundertealten Zeugen der Volksfrömmigkeit der Gegend, mit den Wallfahrtskirchen Grongörgen und Sammarei kennen.

Oder lassen Sie einfach mal die Seele baumeln, entspannen Sie sich vom Alltag, tanken Sie neue Kraft und genießen Sie mit allen Sinnen die herrliche Natur.

„Die schönsten Erinnerungen sind Erlebnisse, für die man sich Zeit genommen hat."

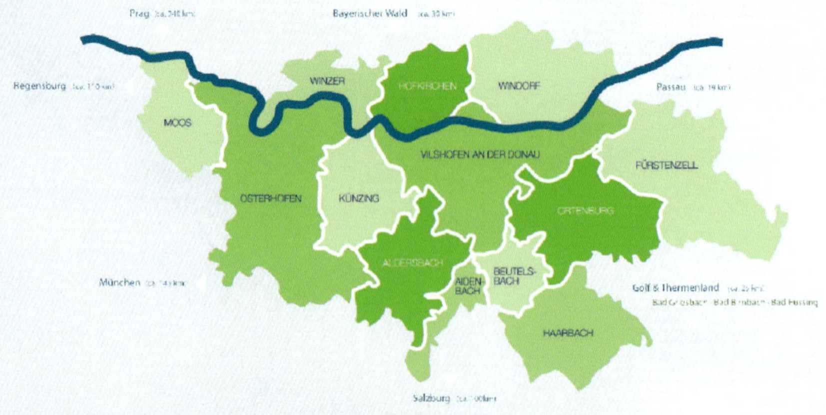

Respektvoll auf dem Weg & mit der Natur

In letzter Zeit sind immer mehr Menschen „outdoor" unterwegs. Ob zu Fuß, mit dem Bike oder einfach nur, um die Natur zu genießen. Sie ist für uns alle ein wertvolles Gut, und daher müssen wir sie jetzt und auch für die Zukunft schützen. Bitte verhaltet euch umsichtig, seid respektvoll miteinander und schützt die Umwelt. „Seid's freundlich zueinander!"

12 Tipps für „Respektvoll auf dem Weg & mit der Natur":

1. Informieren Sie sich vor der Abfahrt über Ihr Ziel, die Anreise und mögliche Parkplätze.
2. Respektieren Sie Schutzzonen (z. B. im Nationalpark oder Auerhahnschutzgebiete).
3. Bleiben Sie auf Pfaden und Wegen. Respektieren Sie das Eigentum der Grundstücksbesitzer.
4. Schonen Sie Flora und Fauna.
5. Abfall gehört in den Rucksack.
6. Vermeiden Sie das Befahren und Begehen von Wald und Wiesen zur Dämmerung oder nachts. Tiere brauchen nachts ihre Ruhe.
7. Machen Sie kein offenes Feuer in der Natur.
8. Parken Sie nur auf offiziellen, ausgewiesenen Parkplätzen.
9. Nehmen Sie Ihren Hund in der freien Wildbahn bitte immer an die Leine und lassen Sie die Hinterlassenschaften nicht liegen.
10. Mountainbiken und Radfahren bitte nur auf ausgewiesenen Radwegen.
11. Betreiben Sie Wassersport oder Baden nur auf den dafür vorgesehenen Plätzen.
12. Berücksichtigen Sie stets Ihre eigene Fitness und was Sie sich zutrauen können.

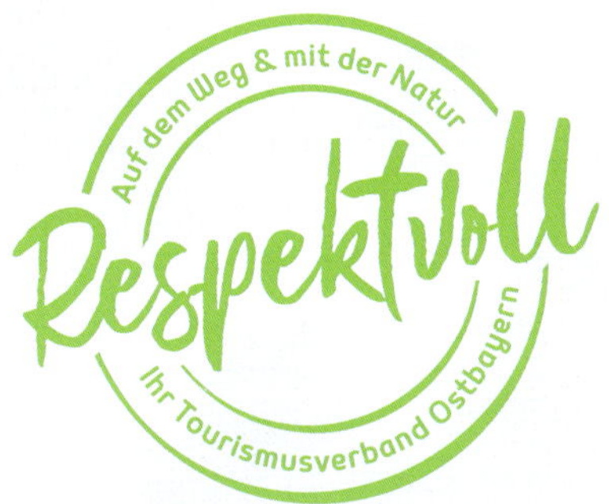

(Quelle: Tourismusverband Ostbayern e.V.)

Die VIA NOVA

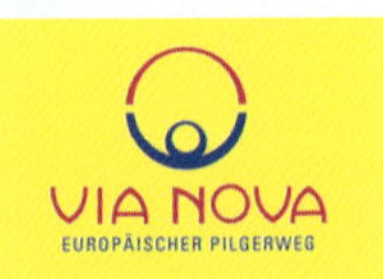

Für die modernen Pilger werden die wiederentdeckten Pilgerwege und alten Handelswege vor der eigenen Haustüre immer beliebter. Zudem muss man auch nicht unbedingt ein religiöser Mensch sein, um auf eine Fuß-Wallfahrt zu gehen.

2005 wurde in Aigen am Inn feierlich der Europäische Pilgerweg Via Nova eröffnet. Der Wanderweg soll zu neuem Bewusstsein führen und will als mustergültiges Beispiel der alten Lebensweisheit „Der Weg ist das Ziel" dienen.

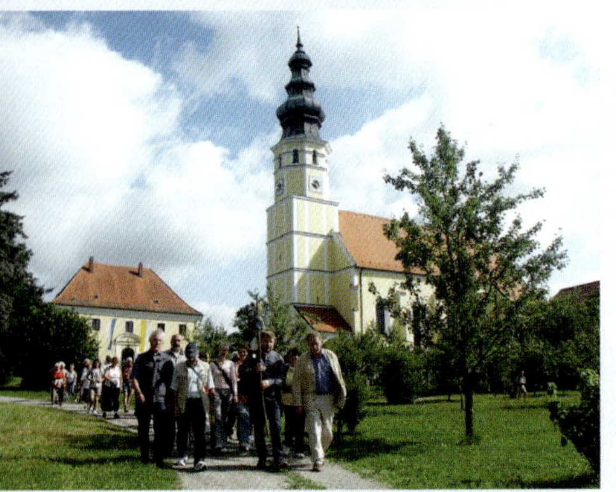

Die Via Nova ist ein spiritueller Weg ins 21. Jahrhundert, ein Zeichen für Hoffnung, Frieden und Umkehr zum Leben. Auf diesem Weg durch bezaubernde Landschaften gibt es Wallfahrtskirchen und Wegkreuze, malerische Orte der Kraft und der Ruhe, der Schönheit und Geschichte. Orte der Spiritualität, die eine Begegnung mit der Natur und ihren Elementen und sich selbst ermöglichen. Durchgehendes Erkennungszeichen ist das Logo mit dem Schriftzug „Via Nova" in blauer Farbe auf gelbem Hintergrund.

Der Name „Via Nova" – neuer Weg – klingt griffig, aber was hier zählt, ist, dass Menschen den Weg wirklich gehen. Wer auf diesem Weg einmal unterwegs war, sollte es gerne weitererzählen: Diesen Weg muss man mal gegangen sein! Denn was das Herz bewegt, setzt die Füße in Bewegung. Die längste Reise ist jene zu sich selbst. Das Leben ist kein Rätsel, das gelöst werden kann, sondern ein Geheimnis, das gelebt werden muss.

„Menschen machen sich auf den Weg, um Gott, den Mitmenschen und sich selbst anders zu erfahren; sie brechen auf aus ihrem Alltag, ihrem Komfort, ihrem gewohnten Umfeld, um mit Körper, Geist und Seele am fremden Ort einzukehren und Neues zu entdecken."

In Vilshofen an der Donau ist die Schnittstelle des Weges aus dem tschechischen Pribram mit über den Böhmerwald kommenden Etappen, und der Wallfahrt entlang der Donau, startend in Weltenburg, über die Klöster Mallersdorf, Metten und Niederaltaich.

In diesem Wanderführer wird die weitere Wegefolge von Vilshofen nach Aldersbach, über Aidenbach, Ortenburg und Fürstenzell beschrieben.

Anschließend geht es über den Inn, ins Salzkammergut und zum Ziel des Pilgerwegs nach St. Wolfgang.

Die Gebrüder Asam

Wer im Bayerischen Donautal & Klosterwinkel auf den Spuren der Kirchen und Klöster wandelt, trifft unweigerlich auf einige bedeutende Werke der Brüder Asam. Sie gehören zu den wichtigsten Vertretern des deutschen Spätbarocks und waren zu ihrer Zeit so populär, dass sie sich vor Aufträgen kaum retten konnten.

Cosmas Damian (1686 - 1739) und Egid Quirin Asam (1692 - 1750) holten für die Bayern den Himmel auf die Erde. Die beiden Brüder schufen spätbarocke Gesamtkunstwerke in Malerei, Plastik und Architektur und machten aus Kirchenräumen Bühnen ihres Könnens. Geprägt vom künstlerisch tätigen Elternhaus - der Vater war auch ein bedeutender Kirchenmaler - ließen sich die Brüder bei namhaften Kirchenmalern ihrer Zeit aus- und weiterbilden.

Anschließend spezialisierte sich Egid Quirin auf das Stuckateurs-Handwerk, die Bildhauerei und Architektur. Cosmas Damian glänzte als Freskenmaler. Durch die perfekte Symbiose ihrer Talente konnten sie in ihrer relativ kurzen Schaffenszeit sehr viele Aufträge, meist gemeinsam, in ganz Süddeutschland und im benachbarten Ausland umsetzen.

Mit dem durch ihre Ausbildung geprägten italienischen Stil schufen sie opulent gestaltete Kirchenräume mit illusionistischer Perspektive hin zum Hochaltar. Ein unverkennbares Stilelement für Arbeiten von Cosmas Damian Asam war die Kunst, ernste, sakrale Themen in alltäglichen Szenen darzustellen, und zu gern platzierte er auch ein Bild von sich selbst in die Szenen.

Im Bayerischen Donautal & Klosterwinkel findet man beispielhaft für ihre künstlerische Schaffenskraft die als Asambasilika bekannte päpstliche Basilika St. Margaretha in Altenmarkt bei Osterhofen sowie die Klosterkirche Mariä Himmelfahrt in Aldersbach. Hier schufen sie zusammen mit dem Baumeister Johann Michael Fischer die beeindruckendsten Barockkirchen Bayerns.

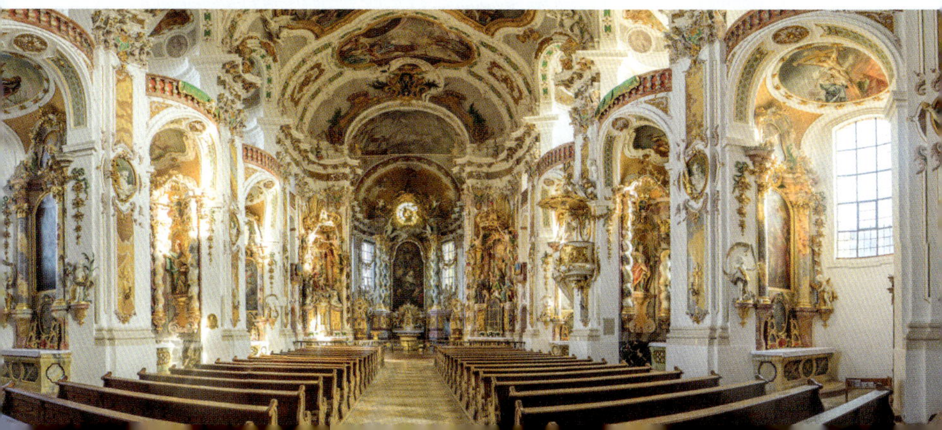

Die Isarmündung – Biotop und Naturschutzgebiet

Die Isar fließt bei Moos in die Donau, auf ihren letzten Flusskilometern ist eine geräumige, naturnahe Auenlandschaft erhalten geblieben. In Flussnähe durchziehen zahlreiche Rinnsale und Altwässer die Aue, umgeben von Wäldern und Wiesen. Die anschließenden Auwälder dehnen sich kilometerweit ins Hinterland aus. Rund 500 Hektar der Fläche werden noch regelmäßig überflutet, was in der heutigen Kulturlandschaft einzigartig ist. Dabei ist das Flussbett reguliert, die Hochwasserdeiche durchtrennen die Landschaft.

Dennoch repräsentiert das Isarmündungsgebiet das Ökosystem als Biotop in beeindruckender Vielfalt.

Bereits 1973 erhielt das Auengebiet an der Isarmündung seinen ersten flächenhaften Schutzstatus.

Seit 2006 unterliegt die Isarmündung auf 2.132 Hektar auch europäischen Naturschutzrichtlinien und ist mit dem Naturdenkmal „Sammerner Heide“ und deren blütenreichen Magerrasen, den Schutzgebieten „Untere Isar“ und „Isarmündung“ und seinen Auenlandschaften Lebensraum zahlreicher Vogelarten – nun Teil des Schutzgebietssystems NATURA 2000.

Die Natur wird hier größtenteils sich selbst überlassen. Um sie dennoch Besuchern zugänglich zu machen, wurde das „Infohaus Isarmündung“ mit seinen Außenanlagen und Wanderwegen eingerichtet.

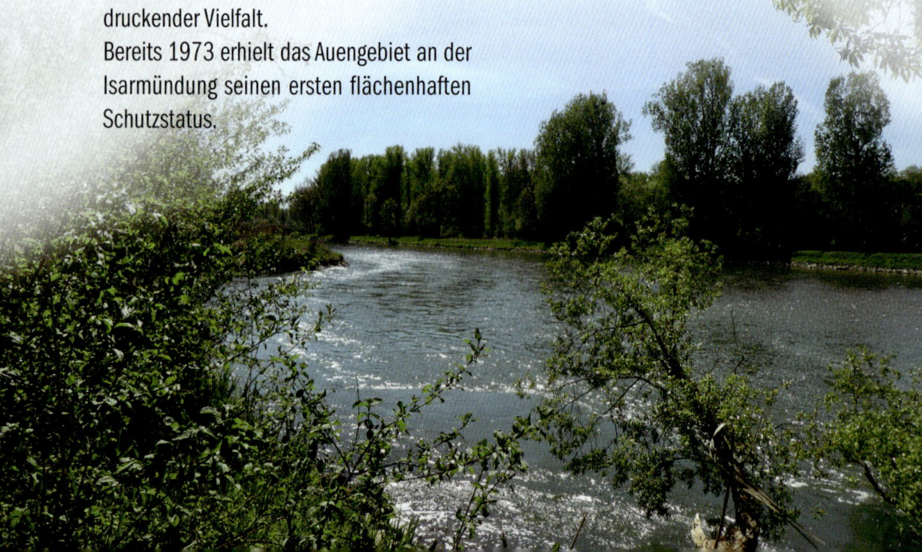

Wandern mit GPS

Dieses Buch ist so aufgebaut, dass Sie die Wege mithilfe der Tourbeschreibungen und der abgebildeten Karte auch ohne moderne Technik finden können. Es kann aber sicher nicht schaden, wenn man im Zweifelsfall auf technische Hilfsmittel zurückgreifen kann; besonders nützlich ist die elektronische Unterstützung auf unmarkierten Streckenabschnitten. Deshalb bieten wir unseren Lesern auf der Webseite des Verlags die GPS-Daten zu diesem Wanderführer kostenlos zum Download an. Die Adresse der Webseite lautet: **https://gps.battenberg-gietl.de/**. Geben Sie zuerst das Passwort **7KuFq268** in das entsprechende Feld ein und klicken Sie dann bei der Tour Ihrer Wahl auf den Download-Button.

Die GPS-Daten wurden sorgfältig vom Autor erstellt. Es kann aber vorkommen, dass Ihre Position aus technischen Gründen nicht exakt angezeigt werden kann. Mit Hilfe der Wegbeschreibungen und einer Wanderkarte sollten Sie sich aber stets orientieren können.

Die Touren sind im gängigen GPX-Format gespeichert. Sie können einzelne Touren direkt herunterladen oder gleich alle auf einmal; in dem Fall erhalten Sie eine ZIP-Datei, die Sie erst einmal „entpacken“ müssen.

Um die GPS-Daten benutzen zu können, benötigen Sie ein Smartphone (iPhone oder Android) mit GPS-Empfänger und eine App, die GPX-Dateien darstellen kann (z. B. Komoot, Bergfex, Outdooractive o. ä.). Sie sollten nach Möglichkeit die Dateien so speichern, dass Sie sie offline nutzen können, da häufig Wälder und Berge beim Netzausbau nicht vorrangig behandelt werden und es im Online-Betrieb bei schlechtem Netz zu lästigen Verzögerungen kommen kann.

Navigationsaufgaben verursachen meist einen höheren Energieverbrauch auf dem Smartphone. Achten Sie daher besonders bei längeren Touren darauf, dass der Akku ausreichend aufgeladen ist.

HINWEISE

- angegebene Infos zu **Gaststätten, Wirtshäusern und Biergärten:** Es kann immer zu spontanen Änderungen von Öffnungszeiten oder auch zu generellen Schließungen kommen. Wir bitten Sie, dies bei Ihrer Tourplanung zu berücksichtigen und sich vorab selbst über die tagesaktuellen Öffnungszeiten der jeweiligen Gaststätte zu informieren – telefonisch oder auf der Website (falls vorhanden).
- angegebene **Gehzeiten:** Der Autor ist mit einer Geschwindigkeit von 4 – 4½ km/h unterwegs.
- **Wanderrouten:** 15 der Touren in diesem Wanderführer sind Rundwanderwege. Die 3 Etappen der VIA NOVA, der Friedensweg und der Donauplanetenweg sind sogenannte Zielwanderwege, d. h. Start und Ziel sind nicht identisch. Der jeweilige Hin- oder Rückweg kann mit öffentlichen Verkehrsmitteln durchgeführt werden.

Isarmündung

Einzigartige Auenlandschaft für Fauna und Flora

Mittel

13,3 km

↓↑ 50 m

3 Std.

Maxmühle – Grieshaus – Isarmünd – Maxmühle

Im Mündungsbereich der Isar entstand eine einzigartige Auenlandschaft – eine Oase an Naturschätzen.

Markierung:
Beschildert mit der Nr. 3 – schwarze Schrift auf gelbem Grund

Parken:
Maxmühle – Parkplatz Infozentrum Isarmündung

Infozentrum Isarmündung:
Dr. Georg Karl Haus
Maxmühle 3, 94554 Moos
Tel. 09938 919098
info@infozentrum-isarmuendung.de
www.infozentrum-isarmuendung.de/
Öffnungszeiten: 1. April bis 31. Oktober von Mittwoch bis Sonntag 10:00 bis 17:00 Uhr

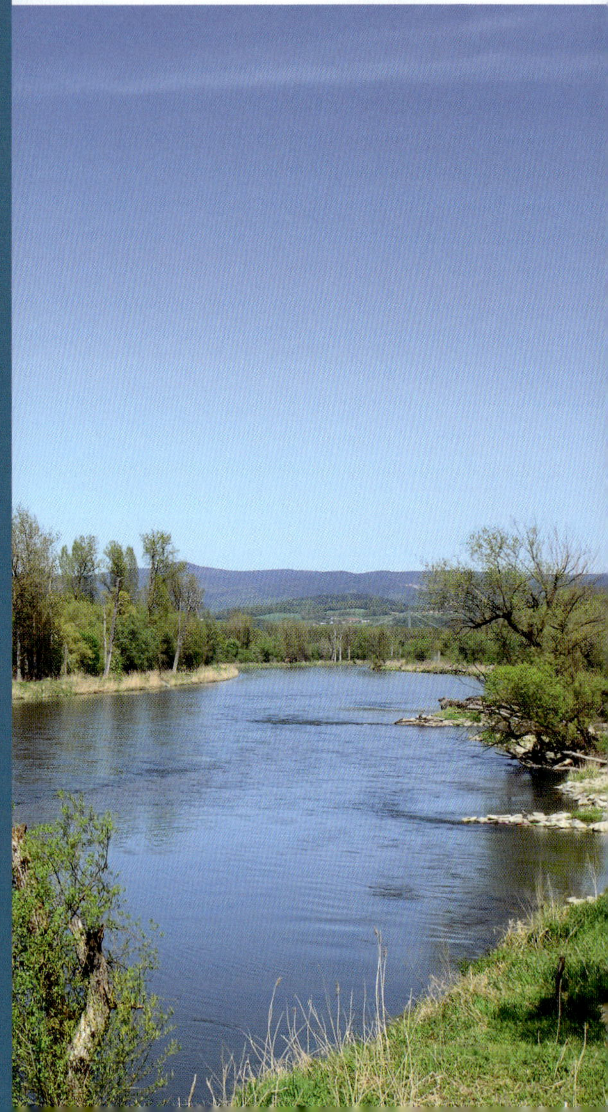

Blick vom Aussichtsturm auf die Isar

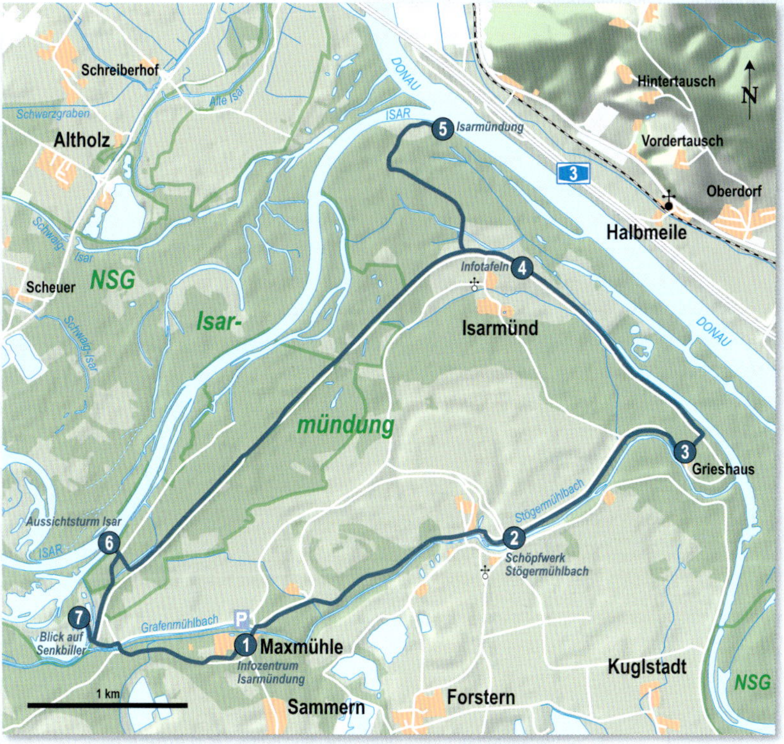

❶ Infozentrum Isarmündung Start/Ziel

❷ Schöpfwerk Stögermühlbach

❸ Grieshaus

❹ Infotafeln

❺ Isarmündung

❻ Aussichtsturm Isar

❼ Blick auf Senkbiller

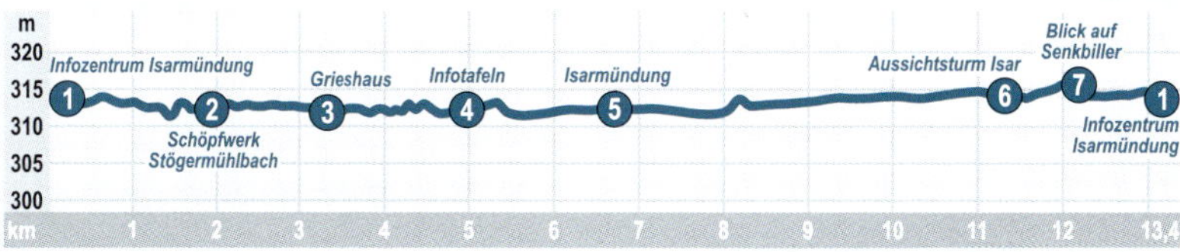

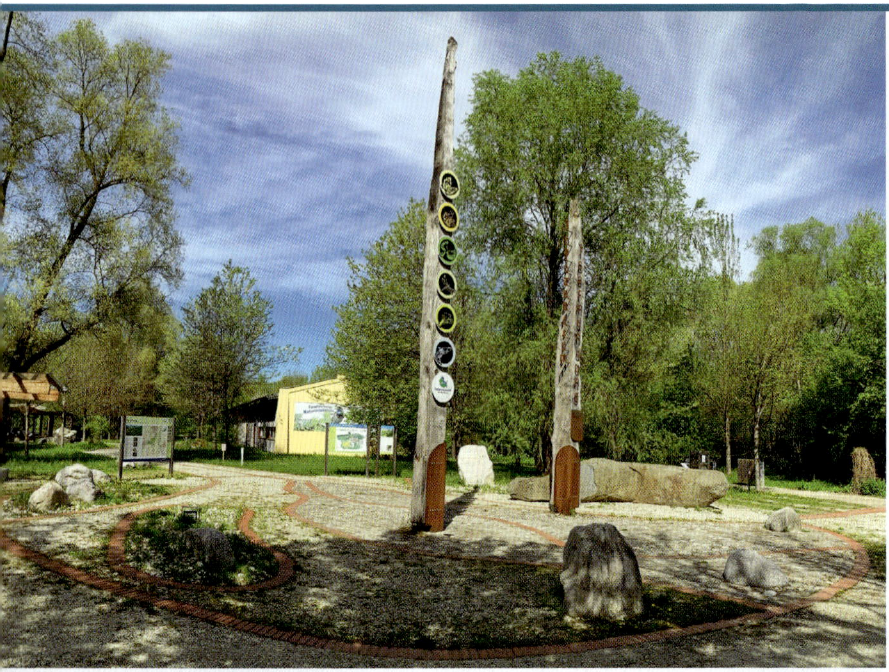

Infozentrum Isarmündung, Start und Ziel

Die Tour beginnt in Maxmühle am Parkplatz des Infozentrums Isarmündung. Wir gehen Richtung Gasthaus „Zur Grafenmühle“, über die Brücke des Grafenmühlbaches und vorbei am Kraftwerk Grafenmühle ❶. Jetzt folgen wir rechts auf der beginnenden Dammkrone dem Wanderweg Nr. 3. Nach etwa 150 m mündet der Grasweg in einer Rechtskurve in eine Schotterstraße. Wir wandern auf der Dammkrone am Grafenmühlbach entlang bis zur Kreuzung bei der Zimmerei Max Würf. Geradeaus über die Kreuzung und ein kurzes Stück auf der Teerstraße weiter, bis zum neu erbauten Schöpfwerk Stögermühlbach. Bei Hochwasser kann hier das Wasser über 3 große Förderschnecken abgepumpt werden ❷.

Wir gehen jetzt wieder auf der Dammkrone, passieren das Schöpfwerk Isarmünd und nähern uns in einer weiten Rechtskurve unse-

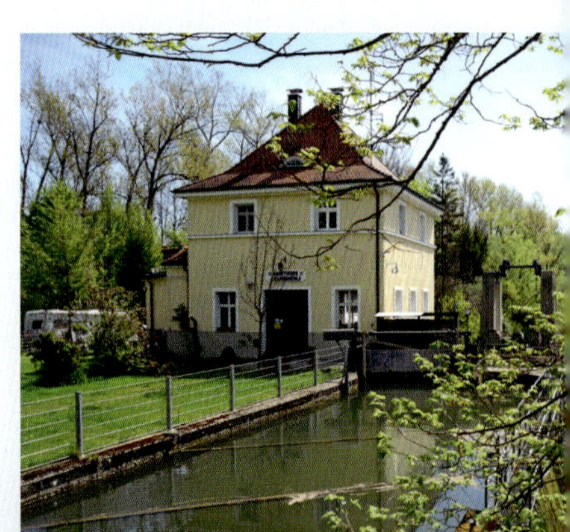

Kraftwerk Grafenmühle

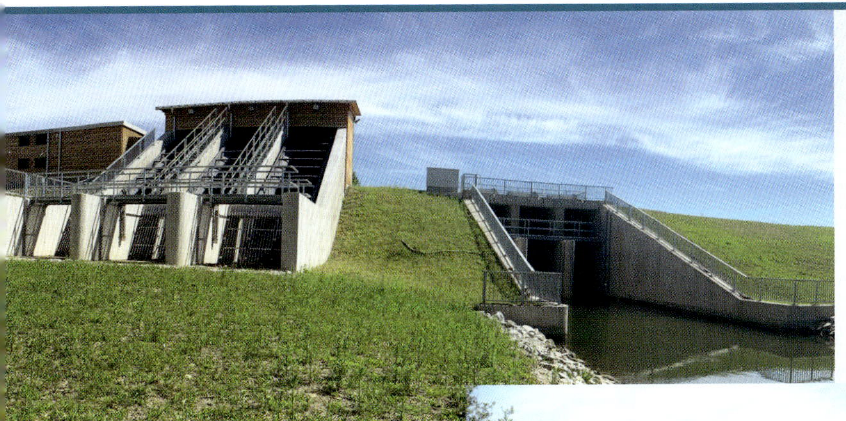

Schöpfwerk Stögermühlbach

rem ersten Ziel, dem Grieshaus. Der begleitende Bach heißt jetzt Stögermühlbach. Am Ende des Dammes führt links eine Treppe hinunter auf die Straße.

Die idyllisch gelegene Waldschänke Grieshaus lädt mit seinem schattigen Biergarten zu einer Pause ein. Für die Kinder gibt es einen tollen Abenteuerspielplatz zum Austoben ❸. Anschließend gehen wir wieder das kurze Stück zurück zur Treppe und halten uns jetzt rechts Richtung Wald. Nach etwa 50 m treffen wir auf eine Schotterstraße, der wir links folgen. Alternativ kann man auch auf der Dammkrone gehen. Hier hat man eine bessere Sicht. Rechts begleitet uns ein Altwasserarm der Donau. Nach etwa 700 m erreichen wir seitlich der Ortschaft Isarmünd eine größere Kreuzung mit Bänken und Infotafeln ❹. Wir folgen nun dem Wegweiser zur Isarmündung in ca. 1,6 km. Auf einer Schotterstraße geht es durch den lichten Auwald. Nach etwa 20 Minuten sehen wir die Isar und folgen ihr die wenigen Meter bis zur

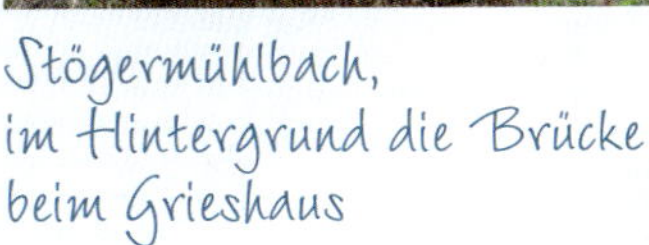

Stögermühlbach, im Hintergrund die Brücke beim Grieshaus

Mündung in die Donau. Von Weitem grüßt der Pylon der Autobahnbrücke Deggendorf ❺. Wieder zurück an der vorherigen Kreuzung biegen wir jetzt scharf rechts ab und gehen auf der Dammkrone weiter. Nach einer leichten Linkskurve verläuft der Damm fast geradeaus. Links und rechts des Weges sehen wir Auwälder. Sattes Grün der Bäume und Wiesen wechseln sich mit dem Braun der Schilfgürtel ab. In etwa 3 km sehen wir

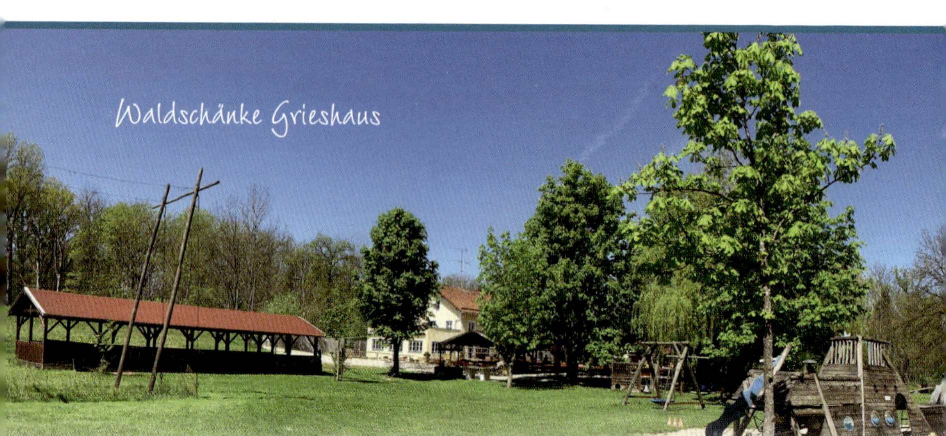

Waldschänke Grieshaus

rechts in einiger Entfernung einen hölzernen Aussichtsturm. Bei einem Wegweiser führt rechts eine Treppe zu einem Wiesenweg hinunter. Dieser mündet in eine Schotterstraße und wir erreichen nach wenigen Metern den Aussichtsturm am Ufer der Isar. Von oben hat man einen schönen Rundumblick auf die Isar und die Isarauen ❻.
Vom Turm gehen wir auf der Schotterstraße ein kurzes Stück zurück und halten uns an der Einmündung rechts. Nach etwa 450 m kommen wir auf der Dammkrone an eine Kreuzung. Normalerweise führt der Wanderweg geradeaus drüber. Wer aber noch einen letzten schönen Blick auf den Senkbiller, einen Altwasserarm der Isar, haben will, geht jetzt rechts die ca. 200 m auf der Dammkrone weiter und bei der nächsten Kreuzung wieder rechts. Nach wenigen Metern bietet sich links eine schöne Aussicht auf den Senkbiller ❼.
Wieder zurück an der Kreuzung gehen wir geradeaus weiter und biegen nach ca. 150 m rechts ab. Wir überqueren den Grafenmühlbach und halten uns links. Die Schotterstraße führt direkt zum Ausgangspunkt zurück.

Isarmündung, im Hintergrund der Pylon der Deggendorfer Autobahnbrücke

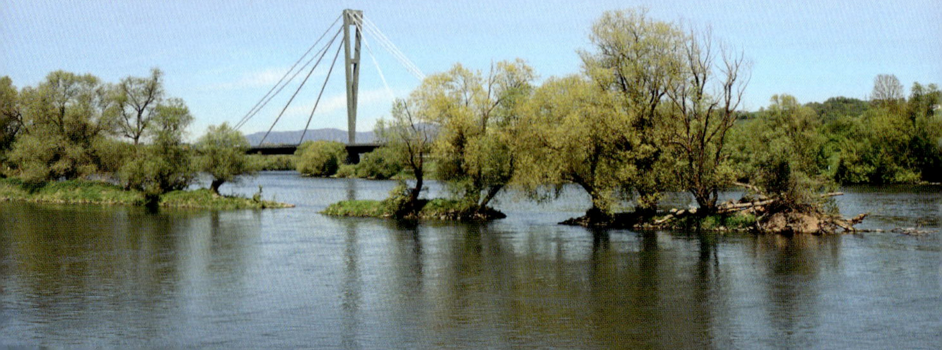

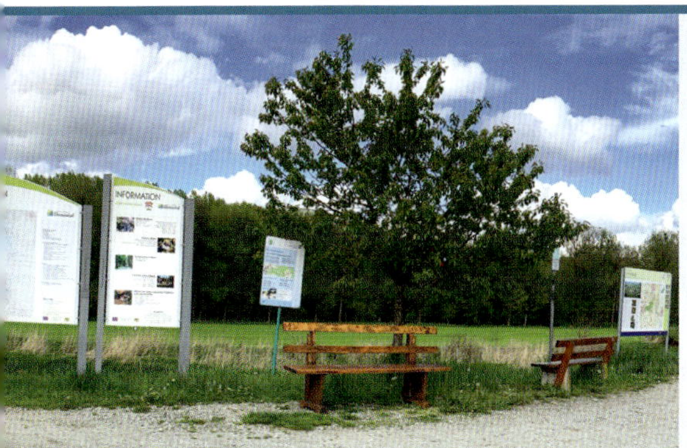

Kreuzung mit Infotafeln
bei der Ortschaft Isarmünd

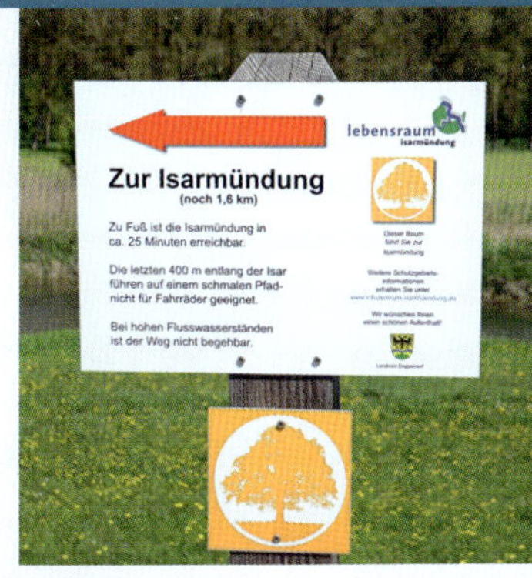

Wegweiser
zur Isarmündung

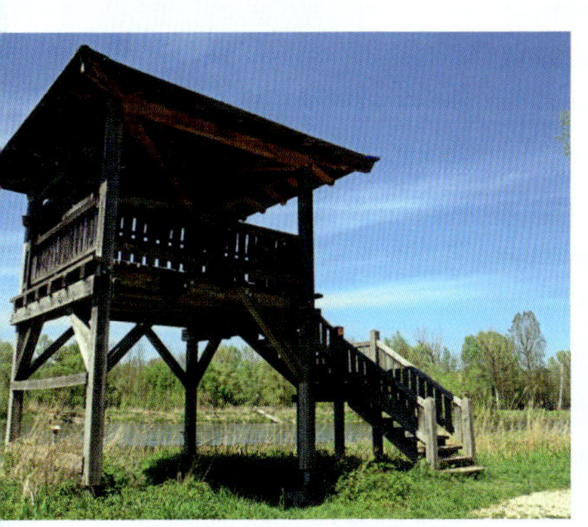

Aussichtsturm an der Isar

Bei diesem Wegweiser führt rechts eine Treppe zum Aussichtsturm.

Alternativ kann man bei einem Holztor auf der linken Seite durch das Außengelände des Infozentrums zum Parkplatz zurückgehen.

Noch ein Tipp:
Man sollte die Tour vielleicht nicht bei der größten Hitze durchführen, da man großenteils in der prallen Sonne ohne Schatten geht.

Essen / Einkehren:

Zur Grafenmühle
Maxmühle 1, 94554 Moos
Tel. 09938 531

Waldschänke Grieshaus
Grieshaus 1, 94554 Moos
Tel. 09938 359

Mittel

10,2 km

↓↑ 115 m

2½ Std.

Winzer – Reichersdorf – Sandten – Bergham – Burgruine Winzer – Winzer

Rundweg mit Geschichte und Geschichten

Markierung:
Beschildert mit K – schwarzer Schrift auf rotem Grund, DVV-Wanderweg

Parken:
Ortseingang Winzer – von der Donauwaldbrücke kommend

Kapellen-wanderweg

Rundweg mit Geschichte & Geschichten

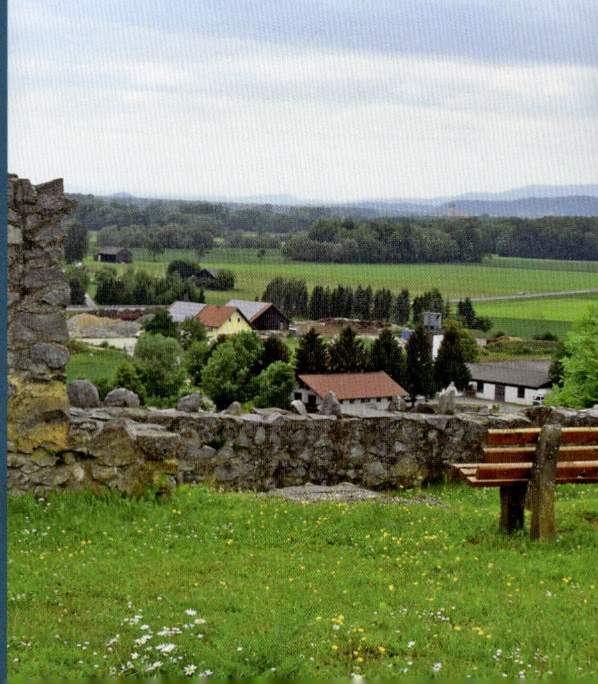

Burgruine Winzer

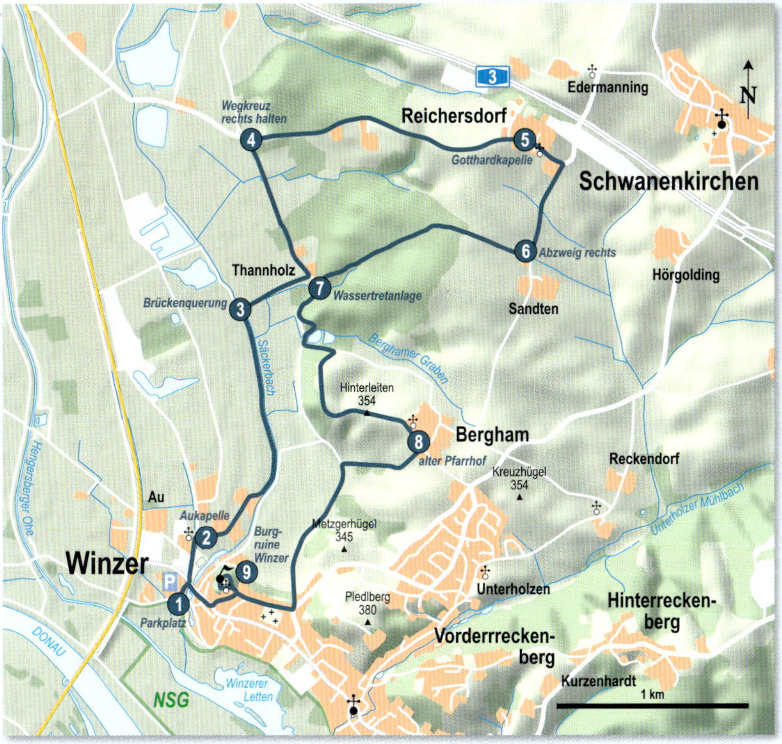

1. Parkplatz Start/Ziel
2. Aukapelle
3. Brückenquerung
4. Wegkreuz rechts halten
5. Gotthardkapelle
6. Abzweigung rechts
7. Wassertretanlage
8. alter Pfarrhof
9. Burgruine Winzer

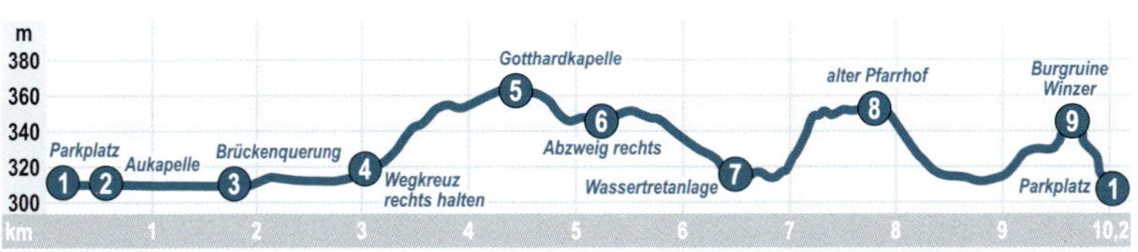

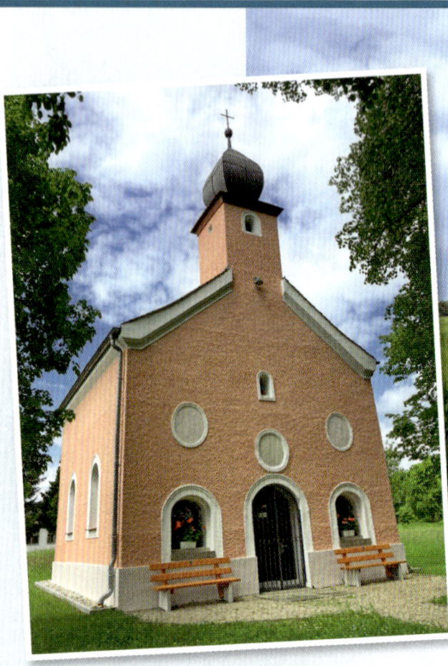

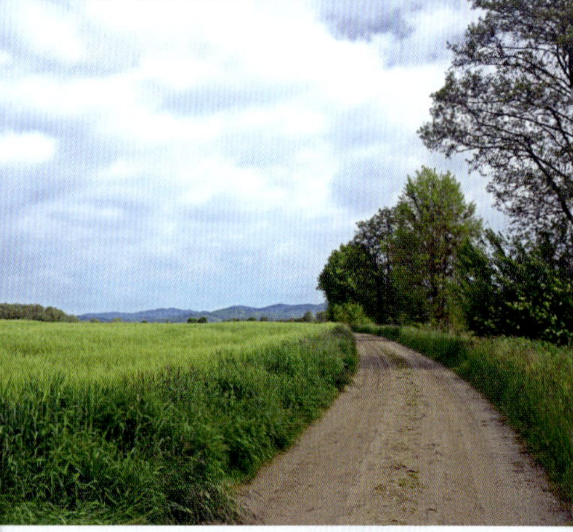

Wanderweg am Säckerbach

Aukapelle

Parkmöglichkeit besteht am Ortseingang rechts, von der Donauwaldbrücke kommend, im Aufeld bei den Glascontainern am Säckerbach ❶. Wir gehen zurück zur Staatsstraße, überqueren sie und wandern an den Tennisplätzen vorbei zur Aukapelle, die wir nach gut 200 m schon erreicht haben ❷. Die ursprüngliche Kapelle wurde um 1660 errichtet und war früher ein Wallfahrtsort. Die jetzige Kapelle gibt es seit 1838.

Bei der Kapelle biegen wir jetzt rechts in den Auweg ab. Nach etwa 350 m, kurz vor Ende der Teerstraße, zweigt rechts ein Feldweg ab, den wir am Säckerbach entlang folgen. In der Ferne haben wir einen schönen Blick auf die Vorwaldberge des Bayerischen Waldes, und links scheinen die sattgrünen Felder bis zum Horizont zu reichen.

Wir überqueren die Brücke ❸ und biegen bei den ersten Häusern von Thannholz links auf die Teerstraße ab. An der nächsten Einmündung bei einem Wegkreuz ❹ halten wir uns rechts und wandern leicht ansteigend Richtung Reichersdorf. Hier sehen wir zum ersten Mal den roten Wegweiser mit dem „K“. Nach etwa 100 m verläuft der Wanderweg links in den Wald. Dieser ist jedoch zurzeit vermutlich wegen Forstarbeiten ge-

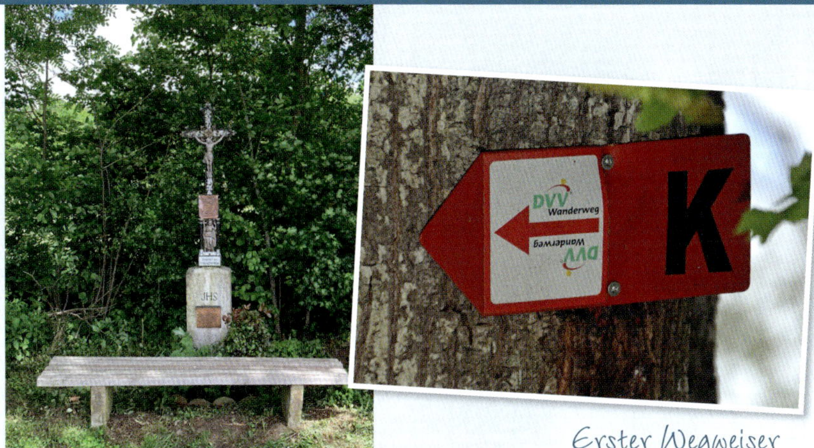

Erster Wegweiser

Wegkreuz an der Einmündung

sperrt, und wir gehen am Waldrand entlang auf der Teerstraße nach Reichersdorf.
Kurz vor der Ortschaft bietet sich uns noch ein schöner Blick auf den Brotjacklriegel, den Hausberg der Region Sonnenwald. Von der Donauebene aus ist er mit seinen 1.011 m der erste höhere Berg, weithin erkennbar am 121 m hohen Sendeturm des Bayerischen Rundfunks.

In Reichersdorf treffen wir auf der rechten Seite auf die Gotthardkapelle 5. Die Kapelle wurde 1851 zu Ehren des heiligen Bischofs Gotthard, der 965 in Reichersdorf geboren wurde, über einer Heilquelle erbaut.
Am Ortsende von Reichersdorf biegen wir rechts ab nach Sandten. Auf der Teerstraße gehen wir leicht bergab und biegen nach ca. 400 m vor dem ersten Haus in Sandten,

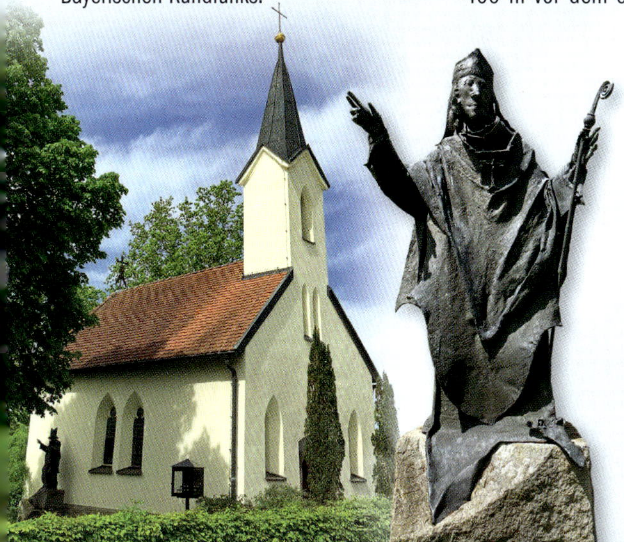

Gotthardkapelle mit St. Gotthard

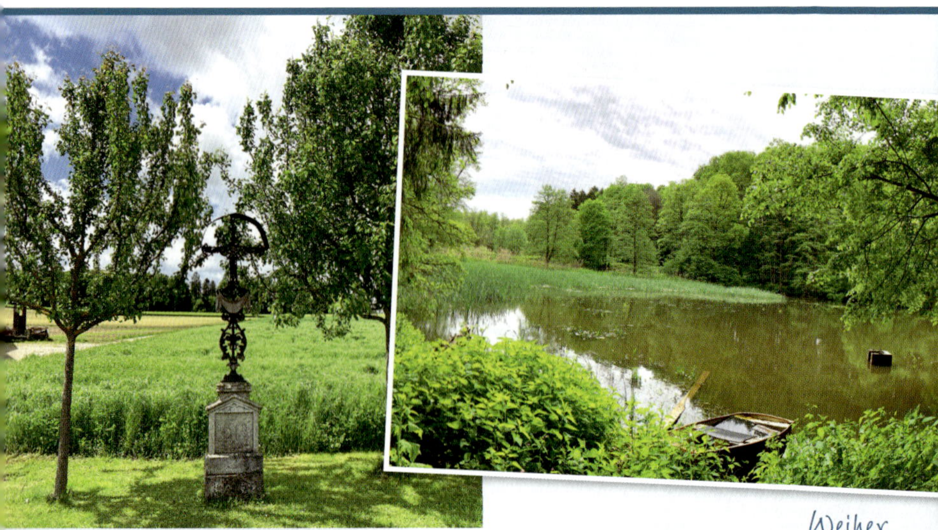

Weiher

Wegkreuz vor Sandten, gleich danach rechts

nach einem Feldkreuz, rechts auf den Feldweg ab 6.
Wir gehen in den Wald und folgen den bekannten Wegweisern. Etwa 100 m nach dem zweiten Wegweiser halten wir uns an zwei Gabelungen links. Hier gibt es leider keinen Wegweiser. Jetzt führt der Weg leicht bergab und mündet bei einer Wassertretanlage 7 bei Thannholz in eine Forststraße.
Wir gehen auf ihr links weiter und kommen nach ca. 300 m zu einer Sandgrube auf der linken Seite. Daneben liegen zwei idyllische Weiher, die vom Berghamer Graben gespeist werden. Gleich danach zweigt links ein Feldweg ab, der leicht ansteigt. Wir gehen im Wald am zweiten Weiher vorbei und auf der Kuppe rechts auf den Wiesenweg. Dieser führt uns am Waldrand entlang stetig bergauf. Nach einem kurzen Stück geht der Wiesenweg in einen Spurplattenweg über und es wird etwas steiler. Mit einem Linksschwenk verlassen wir den Waldrand und wandern jetzt eben nach Bergham. Wir haben noch mal einen schönen Blick auf den Brotjacklriegel und Schwanenkirchen.

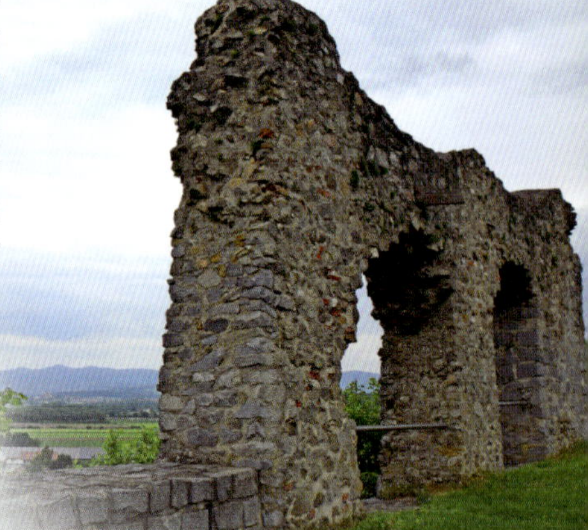

Burgruine Winzer

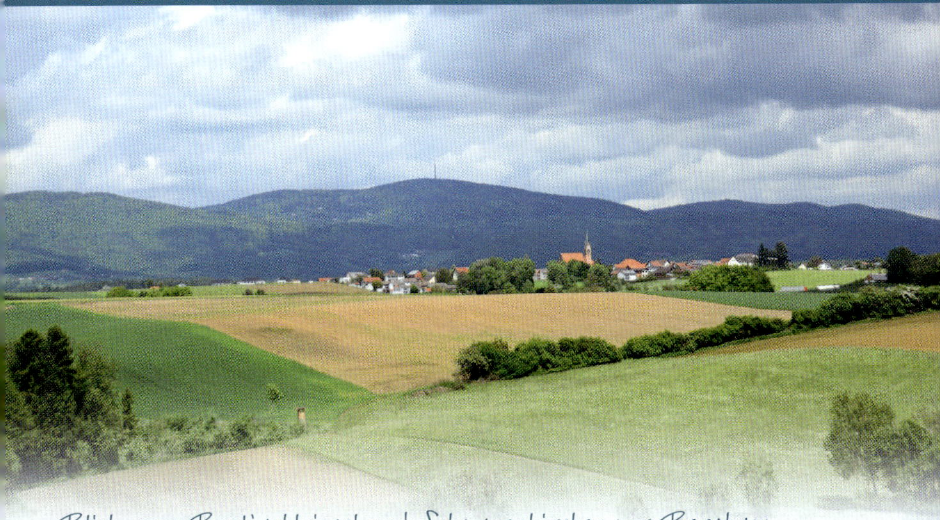

Blick zum Brotjacklriegel und Schwanenkirchen vor Bergham

Gleich am Ortsbeginn steht auf der linken Seite der alte Pfarrhof mit Kapelle ❽. Ein ehemaliger Kartoffelkeller wurde 1867 zur Kapelle umgebaut. Das Anwesen wurde vor ca. 5 Jahren verkauft, ist jetzt in Privatbesitz und leider nicht mehr zugänglich.

Anschließend biegen wir rechts bergab auf das kleine Teersträßchen ab. Weiter unten geht es in eine Schotterstraße über und trifft an der nächsten Einmündung wieder auf die vorherige Forststraße.

Vorbei an grünen Wiesen mündet sie in eine Teerstraße, die leicht bergauf nach Winzer führt.

An der Einmündung in die Schwanenkirchner Straße halten wir uns rechts und biegen nach wenigen Metern in die Friedhofstraße ab. Nach etwa 250 m, bevor die Friedhofstraße in einer Linkskurve bergab führt, gehen wir geradeaus auf den Rittersteig weiter. Dieser ist nur etwa 60 m lang und mündet in den Burgweg. Geradeaus führt ein Schotterweg hinauf zur Burgruine Winzer ❾. Das Burggelände ist frei zugänglich. Wir haben einen schönen Ausblick auf die Vorwaldberge und in die Donauebene.

Wieder zurück auf dem Burgweg gehen wir bergab zur Passauer Straße, biegen rechts ab, gehen über die Säckerbachbrücke und dann links zum Ausgangspunkt zurück.

Essen / Einkehren:

Gasthaus Zur Burgschänke
Passauer Str. 11, 94577 Winzer
Tel. 09901 9497494

Gasthof Zur Post
Passauer Str. 77, 94577 Winzer
Tel. 09901 9489140

Leicht

6,7 km

↓↑ 85 m

1½ Std.

Stüberlweg

Wandernd zur Bierseligkeit

Aldersbach – Aidenbach – Aldersbach

Auf der ehemaligen Bahntrasse von Aldersbach nach Aidenbach – Retour durch den Wald ins berühmte Aldersbacher Bräustüberl.

Markierung:
Ehemalige Bahntrasse nach Aidenbach – Rückweg durch Wald durchgehend beschildert.

Parken:
Parkplatz – Aldersbacher Brauerei Ritter Ortolf Straße, Aldersbach

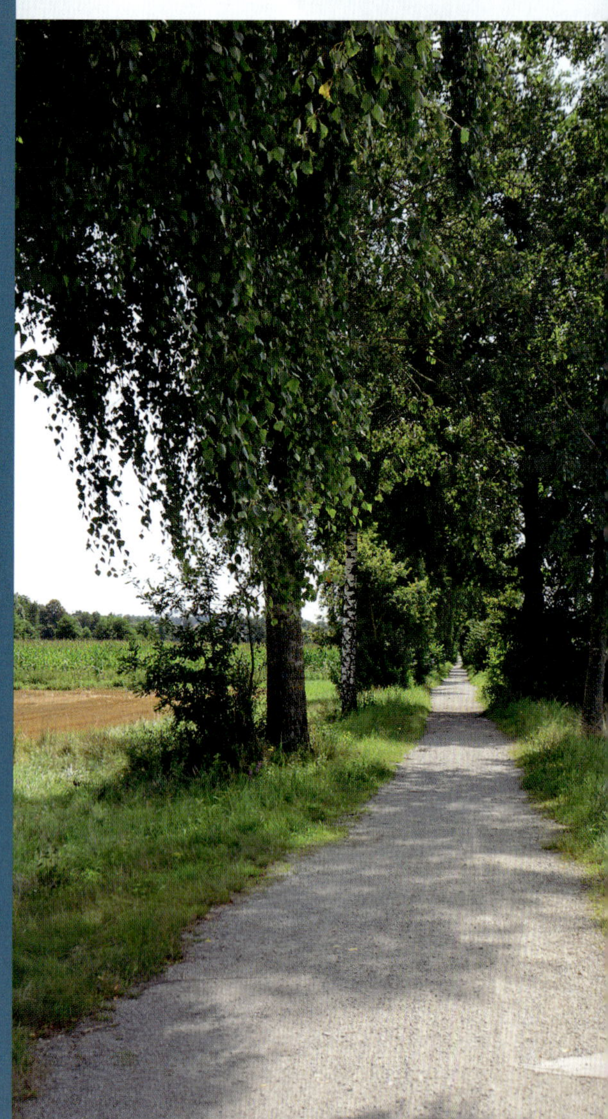

Geh- und Radweg nach Aidenbach

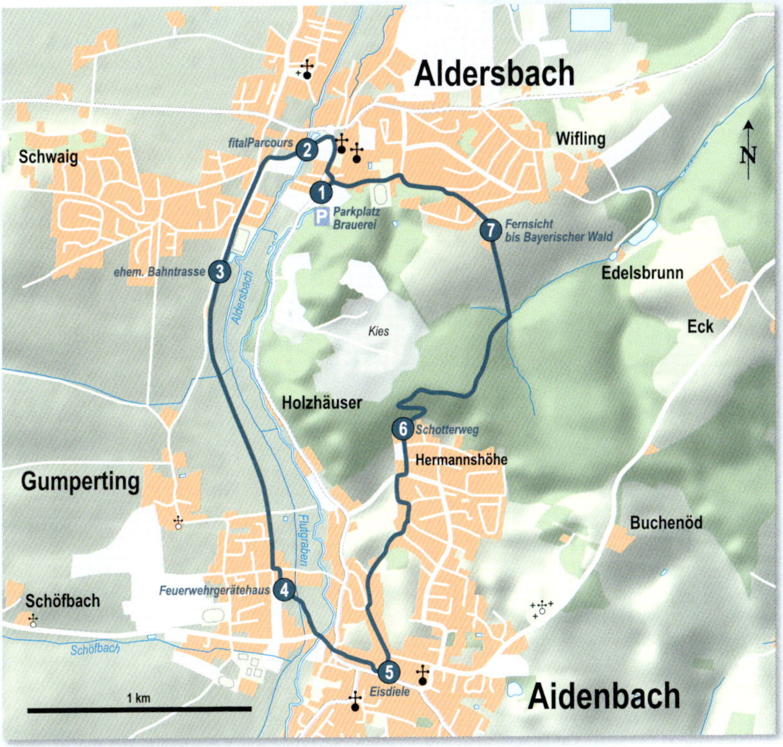

Aldersbach
Wifling
Schwaig
fitalParcours 2
1
P Parkplatz Brauerei
7 Fernsicht bis Bayerischer Wald
ehem. Bahntrasse 3
Aldersbach
Edelsbrunn
Kies
Eck
Holzhäuser
6 Schotterweg
Hermannshöhe
Gumperting
Flutgraben
Buchenöd
Feuerwehrgerätehaus 4
Schöfbach
Schöfbach
5 Eisdiele
1 km
Aidenbach
N

❶ Parkplatz Brauerei Start/Ziel

❷ fitalPARCOURS

❸ ehem. Bahntrasse

❹ Feuerwehrgerätehaus

❺ Eisdiele

❻ Schotterweg

❼ Fernsicht bis Bayerischer Wald

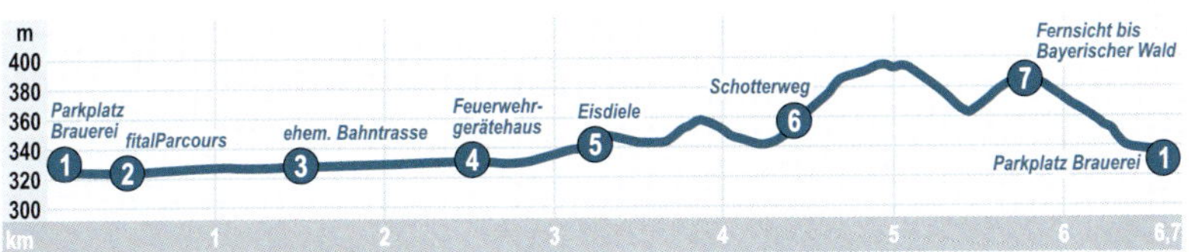

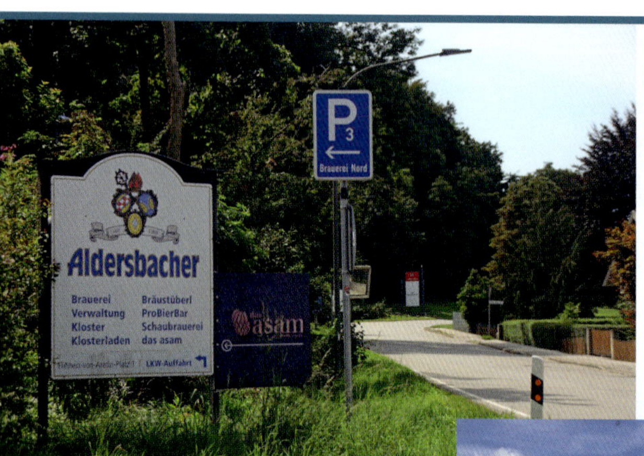

Parkplatz beim Bräustüberl Aldersbach

Hier links zum „fitalPARCOURS“

Der Stüberlweg führt als Rundweg vom Bräustüberl Aldersbach nach Aidenbach und über den Baron-von-Aretin-Wald wieder nach Aldersbach zurück. Da der Wanderweg von Aldersbach nach Aidenbach auf der ehemaligen Bahntrasse verläuft, gibt es keinerlei Steigungen. Diese Strecke ist auch gut mit einem Kinderwagen zu gehen. Für den Rückweg über den Baron-von-Aretin-Wald sollte er jedoch geländegängig sein, und man sollte sich den Anstieg im Wald zutrauen.

Ausgangspunkt ist der Parkplatz P3 Brauerei Nord vorm Bräustüberl Aldersbach in der Ritter-Ortolf-Straße ❶. Wir gehen vom Parkplatz Richtung Kreisverkehr und biegen kurz davor links in den Geh- und Radweg Richtung „fitalPARCOURS“ ab ❷.

Über den Aldersbacher Flutgraben und durch den „fitalPARCOURS“ wandern wir, vorbei am ehemaligen Möbelhaus Feldl, bis zur Einmündung in die Josef-Müller-Straße. Parallel dazu verläuft der Geh- und Radweg, auf den wir links abbiegen.

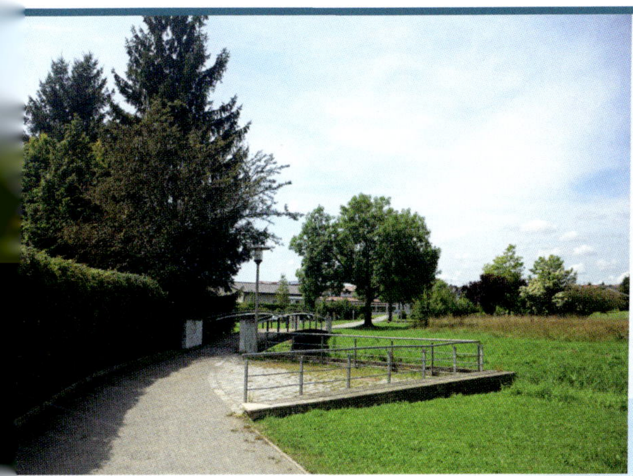

Brücke über den Aldersbacher Flutgraben

Nach ca. 300 m verlassen wir die Ortschaft, passieren den Sportplatz und gehen auf der ehemaligen Bahntrasse ohne Steigungen entspannt Richtung Aidenbach ❸.

Anfangs begleitet uns rechts die Gemeindeverbindungsstraße nach Gumperding, die uns aber nach ca. 600 m mit einem Rechtsschwenk verlässt, sodass wir zwischen grünen Feldern alleine weiterwandern.

Die Kreuzung kurz vor Aidenbach passieren wir geradeaus und erreichen nach wenigen Metern den Ortsbeginn.

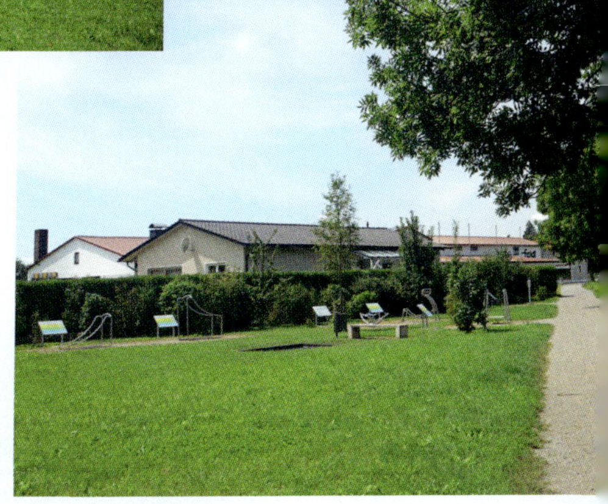

„fitalPARCOURS"

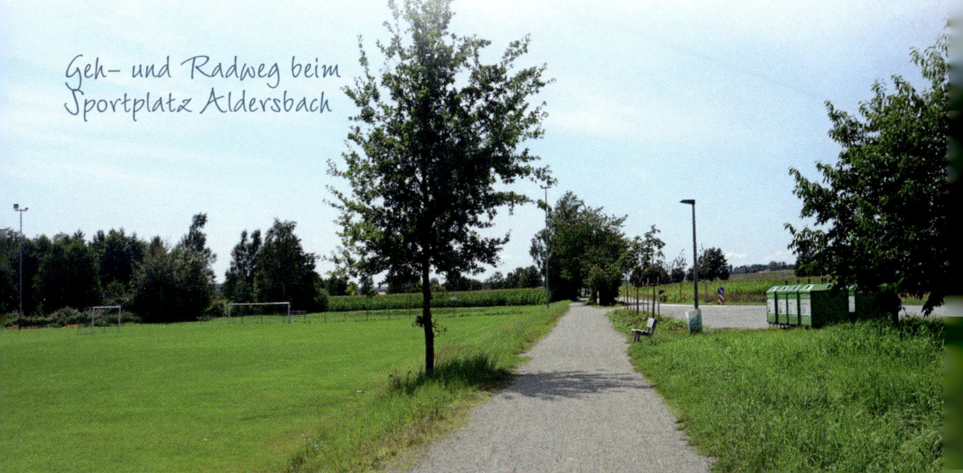

Geh- und Radweg beim Sportplatz Aldersbach

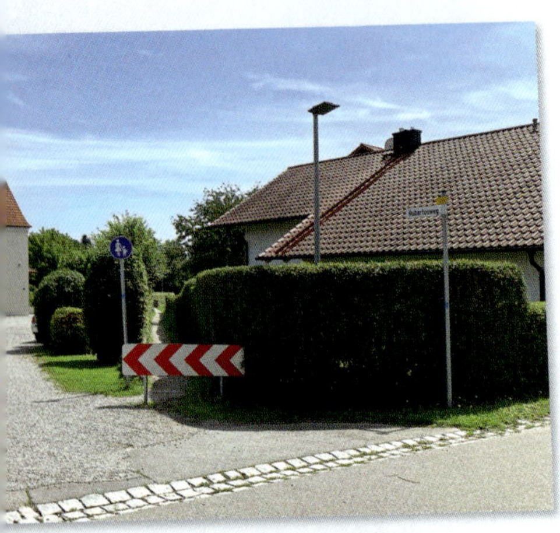

Hier auf den Hubertusweg

Wir gehen vor bis zur Kreuzung der Carossastraße, biegen links ab und gleich darauf rechts in die Am-Bahnhof-Straße.

Am Feuerwehrgerätehaus vorbei biegen wir links in den kleinen Hubertusweg ab ❹.

Über eine kleine Holzbrücke über den Aldersbacher Flutgraben gelangen wir zum Volksfestplatz Aidenbach.

Wir gehen vor bis zur Haidenburger Straße und links über die Brücke bis zur Kreuzung Karlinger Straße.

Geradeaus gelangen wir über die Krankenhausstraße zum Marktplatz.

Bei der Eisdiele ist der Stüberlweg jetzt durchgängig bis Aldersbach beschildert ❺.

Wir gehen auf der Oberkarlinger Straße, die zunächst als schmaler Weg leicht bergauf zur Carl-Spitzweg-Straße führt, und dann links weiter bis zur Abzweigung St.-Andreas-Weg. Wenige Meter weiter zweigt rechts der Adalbert-Stifter-Weg ab, dem wir jetzt folgen.

Brücke über den Aldersbach

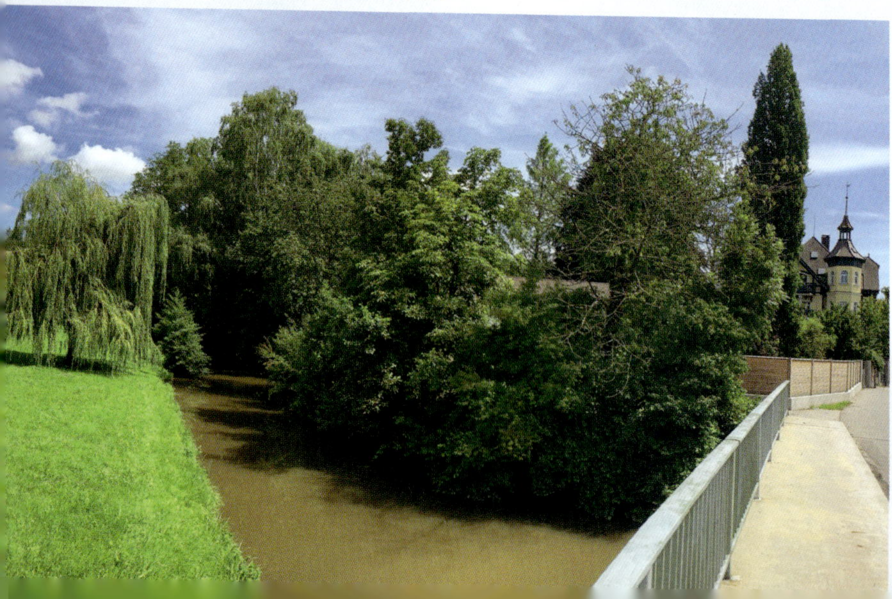

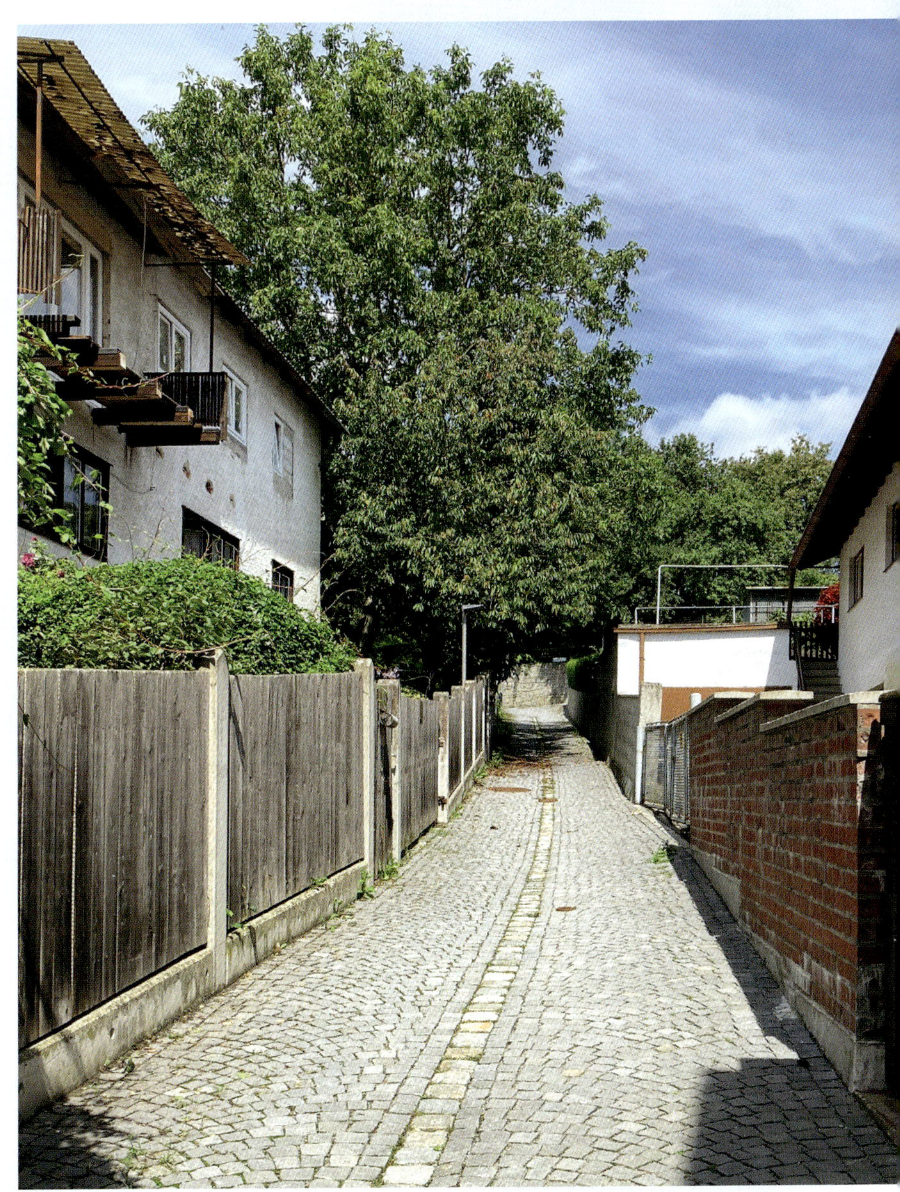

Oberkarlinger Straße

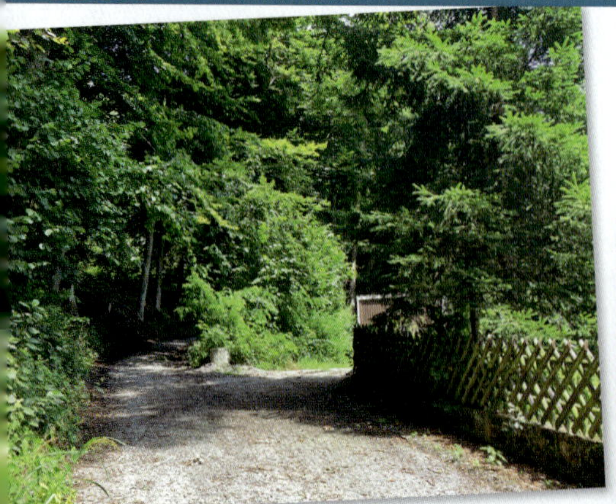

Ende Gebrüder-Asam-Straße, auf dem Schotterweg in den Wald

Der höchste Punkt der Tour mit Tisch und Bänken für eine kurze Rast

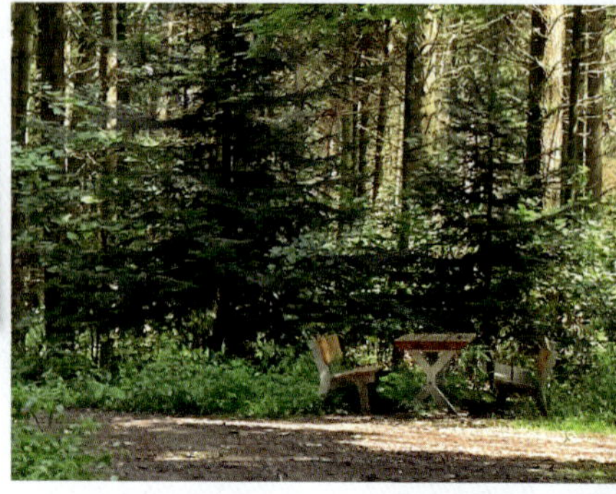

Nach dem letzten Anwesen ist der Weg jetzt gepflastert und führt bergauf zur Ledererstraße, hier links auf die Weberstraße, an der nächsten Einmündung links in die Färberstraße und nach ca. 70 m wieder links in den Alten Kirchweg.

Der anfangs schmale Weg führt in einem Rechtsschwenk am Ortsrand entlang bergab zur Schwanthalerstraße. Wir biegen rechts ab und gleich danach wieder links in die Gebrüder-Asam-Straße. Jetzt geht es zunächst leicht bergauf, vorbei an einer Gärtnerei bis zum Ortsende.

Hier endet die Straße, und ein Schotterweg führt in den Mischwald ❻.

Nun folgt der schwierigste Teil der Tour. In zwei Spitzkehren windet sich der Weg bergauf in den Baron-von-Aretin-Wald im Landschaftsschutzgebiet „Edelsbrunner Tal“.

Nach etwa 600 m haben wir es geschafft und sind am höchsten Punkt unserer Tour angekommen. Ein Tisch mit zwei Bänken lädt zu einer kurzen Rast ein.

Danach wandern wir links bergab weiter. An Wochentagen hören wir eventuell von links Fahrzeuglärm aus der nahen Kiesgrube.

An der nächsten Kreuzung am Waldrand gehen wir links auf der Schotterstraße zwischen weiten Feldern wieder leicht bergauf. Nach etwa 300 m erreichen wir die Kuppe und haben eine tolle Aussicht auf Alkofen, Kloster Schweiklberg, bis hin zum Bayerischen Wald ❼.

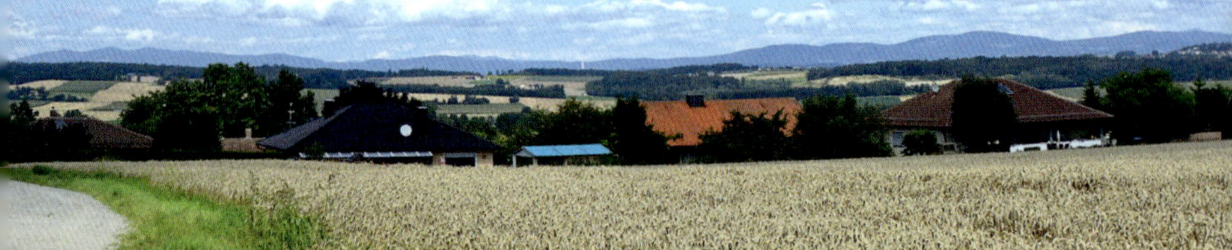

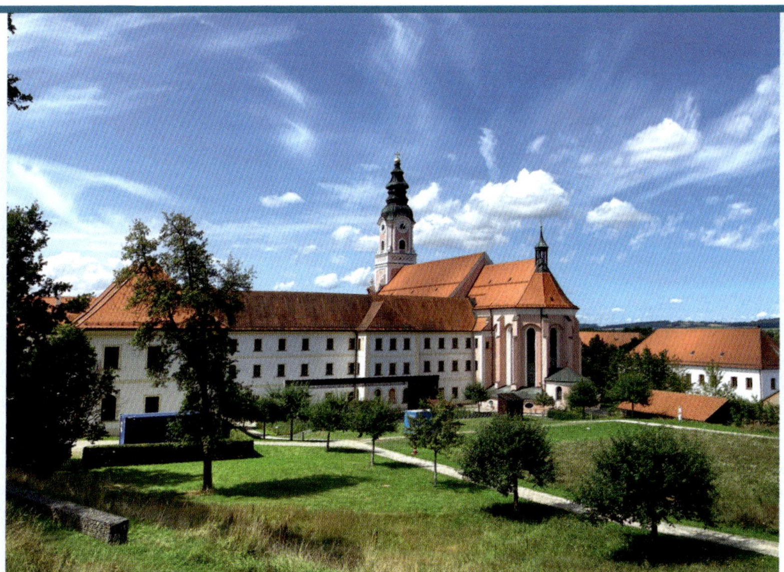

Asamkirche und Kloster Aldersbach

Nun geht es wieder leicht bergab, und wir erreichen nach wenigen Metern die ersten Häuser von Aldersbach in der Altomontestraße. Wir gehen leicht bergab bis zur nächsten Einmündung, wo links die Schulstraße abzweigt. Vorbei an der Grundschule biegen wir links in die Zisterzienserstraße ab. Jetzt sehen wir auch schon die Asamkirche und die Gebäude des Klosters Aldersbach.
Vorbei am Sportplatz kommen wir nach wenigen Metern wieder zu unserem Ausgangspunkt.

Essen / Einkehren:

Aldersbacher Bräustüberl
Freiherr-von-Aretin-Platz 1
94501 Aldersbach
Tel. 08543 1775
www.aldersbacher.de/braustueberl.html

Aussicht von der Kuppe

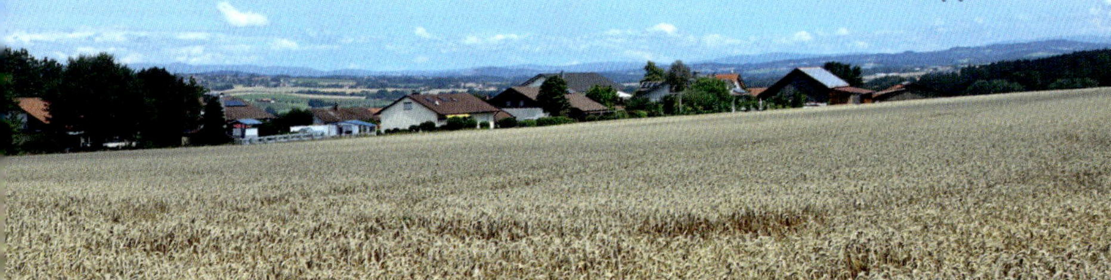

Denkmalweg

Zum Gedenken an die Bauernschlacht von 1706

Mittel

10,3 km

↓↑ 160 m

2¼ Std.

Aidenbach – Handlberg – Doblbauer-Hollerbach – Hinterskirchen – Reschdobl – Unterholzen – Kleeberg – Hollerbach – Aidenbach

Abwechslungsreicher Weg über Wald und Hügel, zu den Gedenkstätten der Aidenbacher Bauernschlacht von 1706.

Markierung:
Beschildert mit schwarzen Pfeilen auf gelbem Grund

Parken:
Volksfestplatz Aidenbach – Haidenburger Straße

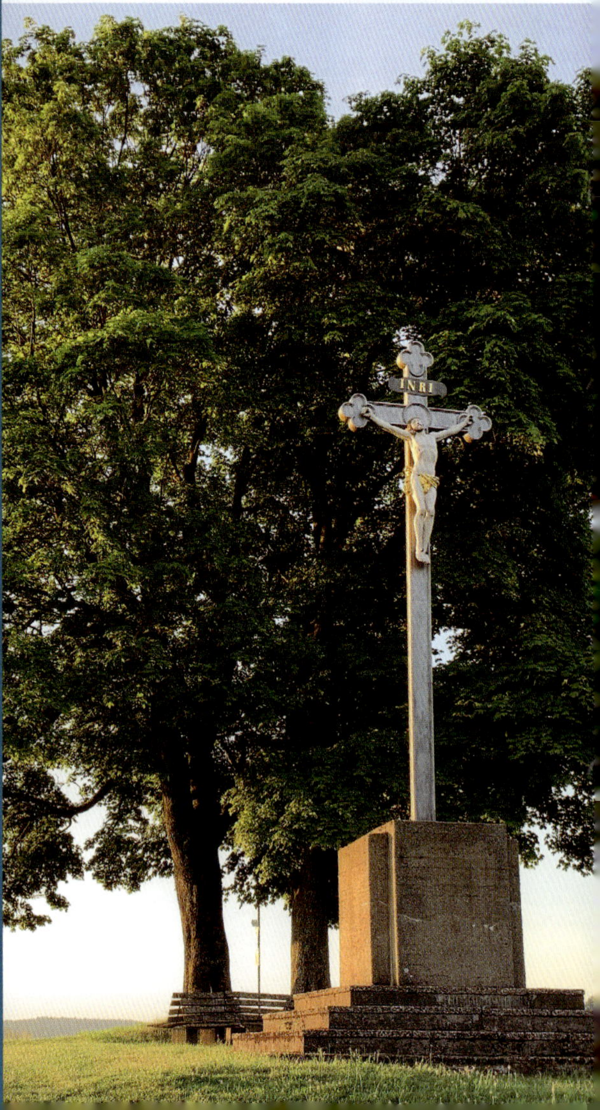

Denkmal Handlberg

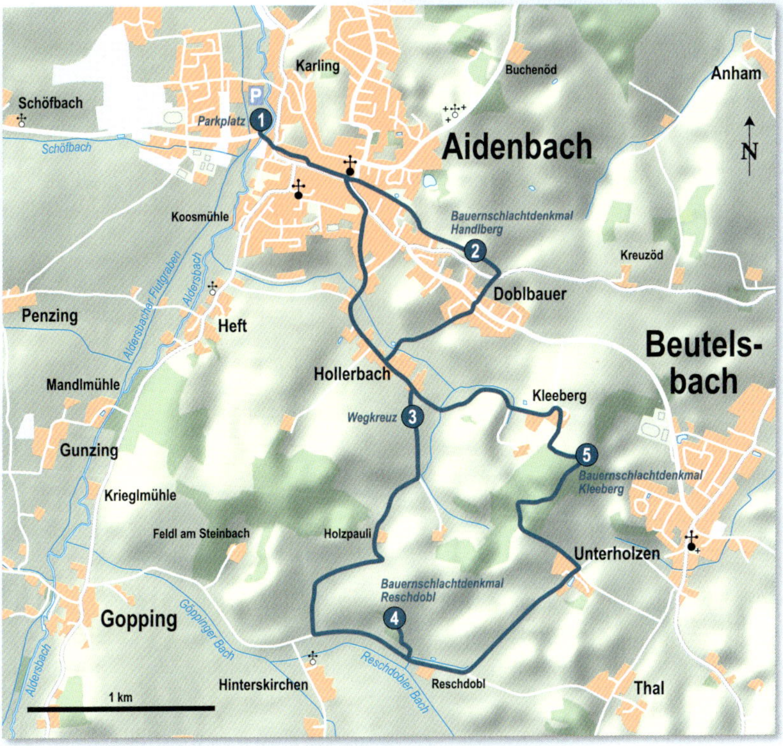

❶ Parkplatz Start/Ziel

❷ Bauernschlachtdenkmal Handlberg

❸ Wegkreuz

❹ Bauernschlachtdenkmal Reschdobl

❺ Bauernschlachtdenkmal Kleeberg

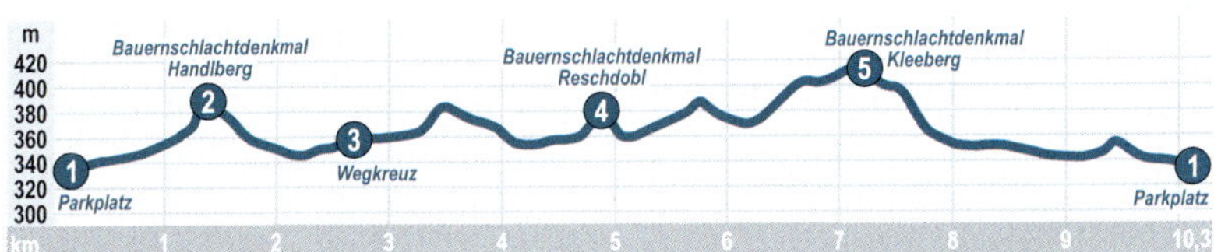

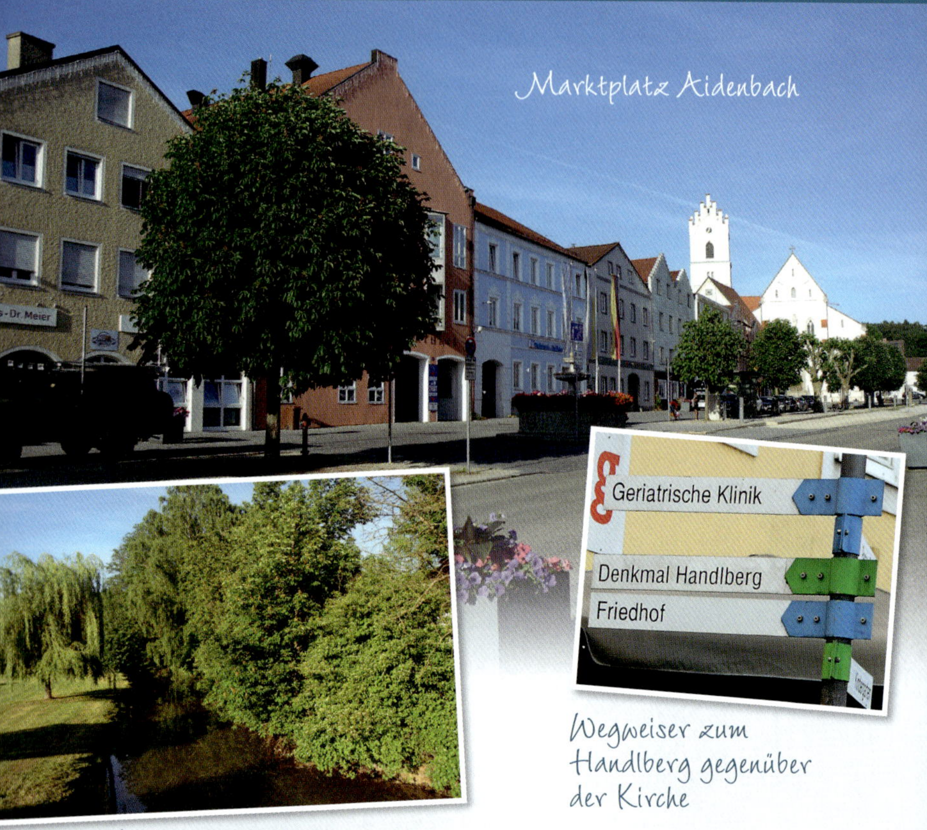

Marktplatz Aidenbach

Wegweiser zum Handlberg gegenüber der Kirche

Aldersbach in Aidenbach

Der Denkmalweg führt durch das abwechslungsreiche niederbayerische Wald- und Hügelland zu den Gedenkstätten der Aidenbacher Bauernschlacht vom 8. Januar 1706 am Handlberg, Reschdobl und Kleeberg. Die Denkmäler wurden zum Gedenken an die 3000 – 4000 heimattreuen Bauern, Handwerker und Knechte, die in der „Schlacht von Aidenbach" von den kaiserlich-österreichischen Besatzungstruppen auf diesen umliegenden Hügeln und Tälern erbarmungslos niedergemetzelt worden sind, errichtet. Die Tour ist mit kleinen gelben Schildern mit Pfeil markiert. Allerdings kann man sich nicht darauf verlassen, dass man sie an allen relevanten Punkten findet. Wanderkarte und GPX-Daten sind auf jeden Fall von Vorteil. Man sollte die Tour auch nicht bei großer Hitze machen, da sie überwiegend über offenes Gelände führt.

Ausgangspunkt ist der Parkplatz am Volksfestplatz in der Haidenburger Straße in Aidenbach ❶. Es gibt auch Parkplätze am Marktplatz, die sind jedoch auf 2 Stunden

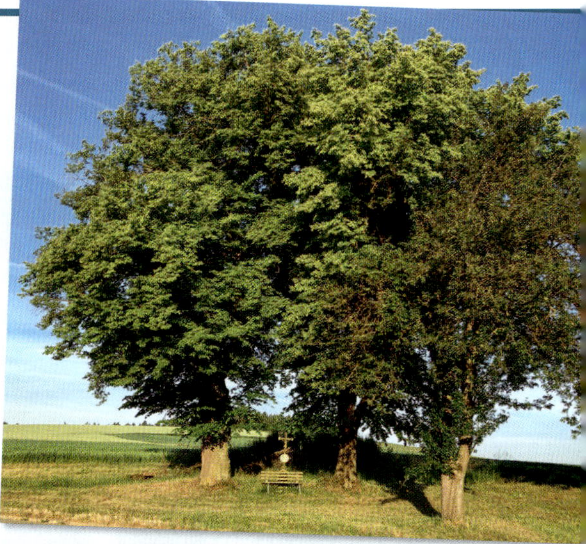

Wegkreuz nach Hollerbach

Parkdauer beschränkt. Vom Parkplatz wandern wir über den Aldersbach Richtung Ortsmitte. An der Einmündung in die Krallinger Straße gehen wir geradeaus auf der Krankenhausstraße zum Marktplatz.

Bei der Kirche St. Agatha folgen wir dem Wegweiser zum Denkmal Handlberg.

Der Dekan-Schneid-Weg endet nach wenigen Metern als Straße und geht als Fußgängerweg weiter. An einem kleinen Weiher vorbei wandern wir nach einem kurzen Stück auf einem Wiesenweg weiter und sehen schon auf einem Hügel unser erstes Ziel, den Handlberg ❷.

Von oben haben wir einen schönen Rundumblick, auf Aidenbach bis hin zum Bayerischen Wald.

Vom Denkmal gehen wir auf dem Wiesenweg bergab, überqueren die Staatsstraße 2117 und treffen in der Ortschaft auf die Beutelsbacher Straße. Wir gehen geradeaus auf die Plinganserstraße und dann halbrechts auf die Doblbauerstraße. Am Ortsende wandern wir die 500 m geradeaus nach Hollerbach. An der Einmündung in Hollerbach biegen wir links ab. Am Ortsende folgen wir jetzt rechts der gelben Markierung ca. 460 m, vorbei an einem Wegkreuz ❸, und biegen an der nächsten Gabelung rechts ab.

Die Teerstraße führt leicht bergauf, geht vor dem Anwesen Hinterskirchen 4 in eine Pflasterstraße über und mündet in eine Schotterstraße. Zwischen weiten Feldern wandern wir ein kurzes Stück bergauf und dann abwärts Richtung Hinterskirchen.

Blick vom Denkmal Handlberg zurück nach Aidenbach

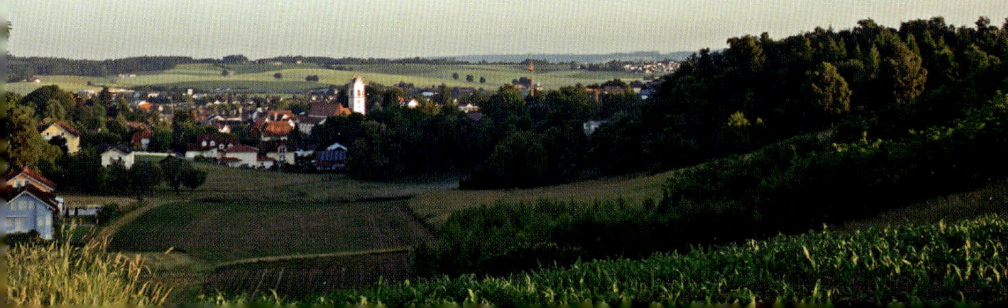

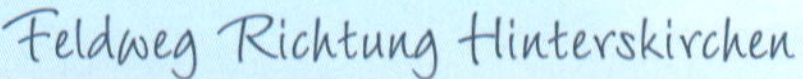

Feldweg Richtung Hinterskirchen

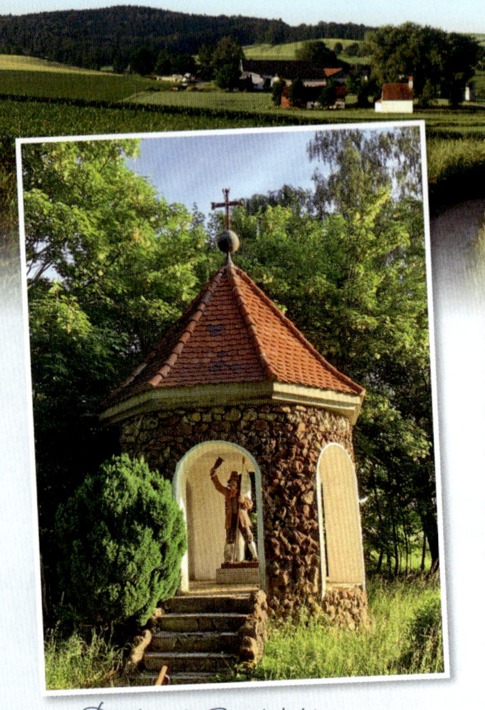

Denkmal Reschdobl

Wir treffen auf eine kleine Teerstraße, der wir links gut einen halben Kilometer bis zu einem kleinen Parkplatz auf der linken Seite folgen.

Links auf dem Hügel befindet sich unser zweites Ziel, das Denkmal Reschdobl ❹.

Wieder zurück am Parkplatz gehen wir ca. 1 km weiter bis Unterholzen. Zunächst führt die Straße in einer Linkskurve bergauf bis zu einer Kuppe. Dort haben wir nochmals einen schönen Blick auf Reschdobl und Hinterskirchen.

Anschließend geht es bergab nach Unterholzen. Am Ortsende biegen wir links auf die Schotterstraße ab und folgen dem Wegweiser nach Kleeberg.

Zunächst geht es bergauf in das Wäldchen und nach einer langgezogenen Rechtskurve wieder bergab.

An der nächsten Gabelung zeigt die gelbe Markierung nach links. Wir ignorieren diese ausnahmsweise und gehen geradeaus weiter. Etwas steiler bergauf erreichen wir nach ca. 350 m unser drittes Ziel, das Denkmal auf dem Kleeberg ❺.

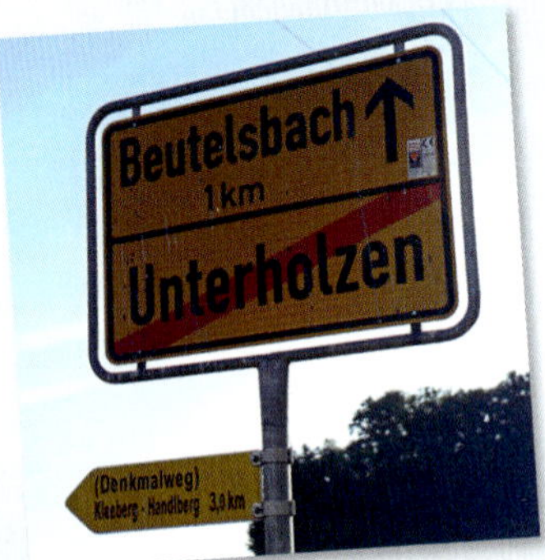

Ortsschild Unterholzen, hier links Richtung Kleeberg

Vor dem Denkmal biegen wir links ab, gehen am Waldrand entlang und halten uns an der nächsten Gabelung rechts auf dem Wiesenweg bergab.
Hier fehlen leider sämtliche Markierungen. Nach etwa 80 m bergab biegen wir am Ende des Feldes, am Beginn der Baumreihe, rechts ab und kommen zum Anwesen Kleeberg 1. Der Wanderweg führt nach Auskunft des Besitzers durch die Hofstelle. Auf der Zufahrtsstraße gehen wir bergab und biegen gleich darauf nach links Richtung Hollerbach ab. Vorbei an einem schön gestalteten Wegkreuz mit Blick auf Aidenbach treffen wir nach ca. 260 m auf eine Schotterstraße. Diese führt rechts nach Hollerbach.
Am Ortseingang von Hollerbach treffen wir wieder auf unseren vorherigen Wanderweg. Wir biegen jedoch an der Abzweigung nicht nach rechts ab, sondern gehen geradeaus durch das Dorf und sind nach ca. 500 m am Ortsschild von Aidenbach. Auf der Hollerbach-Straße gehen wir bis zur Ludwigstraße, dort links zum Marktplatz und über die Krankenhausstraße wieder zum Ausgangspunkt zurück.

Essen / Einkehren:

Leonardo da Vinci
Marktplatz 30
94501 Aidenbach
Tel. 08543 9196240
www.ristorante-leonardo-aidenbach.de

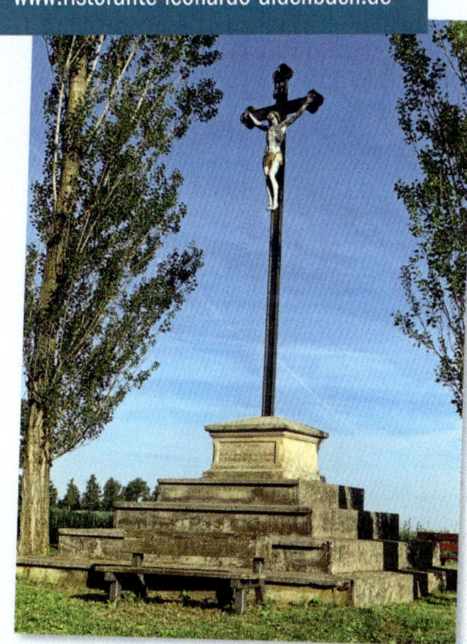

Denkmal Kleeberg

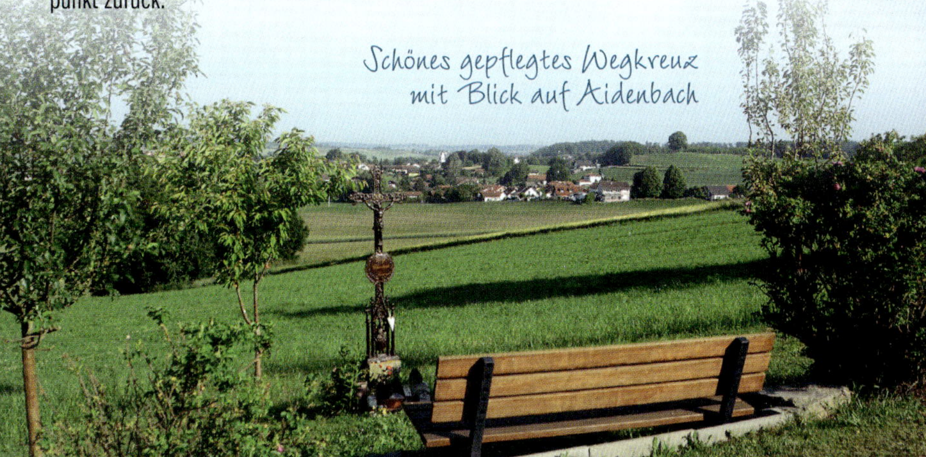

Schönes gepflegtes Wegkreuz mit Blick auf Aidenbach

Mittel

18,8 km

↓↑ 310 m

4½ Std.

VIA NOVA

Etappe Aidenbach – Ortenburg

Pilgernd die Schönheit der Landschaft genießen

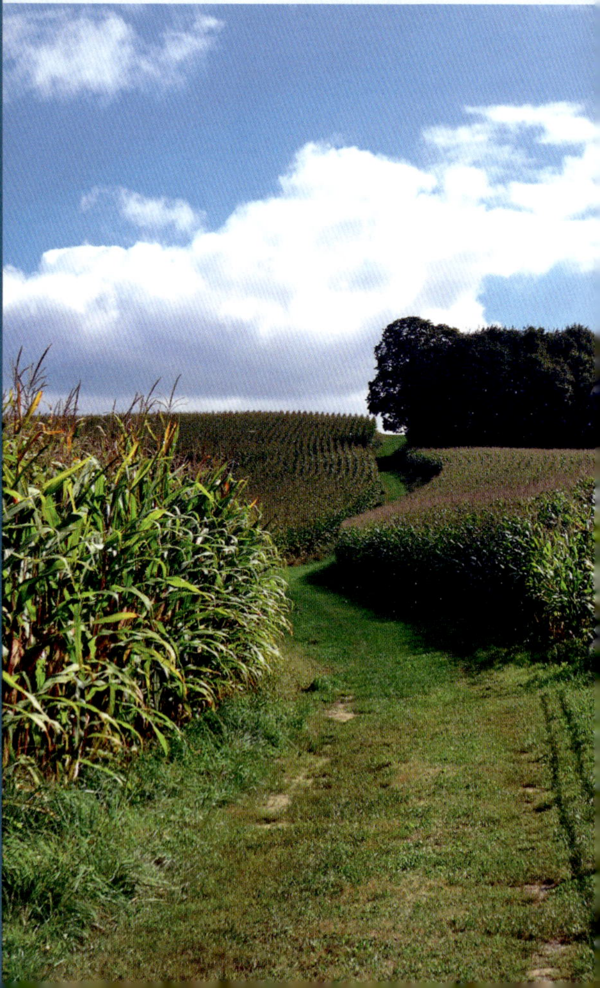

Aidenbach - Anham - Jaging - Neustift - Maierhof - Ortenburg

Die zentrale Idee des Europäischen Pilgerwegs ist, dass er weder Anfang noch Ende kennt.
Trotz alledem geht der Weg weiter über Aidenbach, durch das Klosterdorf Neustift in die ehemalige evangelische Enklave, nach Ortenburg.

Markierung:
Beschilderung VIA NOVA

Parken:
Volksfestplatz Aidenbach - Haidenburgerstraße

Handlberg

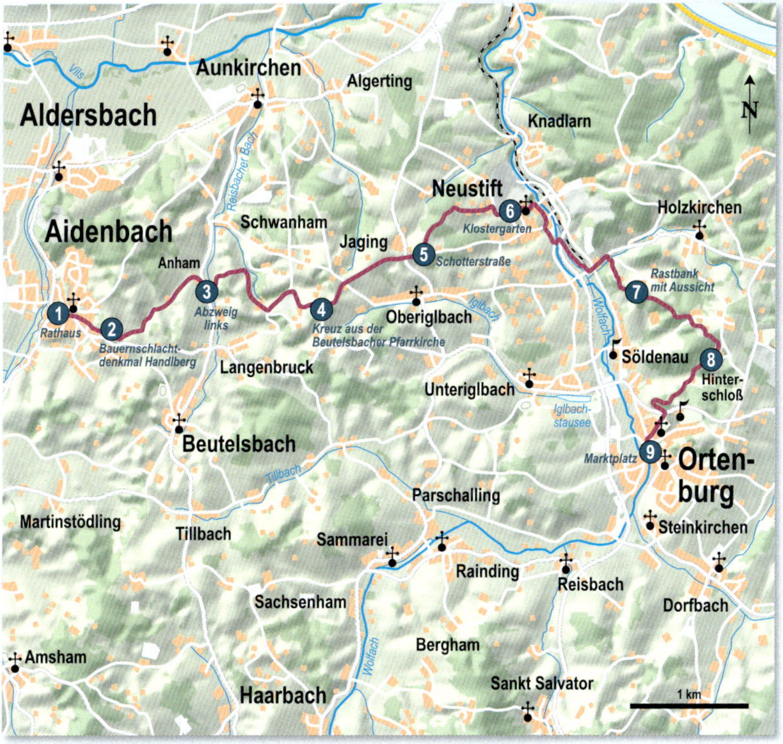

1 Rathaus Aidenbach Start
2 Bauernschlachtdenkmal Handlberg
3 Abzweig links
4 Kreuz a. d. Beutelsbacher Pfarrkirche
5 Schotterstraße
6 Klostergarten
7 Rastbank mit Aussicht
8 Hinterschloß
9 Marktplatz Ortenburg Ziel

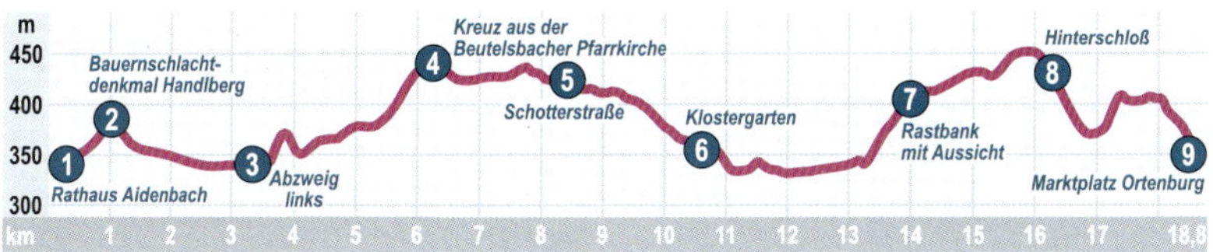

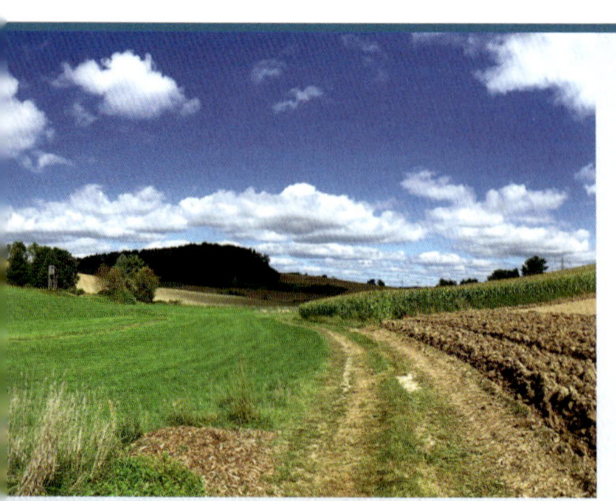

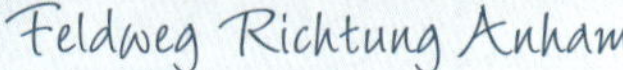

Feldweg Richtung Anham

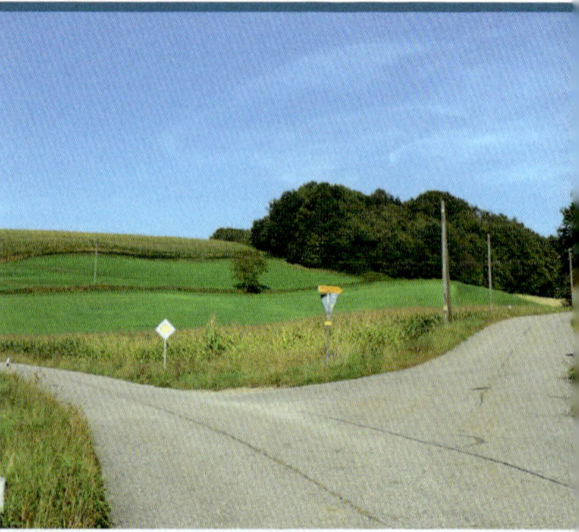

Hier rechts Richtung Klessing

Die VIA NOVA ist ein europäischer Pilgerweg, der 2004 eröffnet wurde und derzeit durch Niederbayern, Österreich und Böhmen führt. Er hat kein eigentliches Ziel. Sinn und Zweck ist, auf den einzelnen Etappen Ruhe und Kraft zu tanken, zu sich selber zu finden und die Schönheit der Landschaft zu genießen. Da die VIA NOVA auch durch das Gebiet dieses Wanderführers führt, wollen wir drei Etappen mitwandern.

Wir starten vom Marktplatz Aidenbach ❶, gehen zur Pfarrkirche St. Agatha und folgen dort dem Wegweiser zum Denkmal Handlberg.

Über den Dekan-Schneid-Weg wandern wir hinauf zum Handlberg. Dort steht das Friedensdenkmal, das an die Bauernschlacht von Aidenbach im Jahre 1706 erinnert ❷.

Auf dem Wiesenweg geht es wieder bergab und wir biegen an der Einmündung in einen Feldweg links ab. Er führt uns leicht bergab zwischen weiten Feldern Richtung Anham.

Nach etwa 900 m geht der Feldweg in ein Teersträßchen über, wir gehen am Rande eines kleinen Wäldchens vorbei und treffen auf die ersten Häuser der Streusiedlung Anham. In der Ortschaft Anham biegen wir an der Einmündung in die Staatsstraße 2324 zunächst rechts und nach ca. 150 m links ab ❸. Auf dem geteerten Feldweg überqueren wir einen kleinen Bach und halten uns

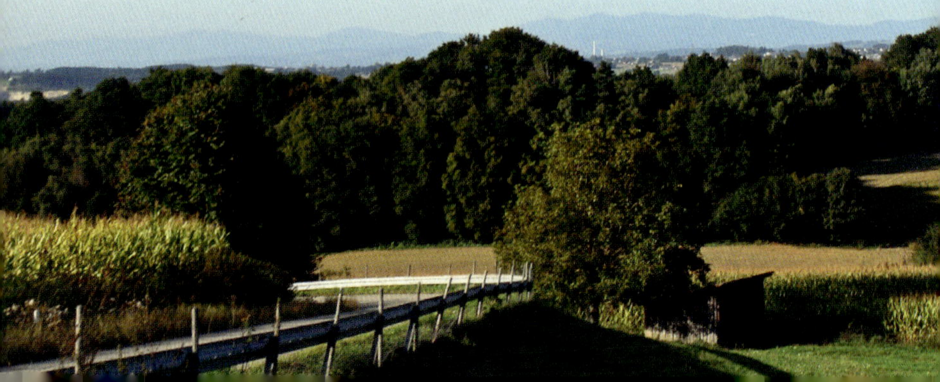

an der Gabelung links. Nach einem Linksschwenk und einem darauffolgenden Rechtsschwenk wandern wir geradeaus bergauf, am Waldrand entlang über die Kuppe und wieder bergab bis zum Ende der Straße. Wir treffen auf einen Schotterweg, dem wir jetzt rechts folgen. Leicht ansteigend kommen wir nach gut 300 m zu einem kleinen Mischwäldchen, das wir schnell durchwandert haben, und sehen schon die ersten Häuser des Weilers Freyung. Auf der Teerstraße gehen wir bis zur Einmündung beim Buswartehäuschen und biegen links ab. Knappe 500 m weiter bleiben wir an der Gabelung und auch an der nächsten rechts Richtung Klessing.

Bergauf wandern wir links an Klessing vorbei und treffen an der nächsten Einmündung unterhalb eines Sendemastes auf ein Kreuz, das früher in der Beutelsbacher Pfarrkirche stand ❹.

Von hier aus haben wir eine schöne Aussicht bis hin zum Bayerischen Wald.

Wir biegen links ab und wandern leicht bergab nach Au. An der Kreuzung gehen wir geradeaus Richtung Jaging.

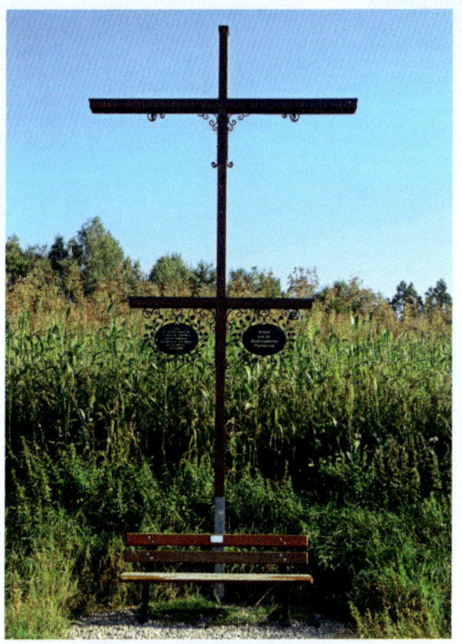

Kreuz, das früher in der Beutelsbacher Pfarrkirche stand

Schöne Aussicht bis hin zum Bayerischen Wald

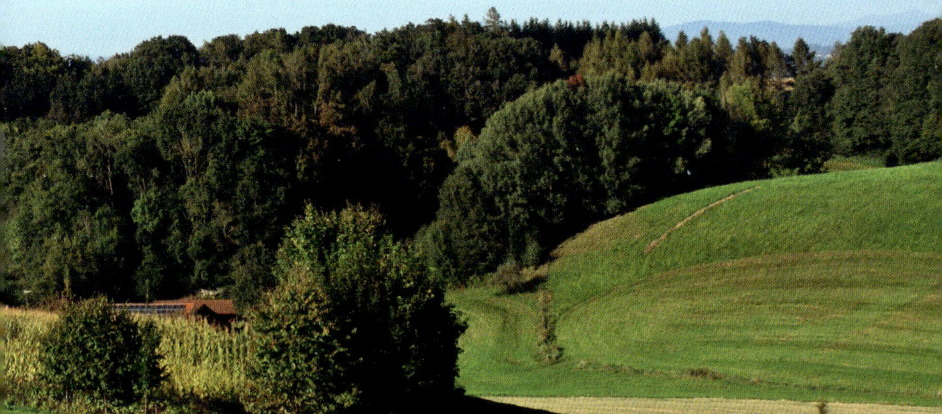

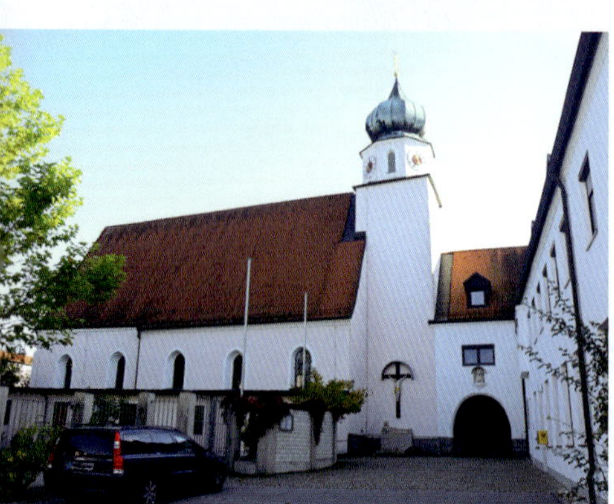

Kloster St. Scholastika in Neustift

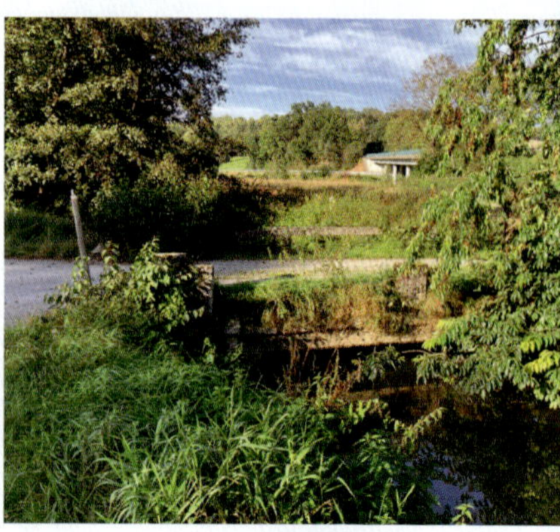

Wolfachbrücke bei Blindham

In etwa 1,2 km überqueren wir geradeaus die Kreisstraße PA 18 und biegen nach weiteren 300 m vor dem Ortsschild Kronthal links auf die Schotterstraße ab ❺.
Nach einem Mischwald kommen wir, vorbei am Wasserwerk Hochbehälter Neustift, zur Siedlung Zum Rohrmeier. Leicht bergab halten wir uns an der nächsten Abzweigung rechts und gehen bis zum Ende der Straße. Wir biegen rechts ab und sind nach wenigen Metern nach der Linkskurve in Neustift mit dem Kloster St. Scholastika und dem schönen Klostergarten ❻. Hier kann man sich etwas Zeit zur Einkehr lassen.

Wir verlassen das Kloster nach rechts, gehen den Klosterberg hinunter und biegen beim Ortsende-Schild von Neustift rechts in den Hammerschmid ab. Am Ende der Straße halten wir uns rechts und nach gut 100 m links leicht bergab. Vor der Kläranlage biegen wir links ab, überqueren die Wolfach, unterqueren die Staatsstraße 2119 und gehen bis zur Eisenbahntrasse.
Unmittelbar vor dem Schienenübergang halten wir uns rechts auf dem Wolfach-Radweg. Nach etwa 650 m erreichen wir Maierhof. An der Kreuzung gehen wir jetzt links auf der Kreisstraße PA 37 Richtung Holzkirchen. Bei

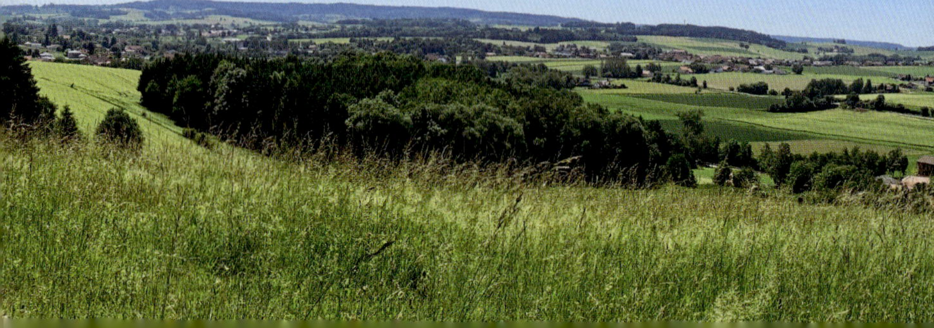

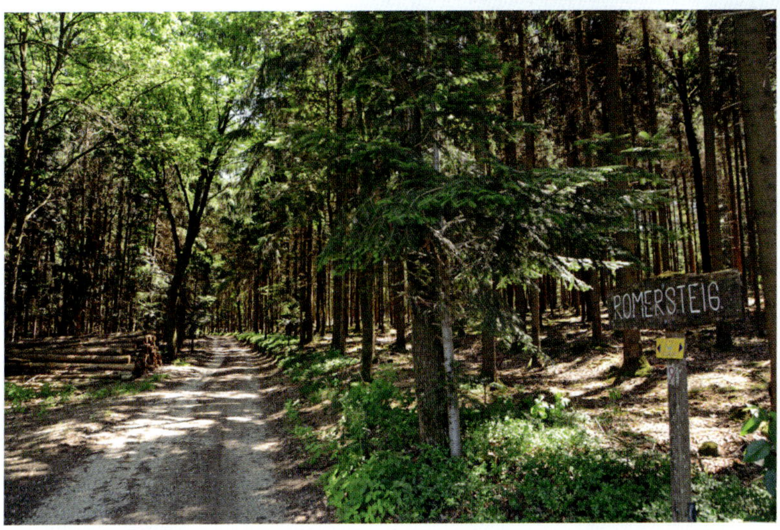

Via Nova

Röhrn biegen wir links ab, vorbei an den Häusern von Maierhof, bis zur nächsten Abzweigung. Hier gehen wir rechts auf der Schotterstraße bergauf, passieren das Anwesen Schöfbach 2 und gelangen zu einer Baumreihe auf der rechten Seite. Ein paar Meter weiter kommen wir zu einer Bank, bei der sich eine Pause lohnt und wir das tolle Panorama auf die Ortschaften der Marktgemeinde Ortenburg genießen können 7.

Danach wandern wir in den Wald weiter bis zu einer Lichtung mit Gabelung.

Wir halten uns rechts, wandern am Ferienhaus Neumaier vorbei und gelangen am Ortsende von Bindering an eine Kreuzung. Wir überqueren diese und gehen auf dem Feldweg am Waldrand weiter. In etwa 100 m wandern wir bei der Gabelung auf dem Wiesenweg leicht bergauf nach Probstöd.

Panorama auf die Ortschaften der Marktgemeinde Ortenburg

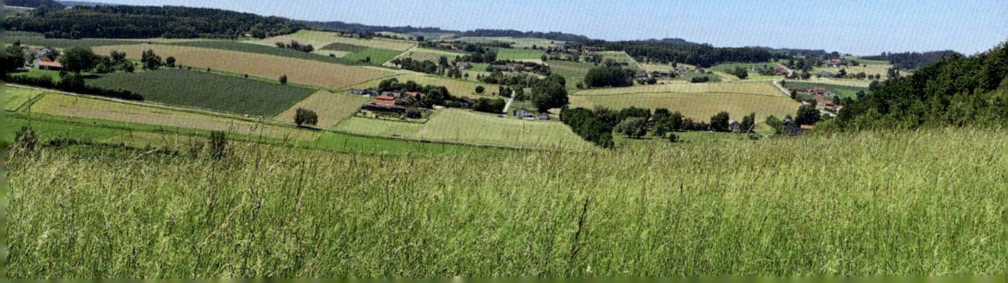

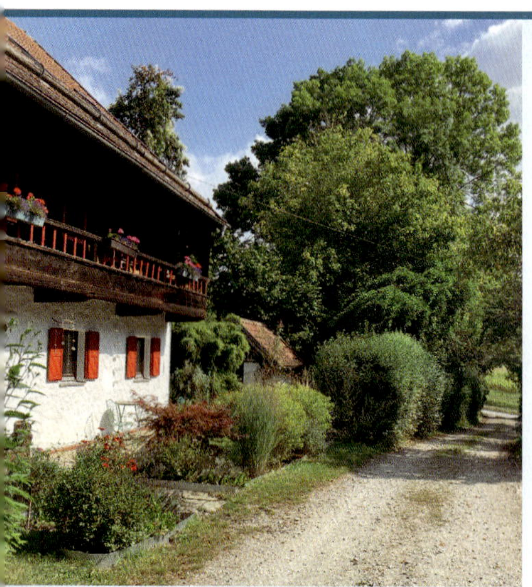

Ferienhaus Neumaier

Nach dem einzelnen Anwesen bleiben wir rechts, gehen dann links am Waldrand leicht bergauf entlang, bis der Wegweiser rechts in den Wald zeigt. Das Wäldchen haben wir nach wenigen Metern passiert und biegen, unmittelbar bevor wir in eine Teerstraße bei Detzerschneider einmünden, rechts auf den Wiesenpfad ab. Dieser führt bergab nach wenigen Metern zur Gastwirtschaft Hinterschloß 8.

Zwischen Gasthaus und Biergarten gehen wir rechts zum Kinderspielplatz. Hier sehen wir auch den Wegweiser „Trompetergraben“. Eine kleine Holztreppe führt hinab zu einem kleinen Pfad, der uns ins Luisental bringt.

Am Ende des Weges treffen wir auf eine Schotterstraße, auf der wir links und gleich wieder rechts abbiegen, dem Wegweiser Luisental 2 folgend.

Zunächst am Waldrand und dann im Wald kommt unser letzter Anstieg auf dieser Tour. Am höchsten Punkt treffen wir auf den Wald-

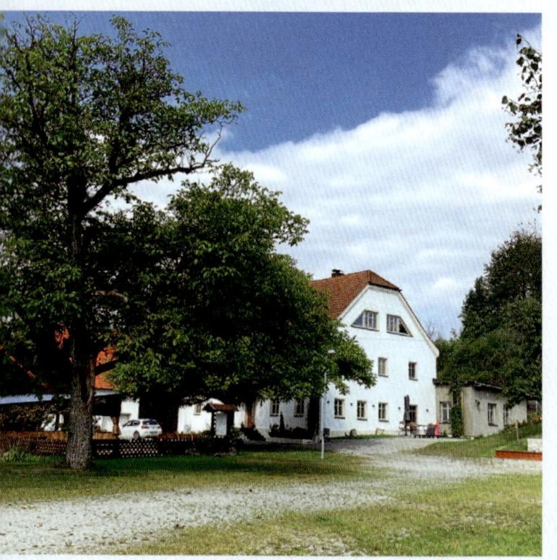

Gastwirtschaft Hinterschloß

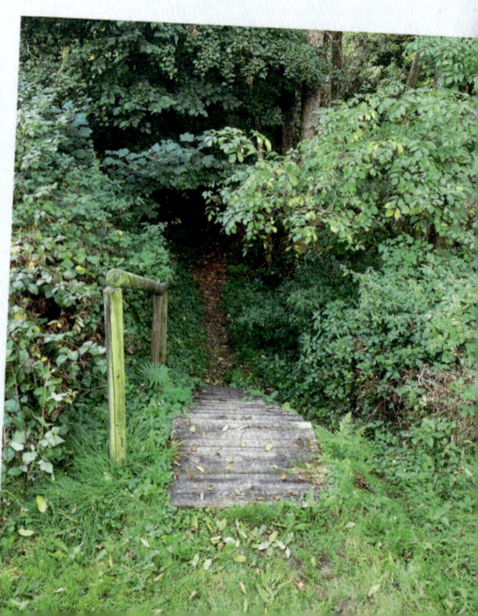

Einstieg zum Trompetergraben

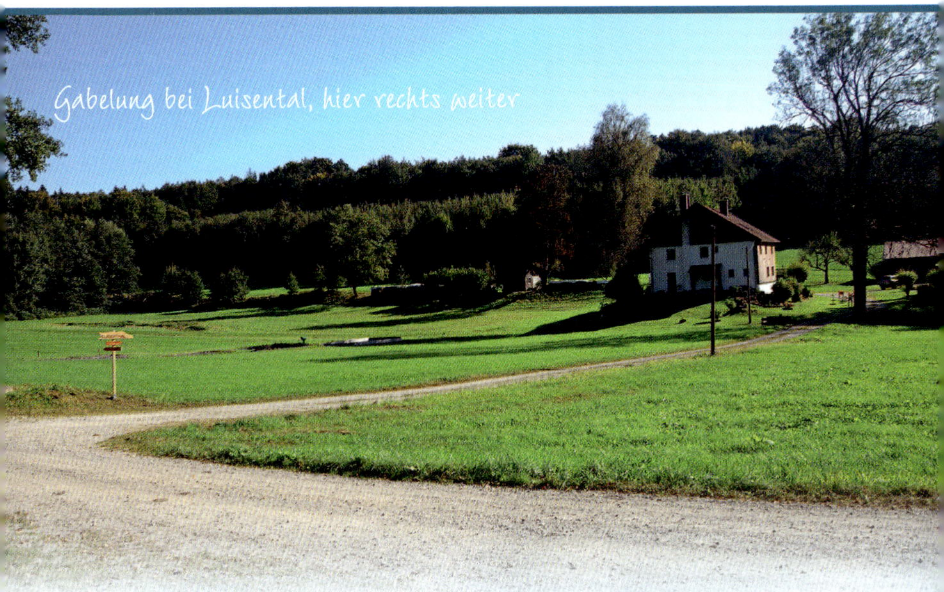

Gabelung bei Luisental, hier rechts weiter

lehrpfad, der uns jetzt entspannt unterhalb des Vorderschlosses über die Lindenallee, vorbei an der katholischen Pfarrkirche Maria Himmelfahrt, zum Etappenziel, den Marktplatz Ortenburg, bringt ❾.

Essen / Einkehren:

Zum Hammel
Marktplatz 15
94496 Ortenburg
Tel. 08542 432

Restaurant Schlosskeller Ortenburg
Vorderschloß 1
94496 Ortenburg
Tel. 08542 532970
www.schlosskeller-ortenburg.de

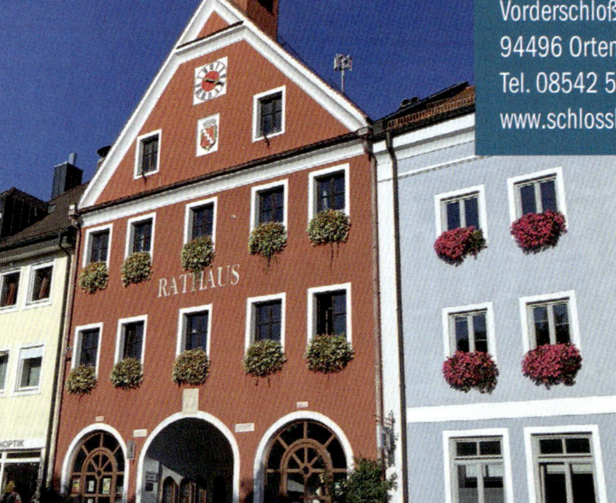

Rathaus am Marktplatz Ortenburg

Leonhardiweg

Auf den Spuren nieder-bayerischer Volksfrömmigkeit

Mittel

13 km

↓↑ 235 m

3 Std.

Grongörgen – Wolfakirchen – Oberhörbach – Hillöd – Zell – Brunndobl – Grongörgen

Auf den Spuren niederbayerischer Volksfrömmigkeit – die Wallfahrtskirchen Grongörgen und Wolfakirchen.

Markierung:
Beschildert mit lila Pfeil

Parken:
Parkplatz – vor Wallfahrtskirche Grongörgen

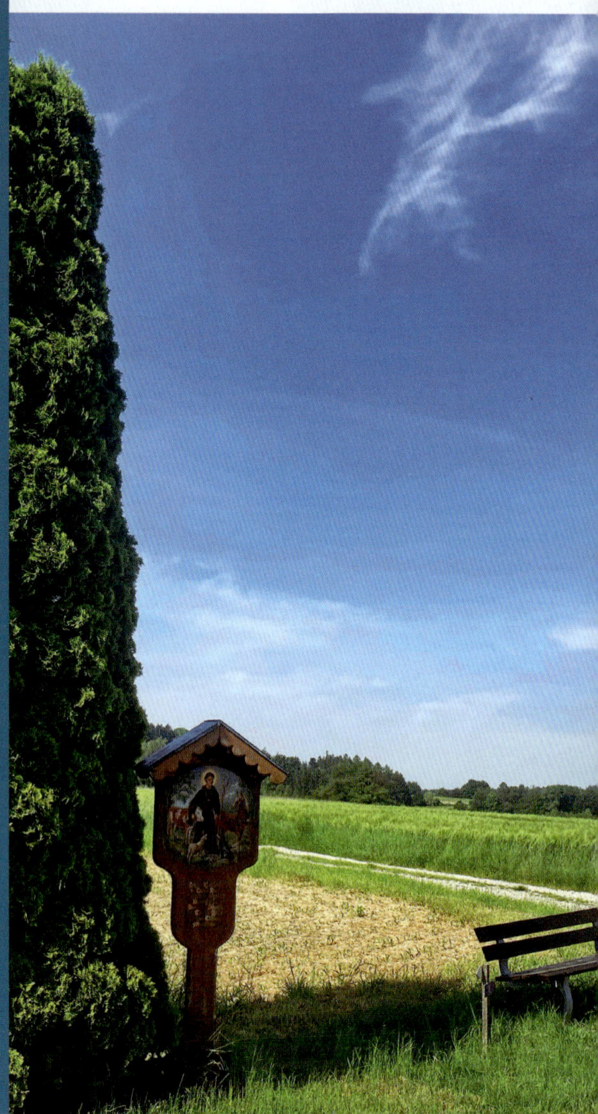

Leonhardi-Marterl

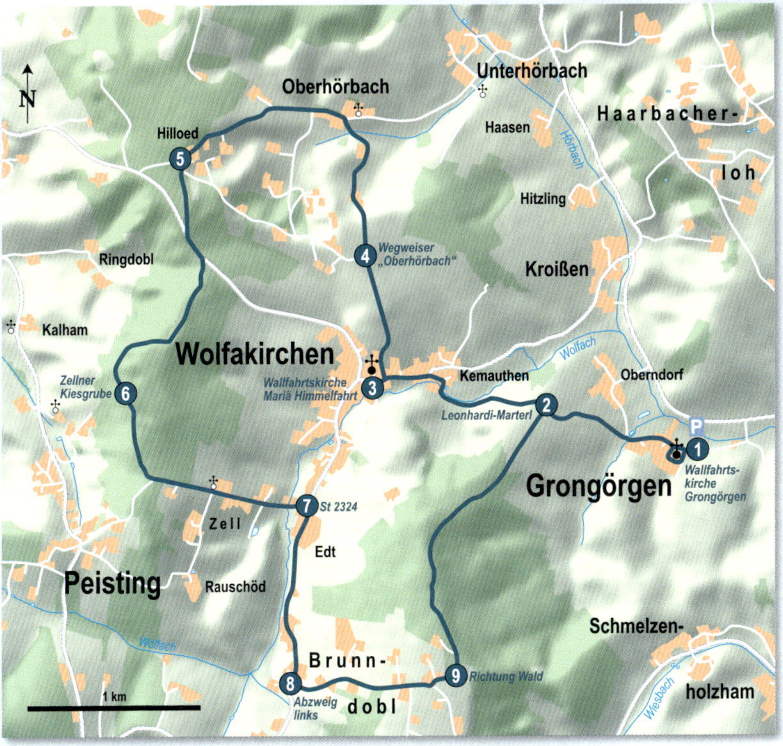

1 Wallfahrtskirche Grongörgen Start/Ziel
2 Leonhardi-Marterl
3 Wallfahrtskirche Mariä Himmelfahrt
4 Wegweiser „Oberhörbach“
5 Hilloed
6 Zellner Kiesgrube
7 St 2324
8 Abzweig links
9 Richtung Wald

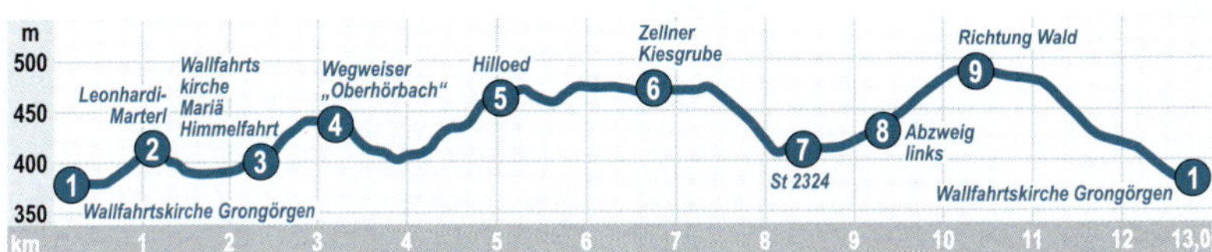

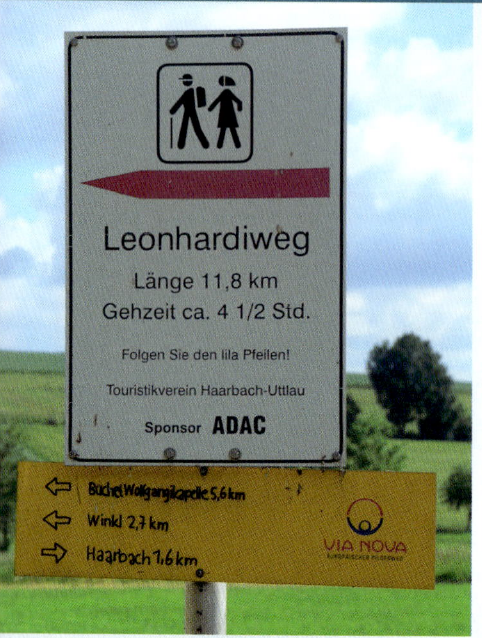

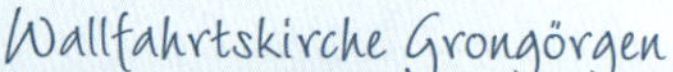
Wegweiser Leonhardiweg

Der Leonhardiweg ist ein Rundweg von Grongörgen über Wolfakirchen, Oberhörbach, Hillöd, Zell und Brunndobl zurück. Er führt überwiegend über offenes Gelände. Die Markierung, ein lila Pfeil, ist jedoch nur sporadisch zu sehen und deshalb nicht sehr hilfreich.

Ausgangspunkt ist der Parkplatz bei der Wallfahrtskirche in Grongörgen ❶. Die Kirche wurde von 1460 – 1472 von den Mönchen des nahe gelegenen Prämonstratenserstiftes St. Salvator erbaut und ist dem heiligen Papst Gregor dem Großen geweiht (davon auch der Name: Großer Gregor – Grongörgen).

Nach Besichtigung der Kirche gehen wir zurück zur Ortsdurchfahrt und wenden uns links durch Grongörgen in Richtung Oberndorf. In ca. 150 m verlassen wir beim Feuerwehrgerätehaus die Teerstraße und biegen

Wallfahrtskirche Grongörgen

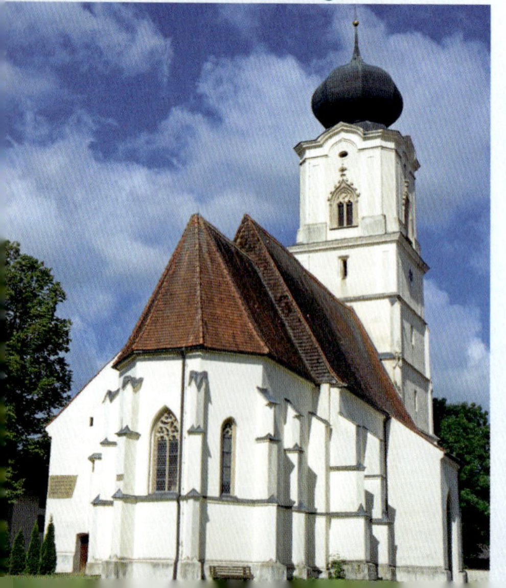

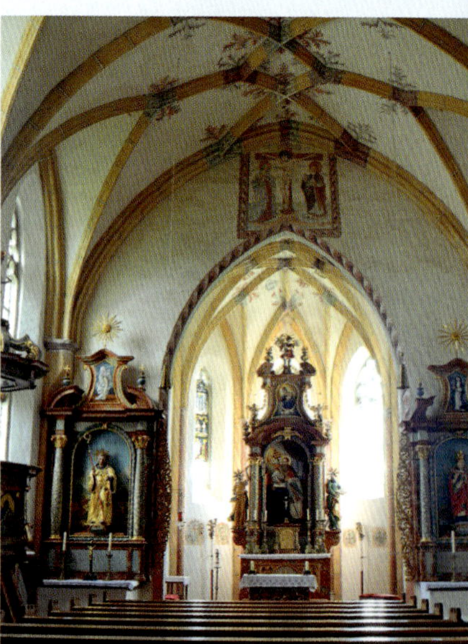

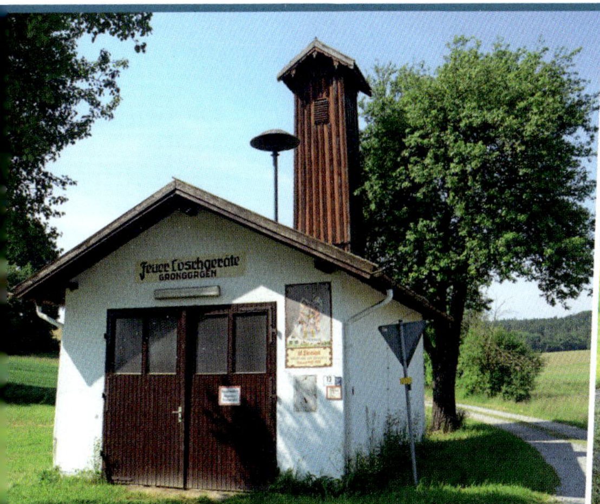

Feuerwehrgerätehaus Grongörgen

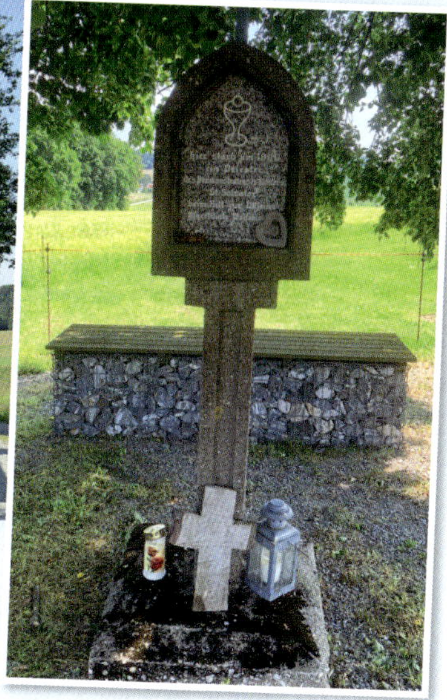

Marterl zum Gedenken an den Tod eines Mönches

halblinks auf die Schotterstraße leicht bergauf ab. Ca. 500 m weiter treffen wir auf der Bergkuppe auf das „Leonhardi-Marterl“ ❷. Das Marterl ist dem Schutzpatron der Tiere und der Gefangenen gewidmet.

Von der Kuppe aus bietet sich uns eine wunderschöne Aussicht nach Haarbach, Ortenburg und bei klarer Sicht bis zum Bayerischen Wald. Auch unser nächstes Ziel, die Wallfahrtskirche Wolfakirchen, ist zum Greifen nahe.

Nur ca. 40 m weiter kommen wir rechts zu einem weiteren Marterl, das an den Tod eines Mönchs erinnert.

Nun marschieren wir bergab, passieren in etwa 450 m einen Sport- und Spielplatz, überqueren 200 m weiter eine Brücke über die Wolfach und gelangen nach Kemauthen.

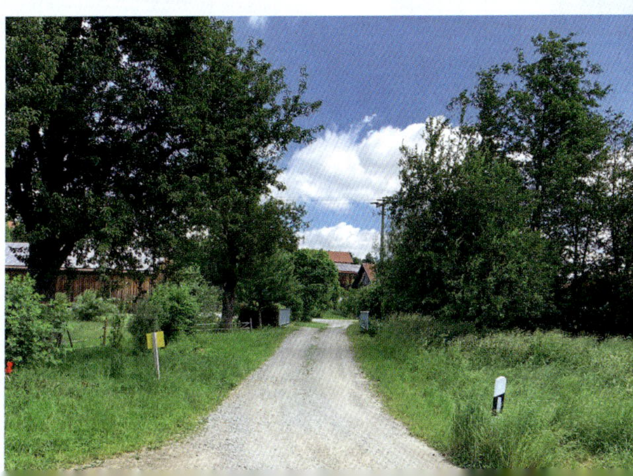

Wolfachbrücke bei Kemauthen

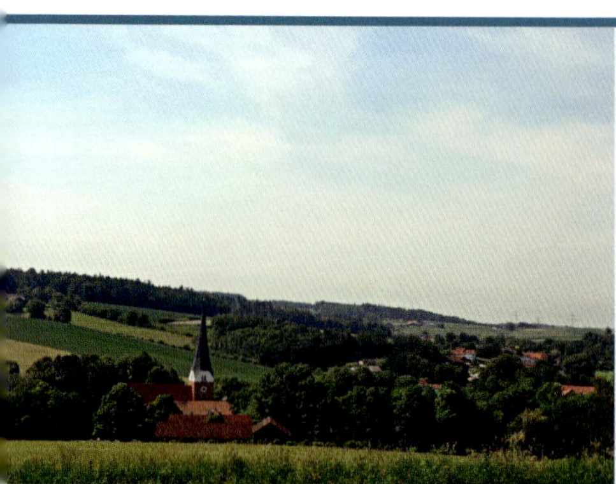

Blick zurück auf Wolfakirchen

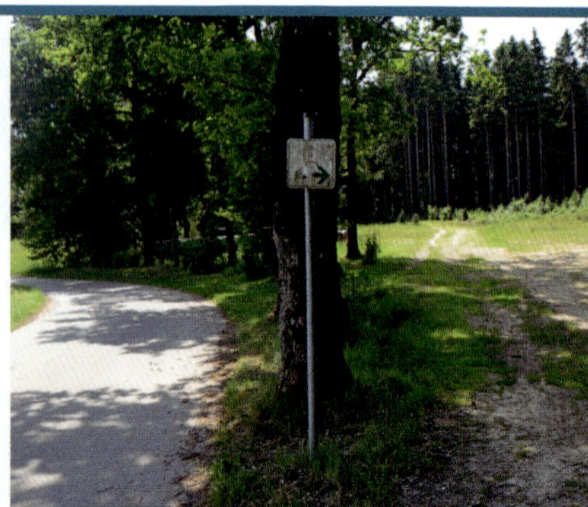

An der Abzweigung in Hillöd rechts Richtung Wald

Wir gehen vor bis zur Hauptstraße und biegen auf dieser links ab. Nach wenigen Metern erreichen wir die Pfarrkirche Mariä Himmelfahrt in Wolfakirchen ❸. Die spätgotische Kirche stammt aus dem 15. Jahrhundert und war bis zum 16. Jahrhundert ein bedeutender Wallfahrtsort.

Vor der Kirche biegen wir rechts ab und gehen bergauf, am Feuerwehrgerätehaus vorbei, Richtung Oberhörbach. An der nächsten Abzweigung mit einer Bank bleiben wir links, weiter bergauf. In knappen 500 m biegen wir an der Gabelung rechts ab (Wegweiser „Oberhörbach 4“) ❹.

In etwa 900 m treffen wir in Oberhörbach auf eine Teerstraße, der wir links ca. 1 km bergauf nach Hillöd folgen ❺. Am Ende der Ortschaft biegen wir links ab und folgen nach ca. 50 m halbrechts dem MTB-Wegweiser „Egglham 1“ Richtung Wald. Wir gehen jetzt ca. 350 m durch den schattigen Mischwald und treffen auf die Kreisstraße PAN 22, der wir links bis zum Landkreisschild folgen. Hier biegen wir rechts auf die Forststraße ab und halten uns an der nächsten Abzweigung links, leicht bergauf. Etwa 500 m weiter gehen wir an der Gabelung im Wald rechts und passieren nach weiteren 500 m die Zellner Kiesgrube ❻. Die liegt etwas versteckt auf der linken Seite. Am Ende des Waldes treffen wir auf eine Teerstraße, wir verlassen die MTB-Strecke und wenden uns links bergab

Blick vom Leonhardi-Marterl nach Wolfakirchen

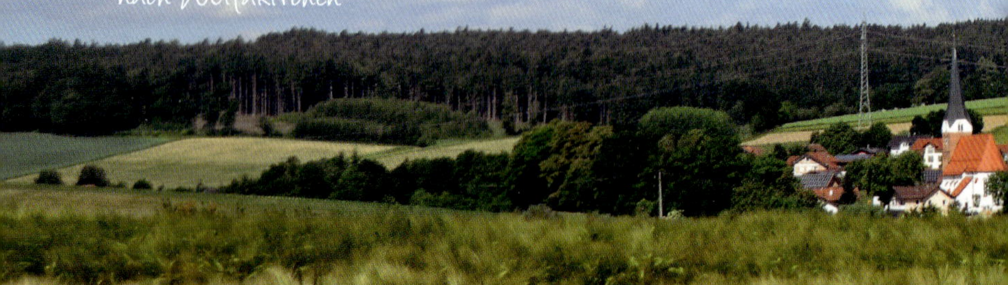

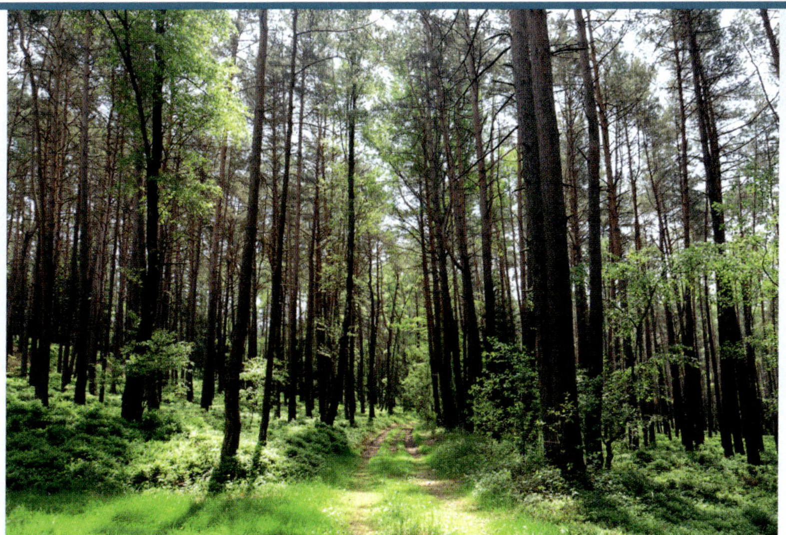

Waldweg bei der Zellner Kiesgrube

nach Zell. Am Ende der Streusiedlung gelangen wir zur Staatsstraße 2324 ❼. Auf ihr gehen wir rechts durch Edt und weiter bergauf nach Brunndobl. Nach etwa 600 m erreichen wir den Gasthof Berger und biegen nach weiteren 200 m links ab ❽. Bergauf wandern wir auf der Teerstraße bis zum Autohaus Knott, biegen danach links ab und gehen rechts weiter. Vor dem letzten Haus biegen wir auf die Schotterstraße links Richtung Wald ab ❾. Nach etwa 100 m macht die Schotterstraße eine Linkskurve. Hier gehen wir geradeaus auf dem Waldweg weiter. Nun marschieren wir gut 1 km durch den Mischwald. Etwaige Abzweigungen ignorieren wir und bleiben auf dem erkennbar breiteren Weg. Am Ende des Waldes erblicken wir in 400 m das Leonhardi-Marterl und treffen dort wieder auf unseren vorherigen Wanderweg, auf dem es zum Ausgangspunkt zurückgeht.

Essen / Einkehren:

Gasthaus Berger
Brunndobl 12
84364 Bad Birnbach
Tel. 08563 2372

Leicht

6,3 km

↓↑ 30 m

1¾ Std.

Granitweg

Vom Granitabbau zum Naturschutzgebiet

Mattenham / Vilshofen-Rundweg an der Vils

Interessanter Themenweg über den Granitabbau im Vils-Engtal und den nachfolgenden Wandel zum Naturschutzgebiet.

Markierung:
Beschildert mit „Granitweg“

Parken:
Wanderparkplatz an der Vils, bei Mattenham

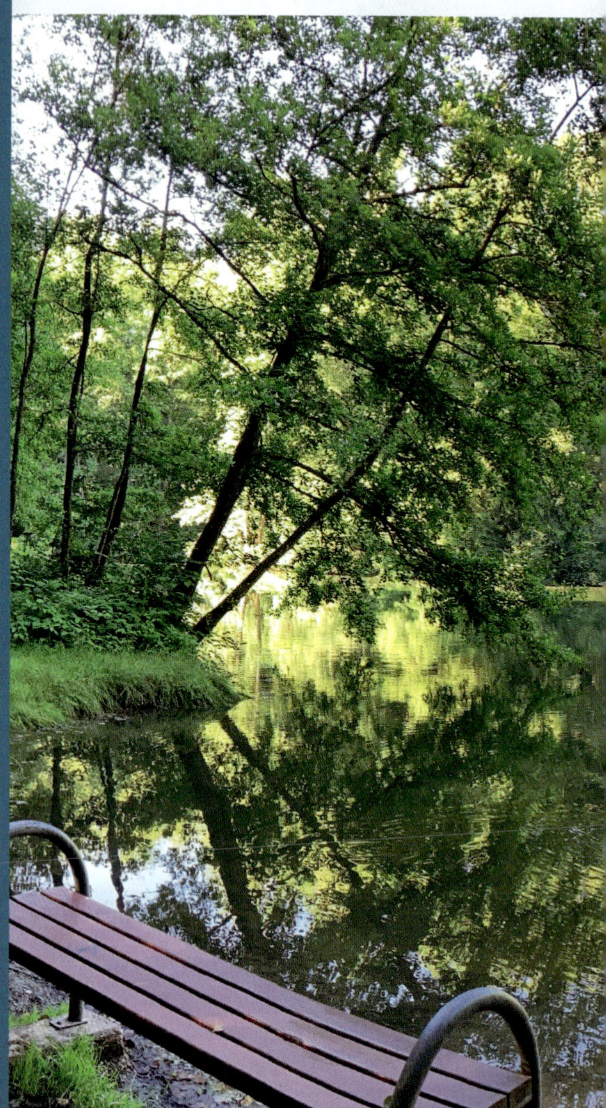

Jaferlsee

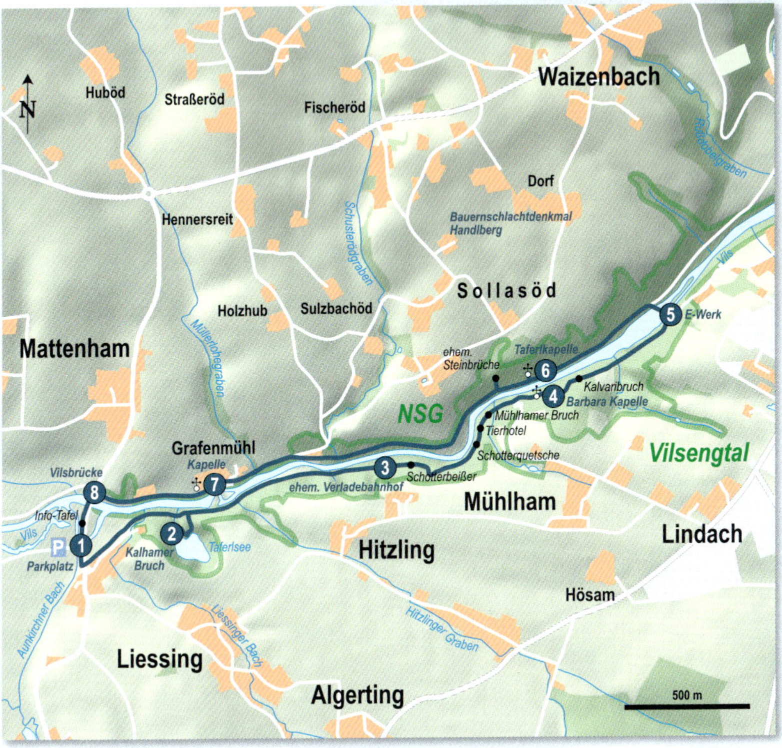

1 Parkplatz Start/Ziel
2 Kalhamer Bruch
3 ehem. Verladebahnhof
4 Barbara Kapelle
5 E-Werk
6 Taferlkapelle
7 Kapelle
8 Vilsbrücke

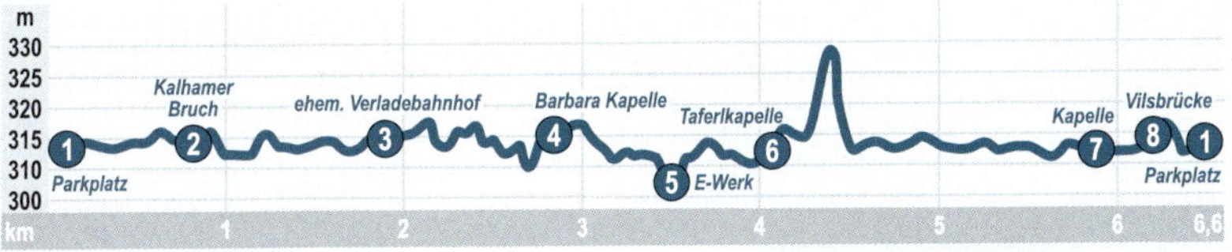

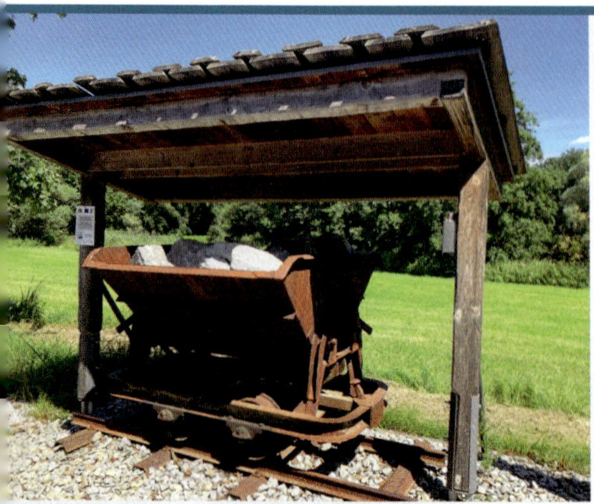

Lore mit Granitsteinen, Beginn der Tour

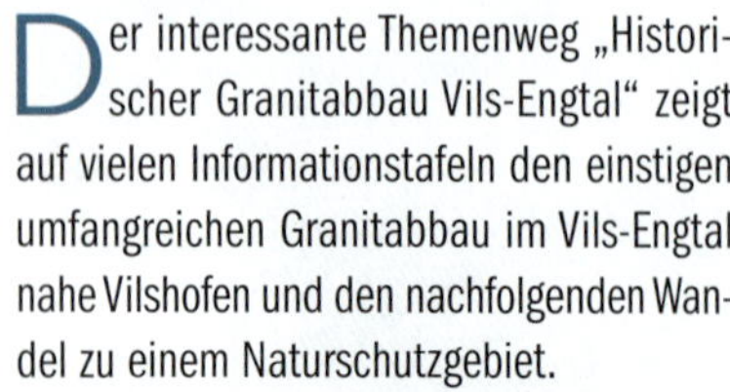

Der interessante Themenweg „Historischer Granitabbau Vils-Engtal" zeigt auf vielen Informationstafeln den einstigen umfangreichen Granitabbau im Vils-Engtal nahe Vilshofen und den nachfolgenden Wandel zu einem Naturschutzgebiet.

Ausgangspunkt ist einer der Wanderparkplätze an der Vilsbrücke bei Mattenham ❶. Hier sehen wir eine alte Lore mit Granitsteinen und die erste Infotafel.

Wir gehen Richtung Ortsschild Liessing und biegen nach ca. 80 m links ab auf den Schotterweg und folgen dem Wegweiser Granit-Weg.

Nach wenigen Metern tauchen wir in das Naturschutzgebiet ein. Von jetzt an begleitet uns ein schattiger Mischwald am rechten Ufer der Vils entlang. Unsere erste Station führt unter der ehemaligen Eisenbahnstrecke hindurch zum Kalhamer-Bruch. Er ist der größte Bruch im unteren Vilstal. Heute ist er

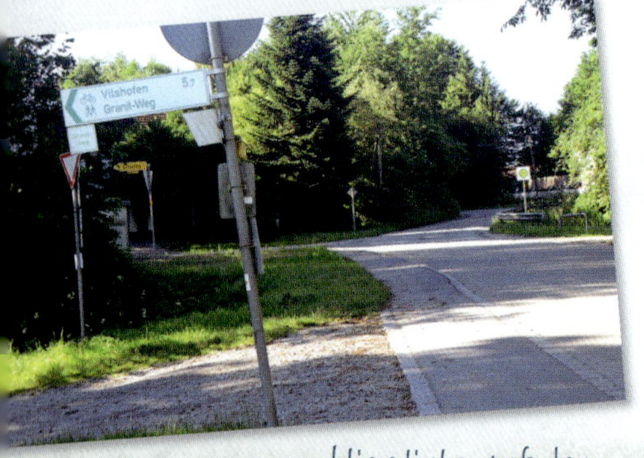

Hier links auf den Granit-Weg

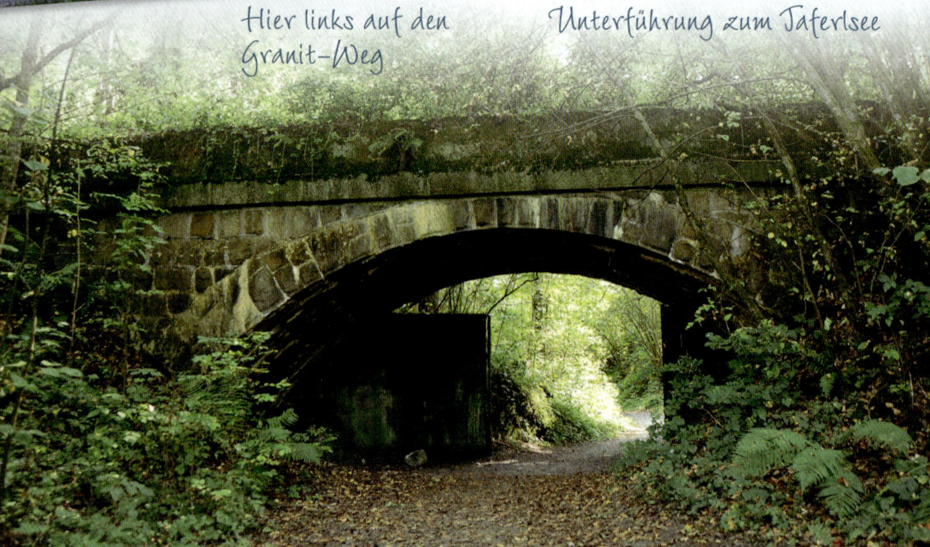

Unterführung zum Taferlsee

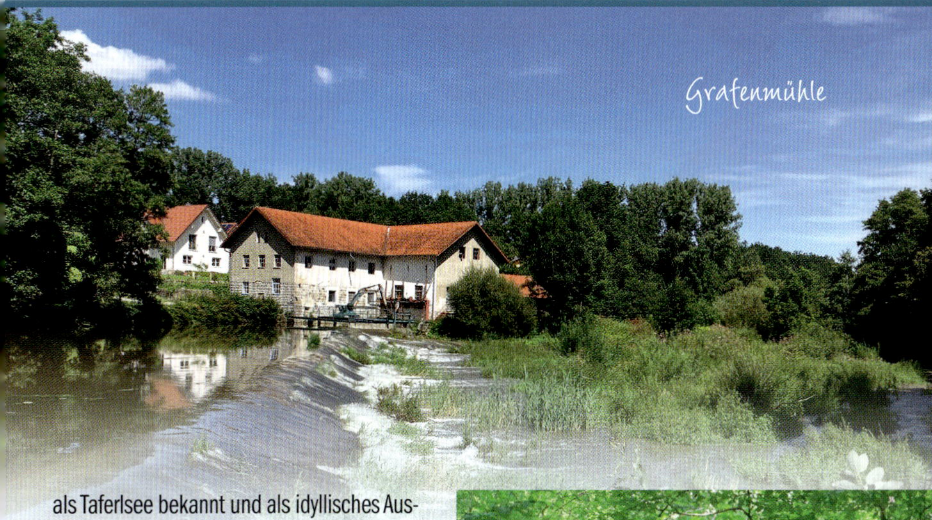

Grafenmühle

als Taferlsee bekannt und als idyllisches Ausflugsziel beliebt ❷.
Zurück auf dem Granit-Weg sehen wir am gegenüberliegenden Ufer der Vils die Grafenmühle. Sie versorgte früher den Kalhamer-Bruch mit Strom.
Nach gut 600 m sehen wir Teile der Materialwaage des Verladebahnhofes ❸.
Wir marschieren weiter durch den schattigen Mischwald und kommen nach wenigen Metern zu den Überresten eines elektrisch betriebenen „Schotterbeißers“. Damit konnte man in größerem Umfang aus steinernen Abfallresten Schotter, Split und Sand verschiedener Körnungen herstellen.
Ein kurzes Stück weiter ragen etwas erhöht die Fundamente eines mit Dampf betriebenen „Schotterbeißers“ aus dem Boden.
Gleich darauf treffen wir auf das Tierhotel. Ein ehemaliger Transformatorturm wurde

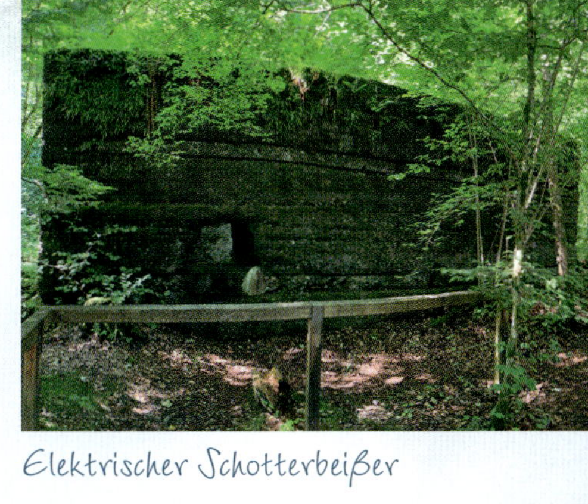

Elektrischer Schotterbeißer

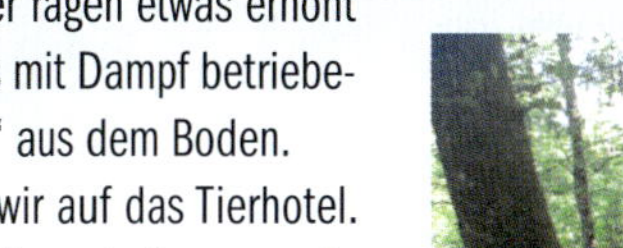

Fundamente dampfbetriebener Schotterbeißer

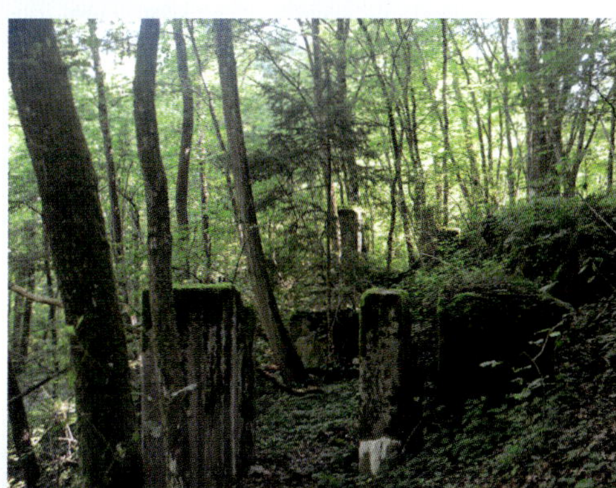

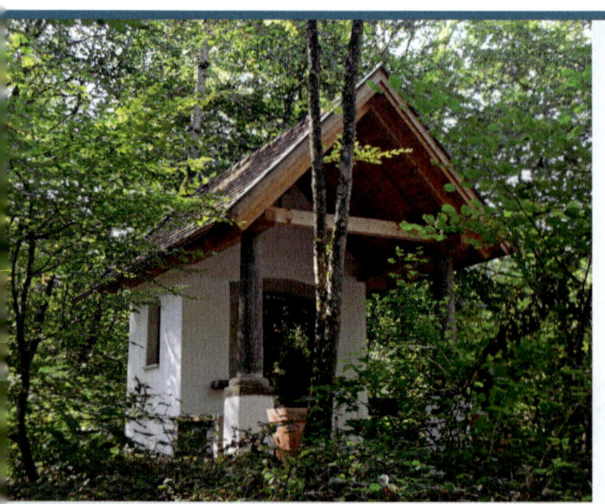

Barbarakapelle

zum Tierhotel umgebaut und beherbergt im Erdgeschoss Reptilien, während das Dachgeschoss als Rast- und Nistplatz für Fledermäuse, Turmfalken und Eulen dient.

Nach etwa 400 m unterqueren wir wieder die ehemalige Bahnstrecke und kommen gleich danach zur Barbarakapelle auf der linken Seite ❹. Die Böllerschützen der Königlich privilegierten Feuerschützengesellschaft Vilshofen erbauten sie aus einem baufälligen Transformatorhäuschen, das aus der Zeit des Granitabbaus stammte. Die Kapelle wurde der heiligen Barbara geweiht. Sie ist die Schutzheilige der Artilleristen und damit auch der Böllerschützen, der Gefangenen und der Steinhauer. Damit sollte der Kriegsgefangenen und der Steinhauer gedacht werden, die in den Steinbrüchen schwere Arbeit verrichten mussten.

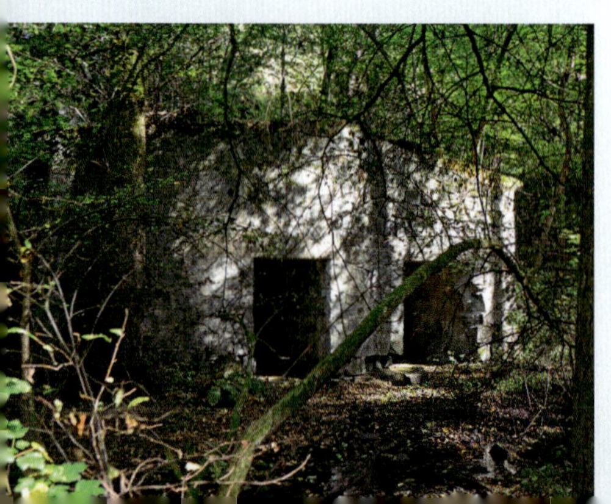

Der letzte Bruch auf dieser Seite ist der Kalvari-Bruch. Hier stehen etwas versteckt die Überreste der ehemaligen Elektrozentrale. Sie diente als Standort für Transformatoren und Aggregate der Presslufthämmer.

Gemütlich wandern wir die 400 m weiter zum Wendepunkt unserer Tour, dem Städtischen Elektrizitätswerk bei Schlehberg ❺. Wenn man Glück hat, kann man auch am Tag Biber beobachten.

Über das Stauwehr gelangen wir auf das linke Vilsufer.

Nun wandern wir am linken Ufer flussaufwärts und treffen nach ca. 600 m auf die Taferl-Kapelle ❻. Sie hat ihren Namen von einer Sage, wonach eines Tages an einem Baum eine Tafel mit dem Bild der Gottesmutter gehangen haben soll, weshalb das Areal der Granitgesellschaft auch als „Taferl“ bezeichnet wurde.

Wir wandern weiter am linken Ufer der Vils und kommen auch hier an ehemaligen Brüchen vorbei, die sich aber die Natur weitgehendst zurückerobert hat. Nach ca. 1 km treffen wir auf eine Teerstraße, der wir links folgen.

Reste der ehemaligen Elektrozentrale im Kalvari-Bruch

An der Grafenmühle vorbei kommen wir zu einer kleinen Kapelle ❼.
Jetzt sind es nur noch ca. 400 m zur Vilsbrücke ❽, und wir erreichen unseren Ausgangspunkt.

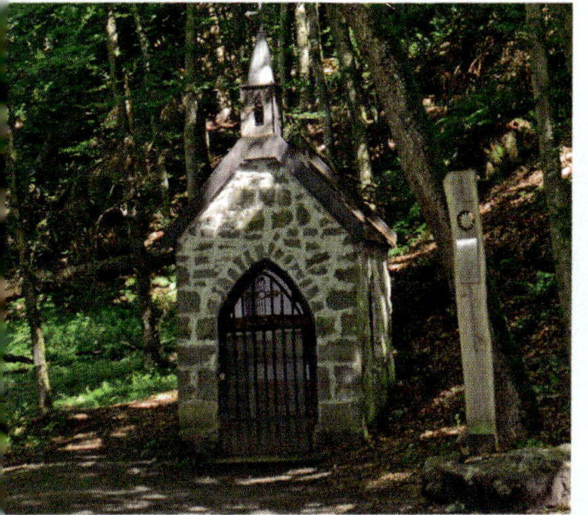

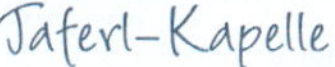
Taferl-Kapelle

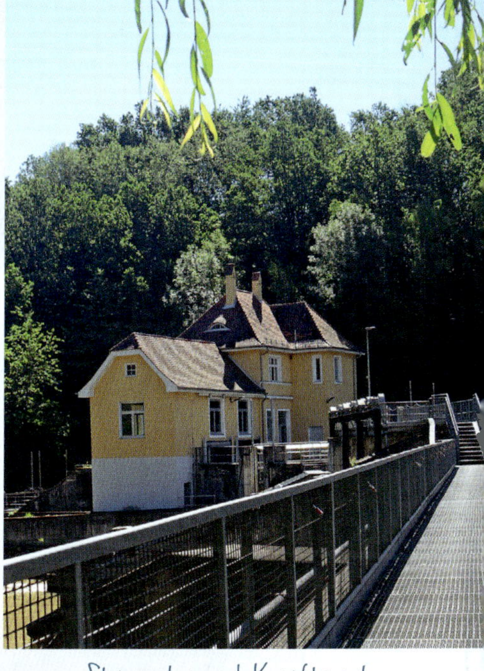

Stauwehr und Kraftwerk

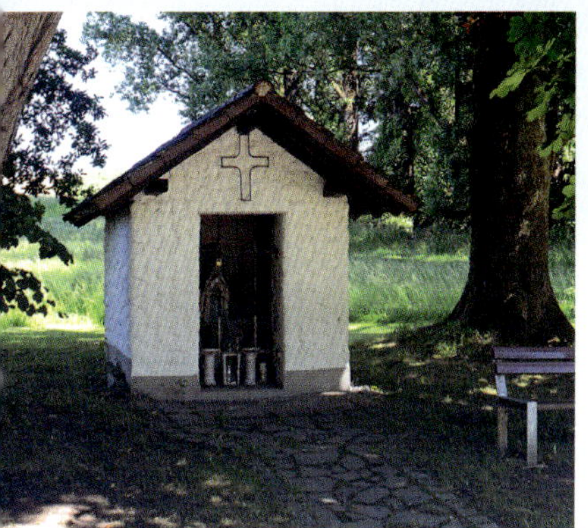

Kapelle bei Grafenmühle

Essen / Einkehren:

Landhof Eineder
Schönerting 42
94474 Vilshofen an der Donau
Tel. 08543 1323
www.landhof-eineder.de

Aumonte Stubn
Vilshofener Str. 16
94474 Vilshofen an der
Donau-Aunkirchen
Tel. 08543 4952
www.aumontebuam.de

Hilgartsberger Rundweg

Aussichten eines Raubritters auf das Donautal

Leicht

7,1 km

↓↑ 125 m

1¾ Std.

Hilgartsberg – Gelbersdorf – Hachelberg – Hilgartsberg

Rundweg um die Raubritterburg Hilgartsberg.

Markierung:
Keine Beschilderung

Parken:
Parkplatz vor der Burg Hilgartsberg

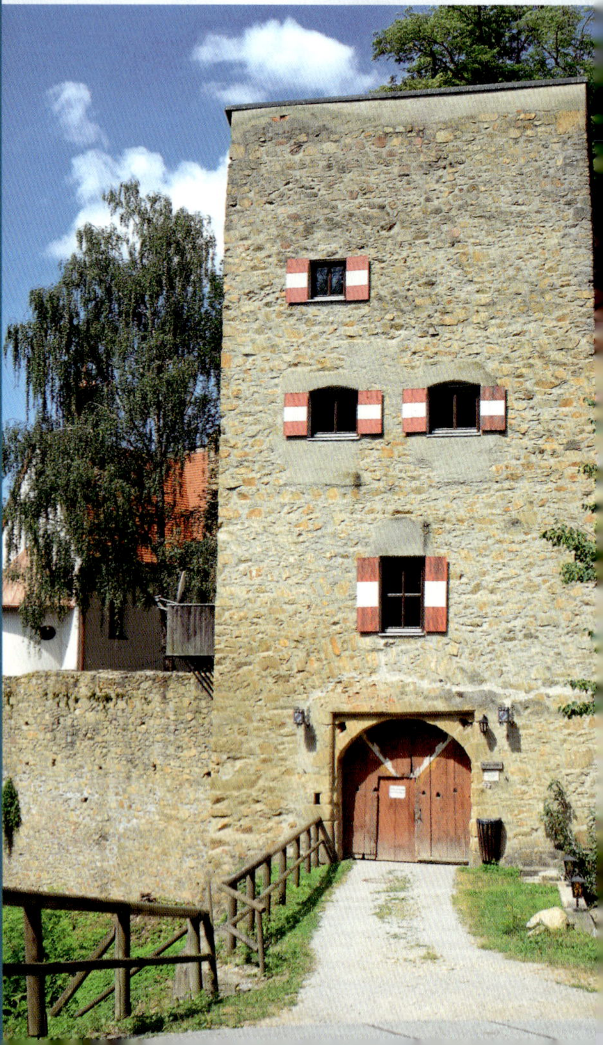

Burg Hilgartsberg

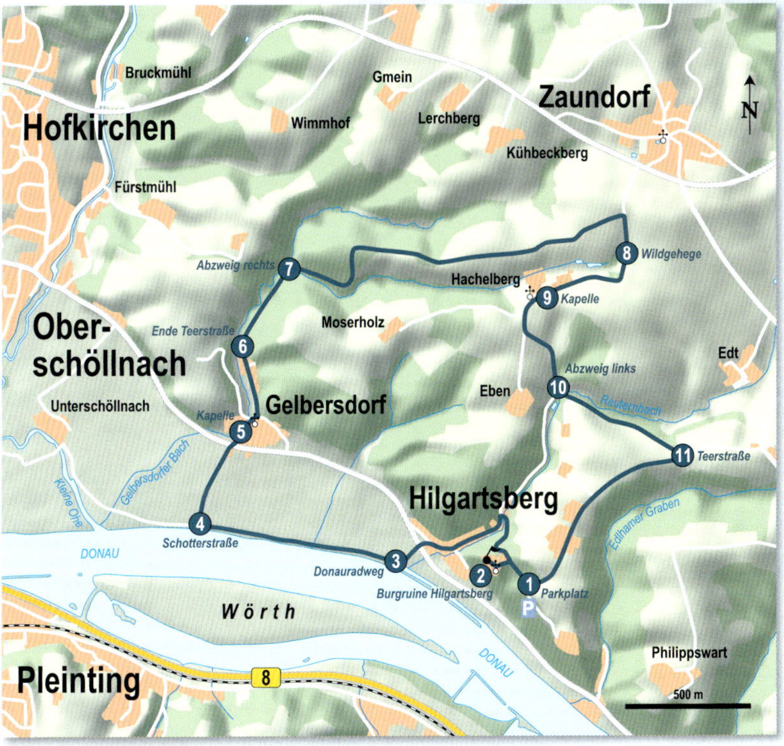

1. Parkplatz Start/Ziel
2. Burgruine Hilgartsberg
3. Donauradweg
4. Schotterstraße
5. Kapelle
6. Ende Teerstraße
7. Abzweig rechts
8. Wildgehege
9. Kapelle
10. Abzweig links
11. Teerstraße

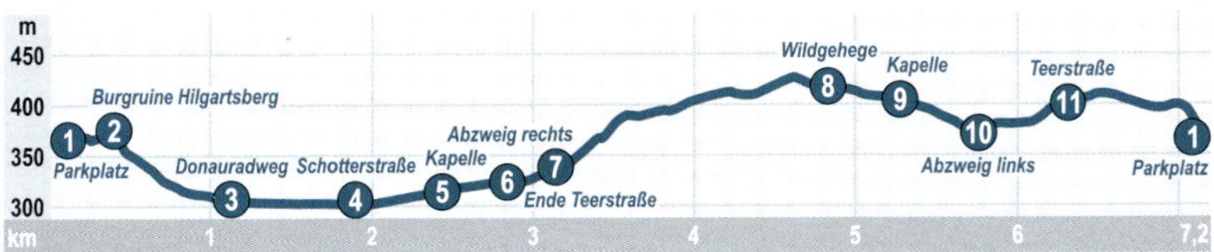

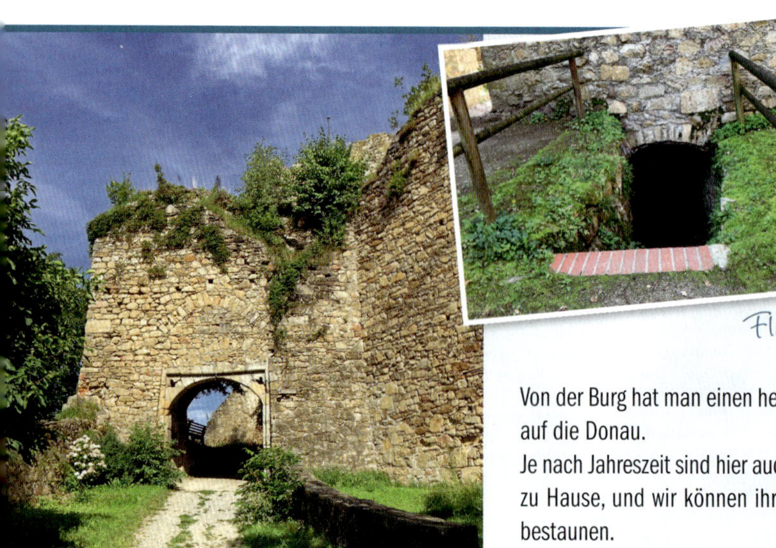

Fluchttunnel

Burg Hilgartsberg

Von der Burg hat man einen herrlichen Blick auf die Donau.

Je nach Jahreszeit sind hier auch Turmfalken zu Hause, und wir können ihre Flugkünste bestaunen.

Nach der ausgiebigen Besichtigung wandern wir auf dem Teersträßchen steil bergab und halten uns an der nächsten Einmündung

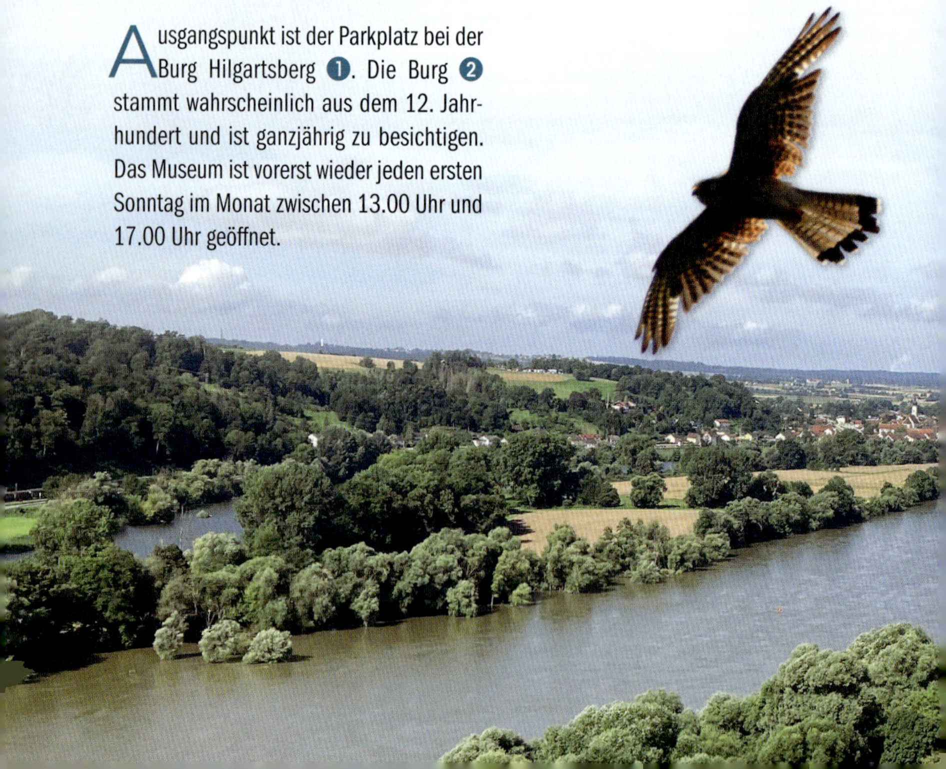

Ausgangspunkt ist der Parkplatz bei der Burg Hilgartsberg ❶. Die Burg ❷ stammt wahrscheinlich aus dem 12. Jahrhundert und ist ganzjährig zu besichtigen. Das Museum ist vorerst wieder jeden ersten Sonntag im Monat zwischen 13.00 Uhr und 17.00 Uhr geöffnet.

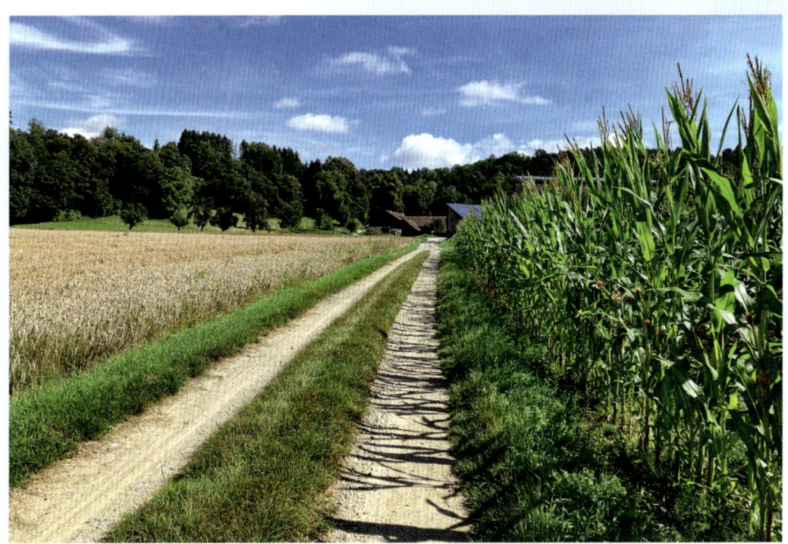

Schotterweg nach Gelbersdorf

links. Am Reuternbach entlang treffen wir kurz nach Ortsende auf die Staatsstraße 2125, die wir geradeaus überqueren.
Nach wenigen Metern sind wir auf dem Donauradweg, dem wir rechts Richtung Hofkirchen folgen ❸.
Hier haben wir nochmals einen schönen Blick auf die Burg Hilgartsberg.

Wir wandern am linken Donauufer entlang und wenn wir Glück haben, können wir Schwäne beobachten.
Nach gut 800 m verlassen wir den Donauradweg und biegen rechts auf die Schotterstraße nach Gelbersdorf ab ❹.

Blick von der Burg auf die Donau

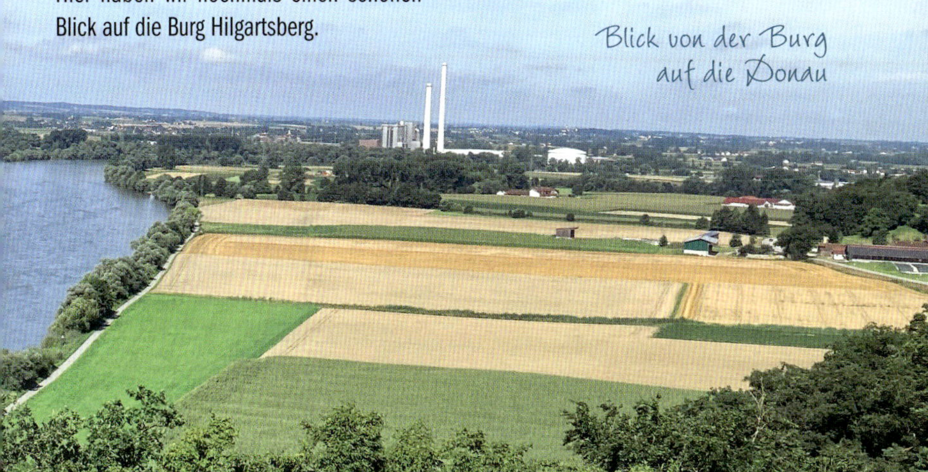

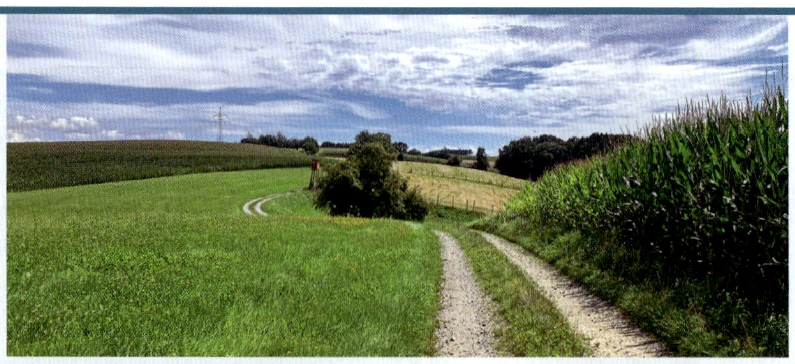

Der höchste Punkt ist erreicht und es geht wieder leicht bergab.

Wir erreichen nach ca. 300 m wieder die Staatsstraße 2125, überqueren sie geradeaus in die kleine Ortschaft Gelbersdorf.
Nach wenigen Metern besichtigen wir rechts die 2004 erbaute St.-Florian-Kapelle ❺.
Kurz nach der Kapelle biegen wir links ab. Am Ortsende kommen wir an der Firma „Bartl Waldprodukte“ vorbei ❻. Hier endet die Teerstraße und führt als Schotterstraße in den Mischwald. Bei vorheriger Schlechtwetterphase kann es sein, dass sie ziemlich aufgeweicht und dementsprechend schlecht zu gehen ist. Nach etwa 350 m nehmen wir die Abzweigung rechts ❼ und gehen zunächst leicht und später etwas steiler bergauf.
Hier ist auch der Weg wieder trocken. Kurz nach einer Lichtung halten wir uns an der Gabelung rechts. Auch an der nächsten Gabelung bleiben wir rechts. Jetzt wandern wir einigermaßen eben dahin und kommen zum Waldrand.
Wir gehen auf einem Wiesenweg am Waldrand entlang und tauchen nochmals kurz in den Wald ein, bis wir ihn nach wenigen Metern endgültig verlassen. Zwischen grünen Wiesen und Feldern wandern wir auf dem Schotterweg leicht bergauf.
Nach etwa 400 m haben wir den höchsten Punkt erreicht, und der Weg schlängelt sich leicht bergab, vorbei an einem Wildgehege ❽.
Links haben wir einen kurzen Blick auf den Bayerischen Wald.
Bei der Einmündung in die Teerstraße biegen wir rechts ab. Wir sehen rechts wieder das Wildgehege bei Hachelberg und können auch ein paar Hirsche beobach-

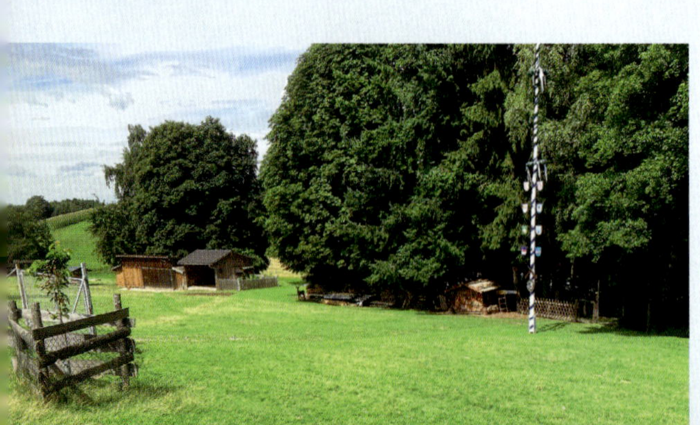

Wildgehege in Hachelberg

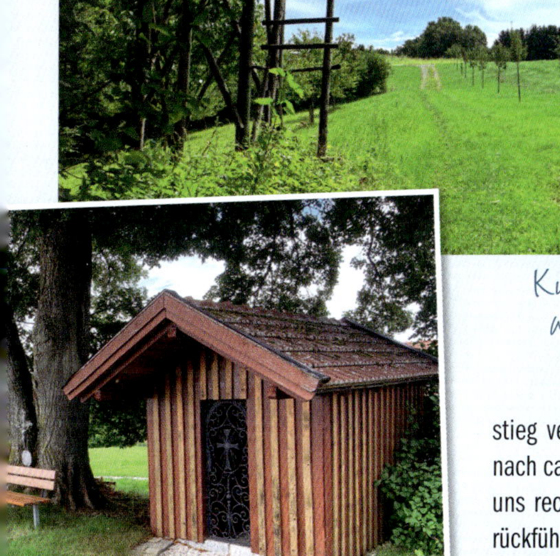

Kurz nach dem Wald treffen wir auf die Teerstraße nach Hilgartsberg.

Kapelle in Hachelberg

ten. Vorbei an der Kapelle von Hachelberg 9 gehen wir bergab und ignorieren die Abzweigungen nach Moserholz und Eben.

Wir halten uns an den Wegweiser Richtung Hilgartsberg. Am nächsten Waldrand biegen wir in der Rechtskurve links 10 auf die Schotterstraße ab und wandern jetzt wieder leicht bergauf.

An der nächsten Abzweigung gehen wir geradeaus weiter. Der Schotterweg geht in einen Wiesenweg über und führt am Waldrand entlang. Nach einem letzten steileren Anstieg verlassen wir den Wald und treffen nach ca. 100 m auf eine Teerstraße, 11 die uns rechts direkt zum Ausgangspunkt zurückführt.

Nach etwa 900 m haben wir unser Ziel erreicht.

Essen / Einkehren:

Wirtshaus Zur Wurzn
Schmalhof 6
94474 Vilshofen an der Donau
Tel. 08541 2851
www.wurzn.de

Flugplatz-Restaurant Vilshofen
Am Flugplatz 1
94474 Vilshofen an der Donau
Tel. 08541 6179
www.flugplatzrestaurant-vilshofen.de

Wallfahrtsweg Sammarei

Besinnlich unterwegs um den bedeutenden Marienwallfahrtsort

Mittel

16,5 km

↓↑ 240 m

4 Std.

Oberuttlau – Bergham – Kronholz – Rainding – Sammarei – Kreuzbach – Grub – Binderöd – Brunnwies – Oberuttlau

Rundweg um einen der bedeutendsten Marienwallfahrtsorte Bayerns.

Markierung:
Grüner-Pfeil-Markierung

Parken:
Öffentlicher Parkplatz – Oberuttlau – St.-Andreas-Straße

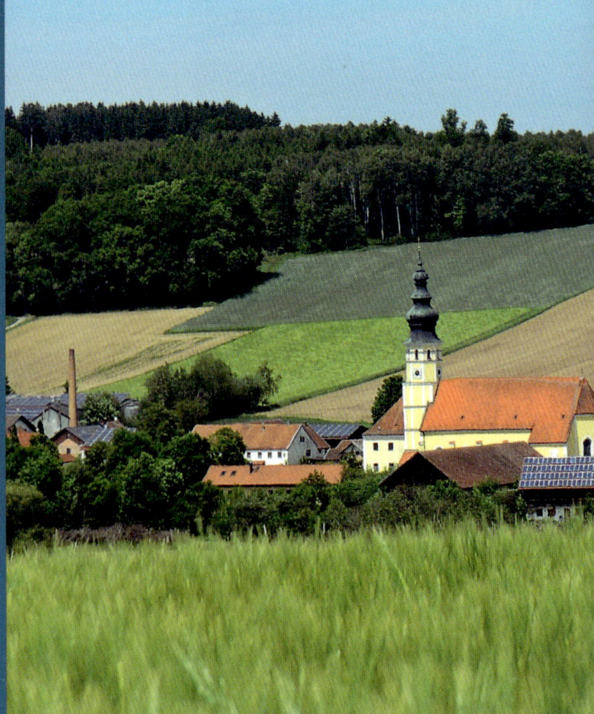

Blick zur Wallfahrtskirche Sammarei

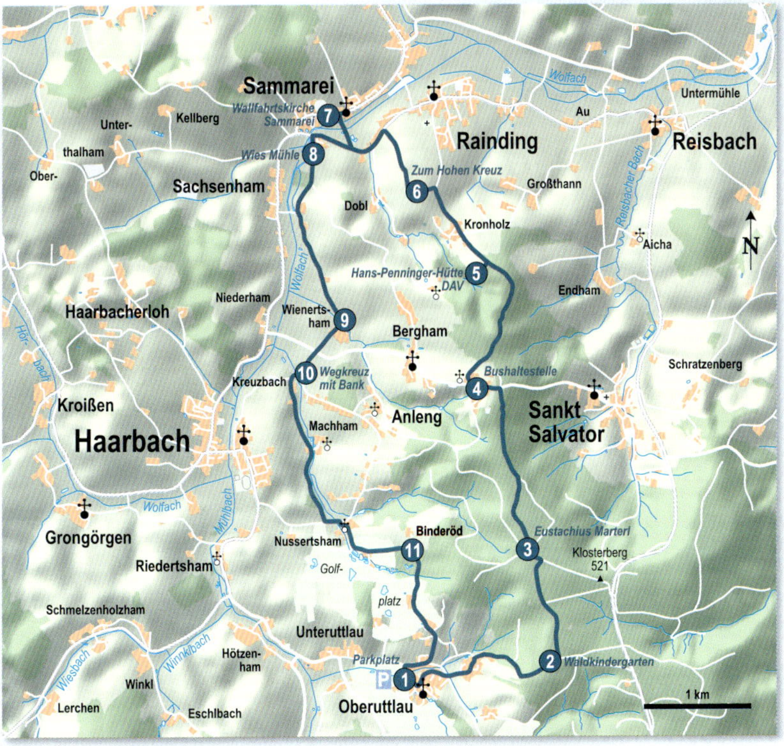

1. Parkplatz Oberuttlau Start/Ziel
2. Waldkindergarten
3. Eustachius Marterl
4. Bushaltestelle
5. Hans-Penninger-Hütte DAV
6. Zum Hohen Kreuz
7. Wallfahrtskirche Sammarei
8. Wies Mühle
9. Wienertsham
10. Wegkreuz mit Bank
11. Binderöd

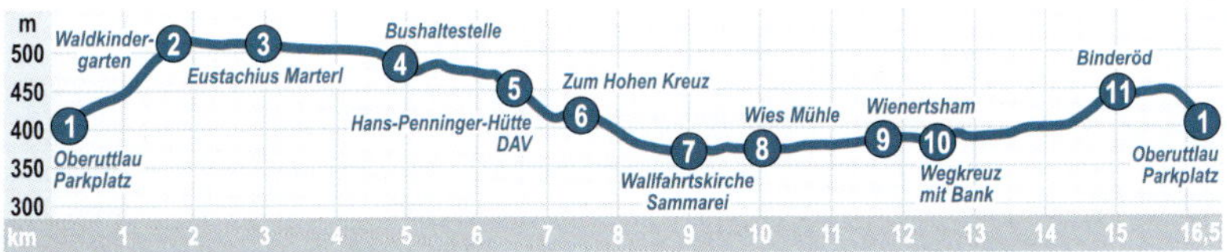

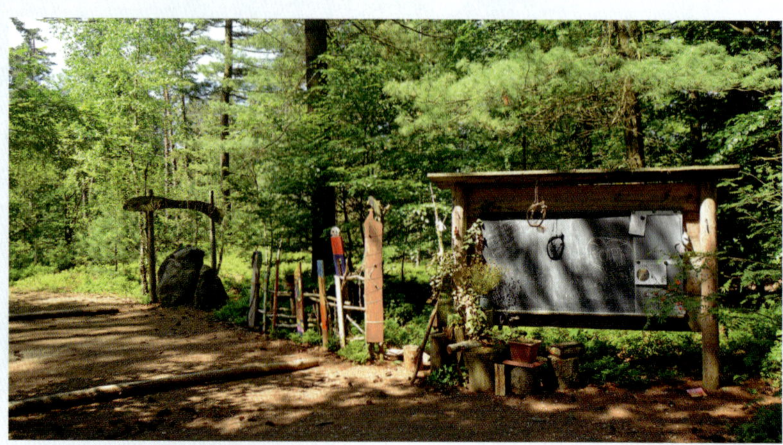

Waldkindergarten Schnecke

Die Tour startet am ausgeschilderten öffentlichen Parkplatz in Oberuttlau in der St.-Andreas-Straße ❶. Auf dem Hinweg wandern wir überwiegend durch schattige Mischwälder, während der Rückweg fast ausschließlich über offenes Gelände führt.

Vom Parkplatz gehen wir links auf der St.-Andreas-Straße Richtung Dorfplatz und biegen bei der Pfarrkirche links auf die Herzog-Odilo-Straße ab. Dieser folgen wir ca. 350 m leicht bergauf bis zur Kreuzung mit der Steinkartstraße. Wir überqueren die Kreuzung geradeaus und gehen auf der Nebenstraße nach Freiling. Am Ortsende endet die Teerstraße am Waldrand und geht in eine Schotterstraße über. Ständig leicht bergauf kommen wir am Waldkindergarten Schnecke vorbei ❷.

Ca. 100 m nach Eingang des Waldkindergartens gehen wir an der Abzweigung links und an der nächsten Abzweigung bei einer Bank geradeaus weiter. Bei einer weiteren Gabelung mit Sperrschild biegen wir links ab und kommen nach ca. 100 m an eine Kreuzung. Hier steht links bei einer Bank das Marterl zum Heiligen Eustachius, dem Schutzpatron der Jäger ❸. Der Sage nach erschien ihm an dieser Stelle ein weißer Hirsch.

Blick von Bergham ins Uttlauer Tal

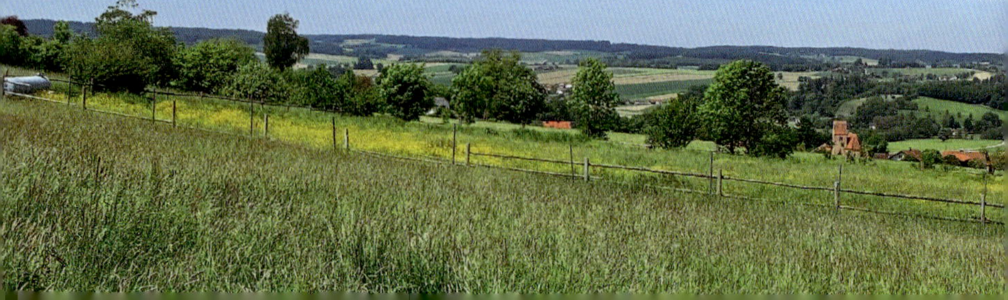

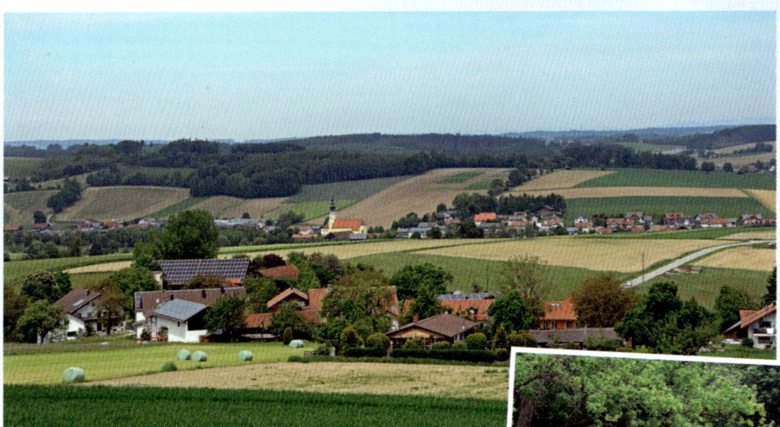

Blick von der Hans-Penninger-Hütte nach Sammarei

Hans-Penninger-Hütte

Wir gehen rechts und an der Gabelung gleich wieder links weiter durch den Mischwald und treffen am Ortseingang von Bergham auf die Kreisstraße PA 76. Ihr folgen wir links ca. 300 m leicht bergab bis zu einer Kreuzung mit Bushaltestelle und Wartehäuschen ❹. Hier biegen wir rechts auf die Schotterstraße Richtung Wald ab. Nach wenigen Metern bietet sich uns ein toller Blick auf das Uttlauer Tal.

Wir wandern weiter durch den schattigen Mischwald und sehen am Ende des Waldes einen gelben Wegweiser mit einem Pfeil und der Nummer 8. Gleich danach lohnt ein Abstecher zur Hans-Penninger-Hütte des DAV ❺.

Bei einer Pause genießen wir einen herrlichen Blick auf die Vorwaldberge des Bayerischen Waldes bis hin zu den beiden Rachelgipfeln. Auch unser Ziel, die Wallfahrtskirche Sammarei, ist jetzt zum Greifen nah.

Auf der Schotterstraße gehen wir bergab nach Kronholz, durchqueren den kleinen Ort und biegen nach ca. 350 m bei dem Weg-

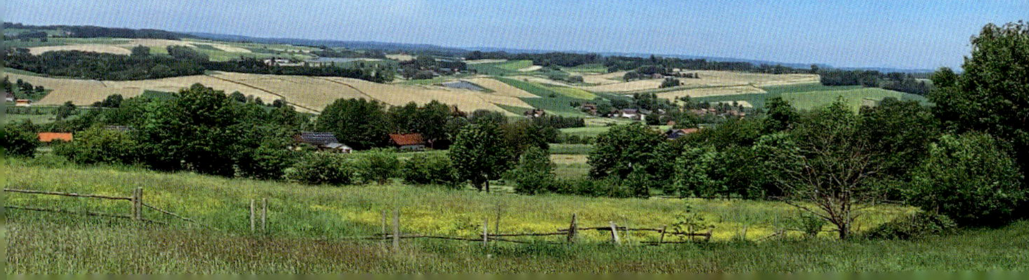

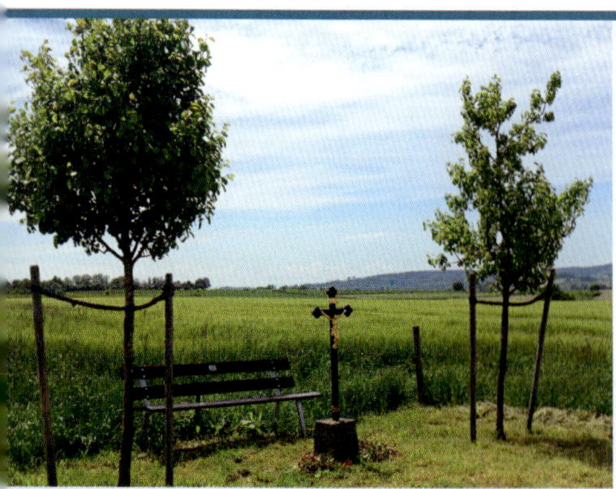

Zum Hohen Kreuz

weiser mit der Nummer 8 links auf den Feldweg ab.

Vorbei am „Hohen Kreuz“ ❻ wandern wir zwischen satten Wiesen und Kornfeldern hinab nach Sammarei.

Am Ortsende von Rainding bei Hof treffen wir auf die Kreisstraße PA 75, der wir nach links weiter folgen.

Ca. 200 m nach Hof biegen wir rechts auf die Sandstraße ab und folgen dem Pilgerweg.

Nach wenigen Metern haben wir die Wallfahrtskirche Sammarei erreicht ❼. Sie ist nach Altötting der bedeutendste Marien-Wallfahrtsort in Bayern.

Wieder zurück auf der Kreisstraße wandern wir rechts ca. 350 m bis zur Wolfachbrücke und biegen vor der Brücke nach links Richtung Wies ab. Wir folgen jetzt dem Pilgerweg Via Nova. Vorbei an der schön hergerichteten Wies-Mühle ❽, in der noch bis 1990 Getreide gemahlen wurde, und einem ehemaligen Getreidespeicher aus dem Jahre

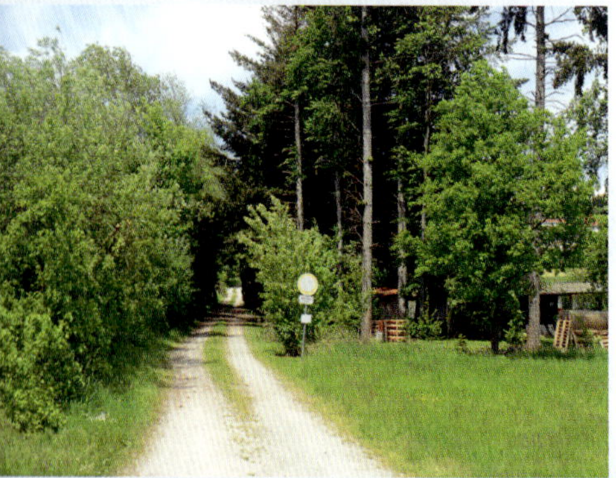

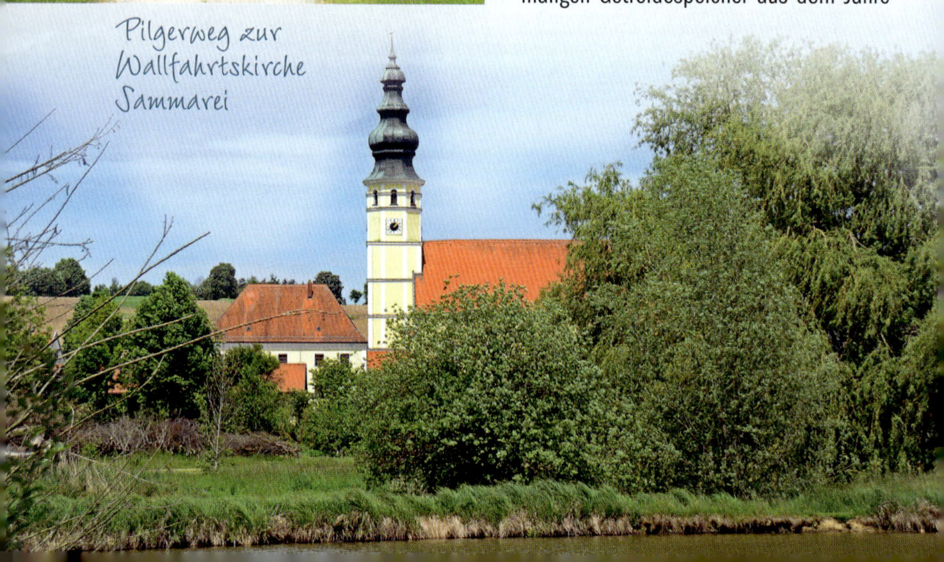

Pilgerweg zur Wallfahrtskirche Sammarei

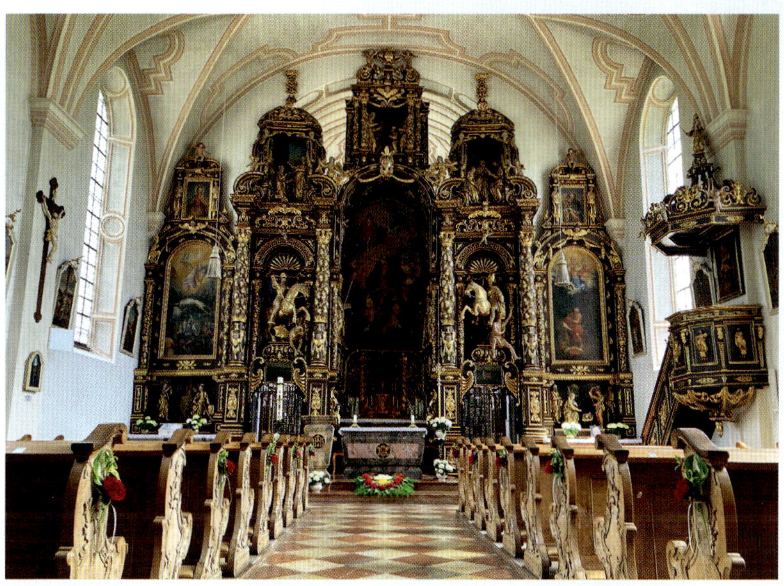

Wallfahrtskirche Sammarei

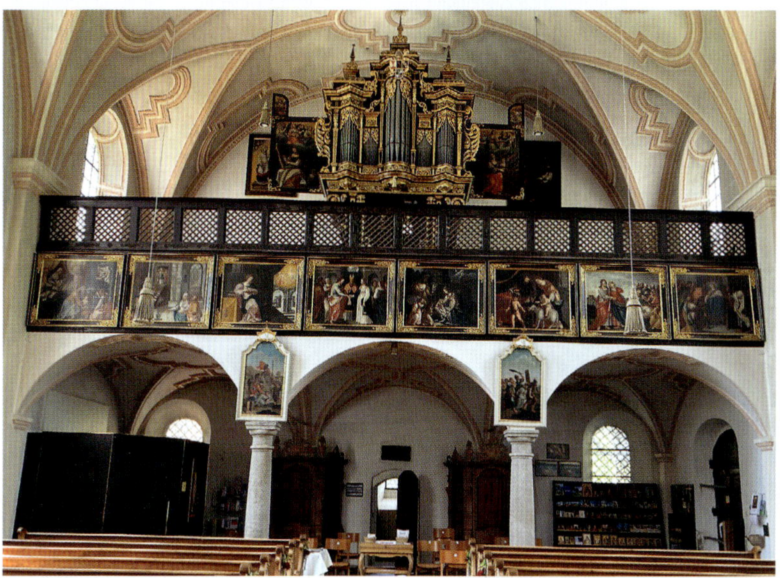

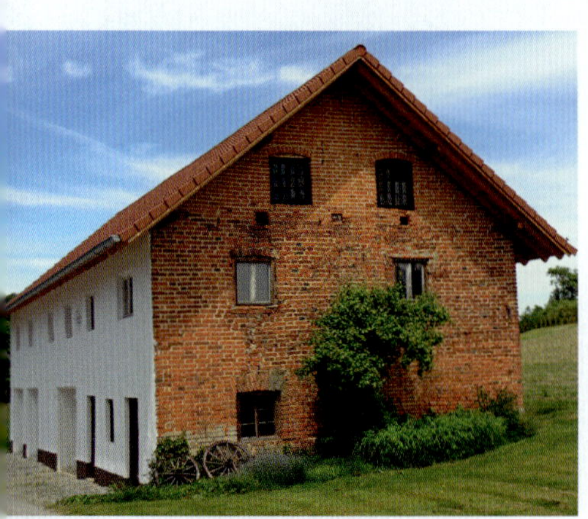
Ehemaliger Getreidespeicher von 1899

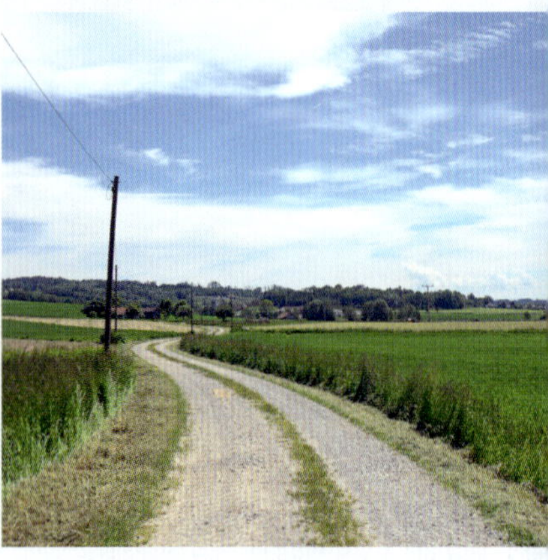
Auf dem Weg nach Wienertsham

1899, halten wir uns nach ca. 350 m an der Gabelung rechts.
An der nächsten Gabelung gehen wir links auf die Schotterstraße.
Wir wandern vorbei am Reiterhof Wienertsham 9 bis vor zur Kreuzung der Kreisstraße PA 76 und geradeaus Richtung Kreuzbach. Am Ortsschild von Kreuzbach biegen wir rechts ab und sehen nach wenigen Metern rechts am Bach ein Wegkreuz mit Bank 10. Nach der Brücke halten wir uns links nach Machham. Kurz vor der kleinen Ortschaft zweigt die Via Nova rechts ab, wir gehen geradeaus auf der Teerstraße weiter bis zur nächsten Kreuzung. Hier biegen wir links nach Nußertsham ab. Am Ortsbeginn folgen wir rechts dem Wegweiser nach Binderöd und Grub.
Am Ende der Ortschaft geht die Teerstraße in eine Schotterstraße über und führt durch Grub leicht bergauf. Bei Binderöd gehen wir rechts auf der Schotterstraße weiter 11. Vorbei an den Golfplätzen kommen wir bei Bergeröd wieder auf die Teerstraße. Nach weiteren ca. 150 m erreichen wir Brunnwies und gehen außerhalb der Ortschaft nach einem Wegkreuz an der 2. Abzweigung rechts auf der Schotterstraße bergab. Diese mün-

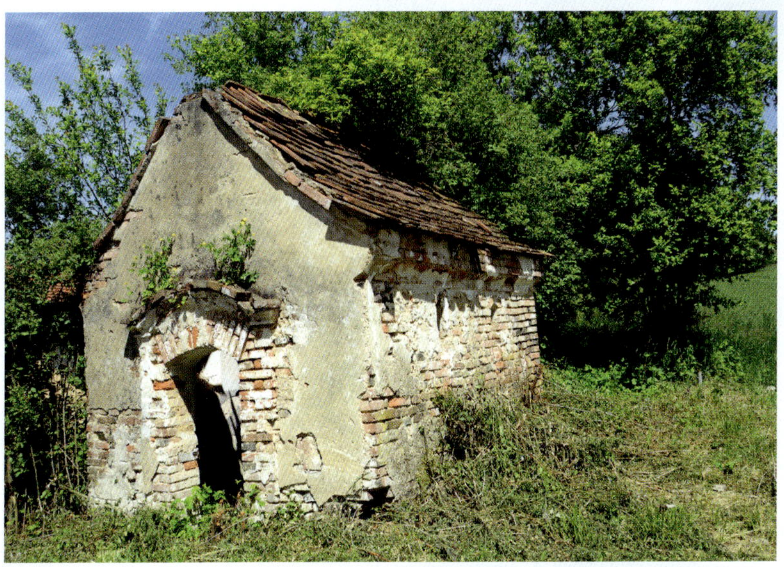

Lost Place bei Nußertsham

det nach ca. 250 m in die Steinkartstraße, der wir rechts folgen. An der nächsten Abzweigung biegen wir links auf die St.-Andreas-Straße, überqueren den Bach und sind nach wenigen Metern wieder am Ausgangspunkt.

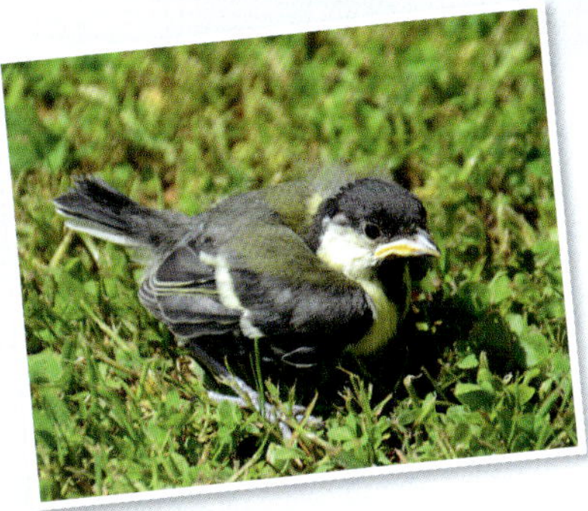

Essen / Einkehren:

Kirchenwirt Sammarei
Sammarei 30, 94496 Ortenburg
Tel. 08542 9194838
www.kirchenwirt-sammarei.de

Gutshof Brunnwies
Brunnwies 5, 94542 Haarbach
Tel. 08535 9128-0
www.quellness-golf.com/hotels/gutshof-brunnwies/

Gutshof Uttlau
Am Dorfplatz 3, 94542 Uttlau
Tel. 08535 189-0
www.quellness-golf.com/hotels/gutshof-uttlau/

Mittel

8,4 km

↓↑ 130 m

2 Std.

Hölzlöder Panoramaweg

Tour mit Ausblick

Vilshofen – Hördt – Hölzlöd – Einöd – Vilshofen

Eine Tour mit tollen Ausblicken – links und rechts der Donau.

Markierung:
Beschilderung in Arbeit

Parken:
Volksfestplatz Vilshofen – Kapuzinerstraße Vilshofen

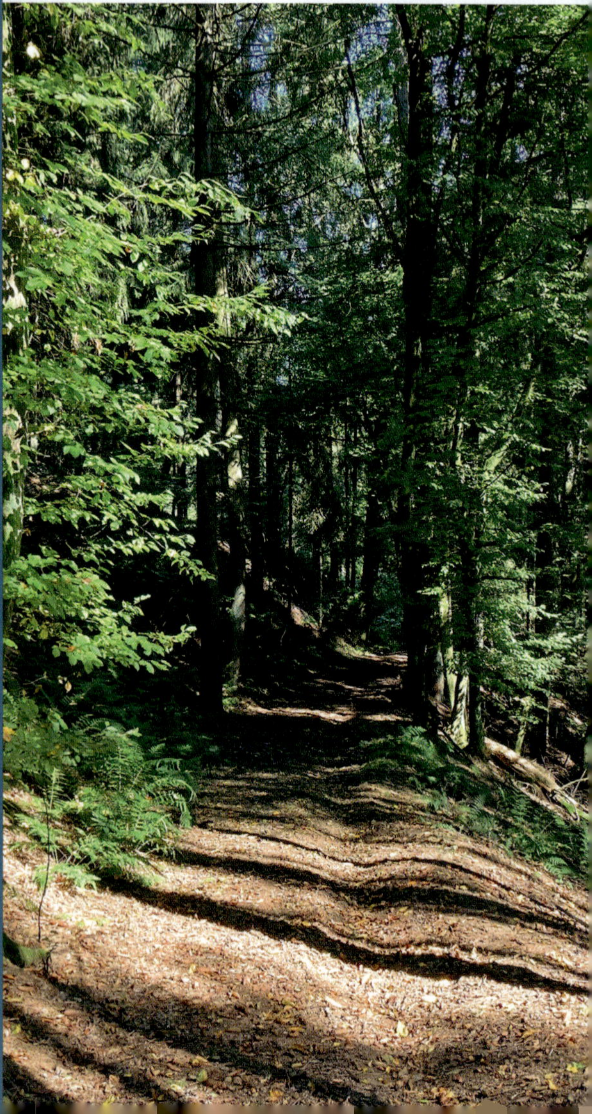

Steiler Abstieg im Wald

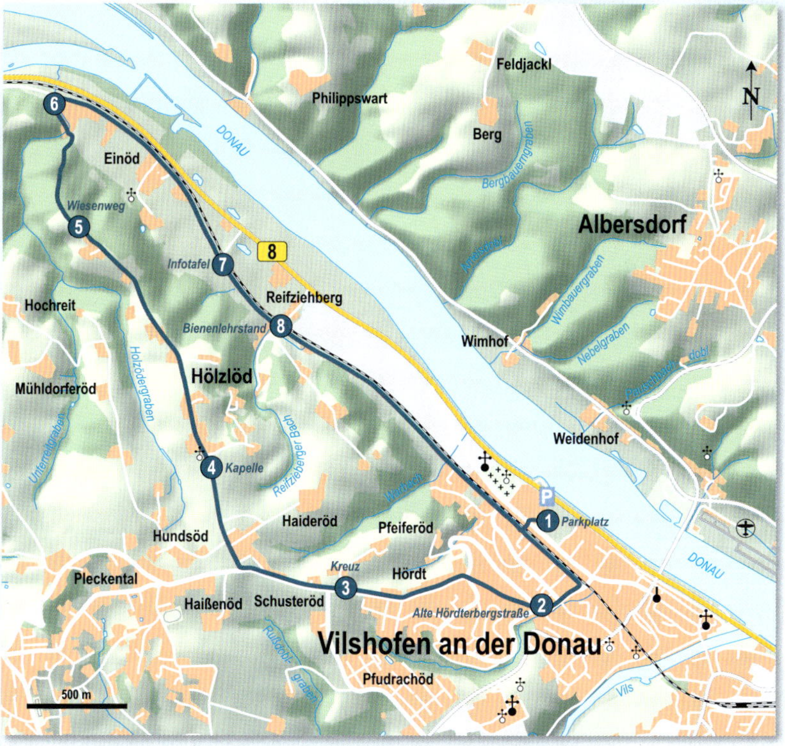

1 Parkplatz Start/Ziel
2 Alte Hördterbergstraße
3 Kreuz
4 Kapelle
5 Wiesenweg
6 Einöd
7 Infotafel
8 Bienenlehrstand

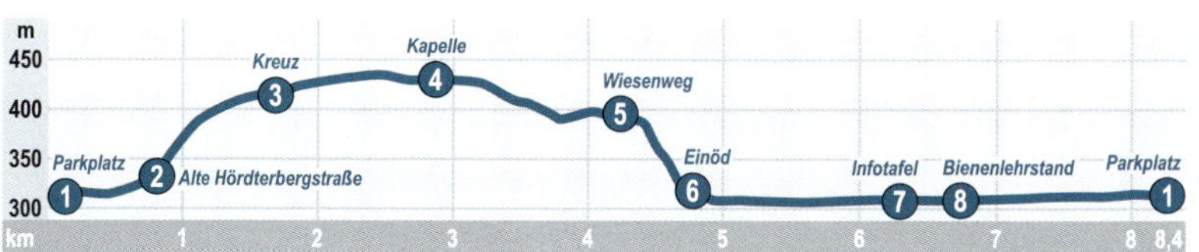

Der Hölzlöder Panoramaweg führt von Vilshofen über Hördt, Hölzlöd und Einöd wieder zurück. Er verläuft überwiegend auf Teerstraßen und ist nicht beschildert. Ausgangspunkt ist das ehemalige Vereinsheim des Fußballclubs Vilshofen in der Kapuzinerstraße 66 ❶. Hier bestehen auch beidseitig der Straße kostenlose Parkplätze. Wir gehen durch die Bahnunterführung und halten uns links.

Wir sind jetzt auf dem Warbachweg und gleichzeitig auf dem Hölzlöder Panoramaweg. An der Bahnstrecke entlang gehen wir ca. 400 m vor bis zur Einmündung in die Hördterbergstraße ❷.

Dort biegen wir rechts ab und wandern leicht ansteigend bis zur Rechtskurve und den Abzweigungen der Pfudrachöder Straße und der Alten Hördterbergstraße.

Wir nehmen die Alte Hördterbergstraße.

Auf dem schmalen Sträßchen geht es jetzt steil bergauf in den Stadtteil Hördt, und es wird manchen die ersten Schweißperlen her-

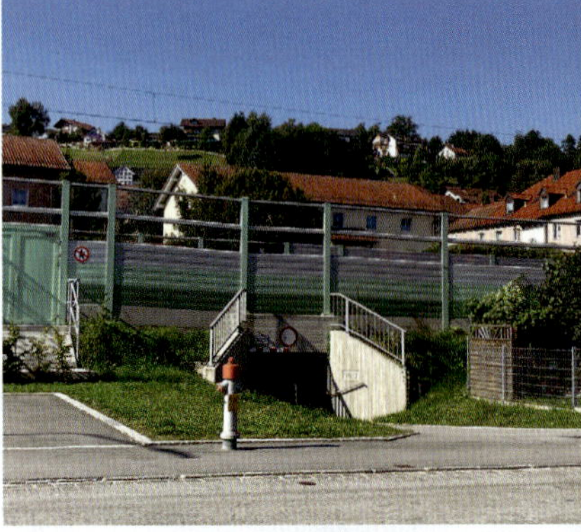

Bahnunterführung gegenüber des ehemaligen Vereinsheims

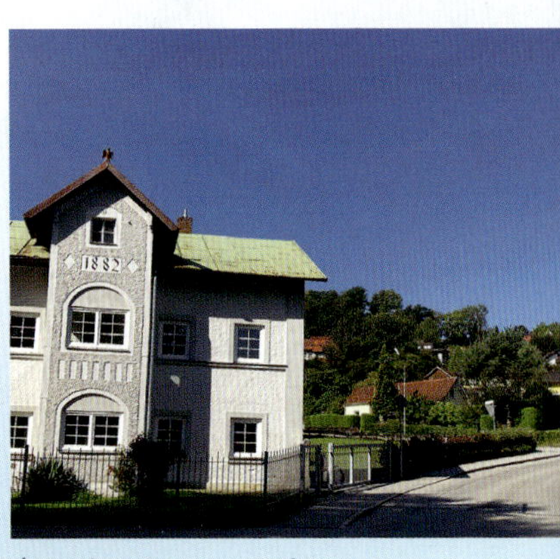

Hördterbergstraße, Abzweigung Pfudrachöder Straße

Blick auf Hördt, den Galgenberg mit Sendemast und Kloster Schweiklberg

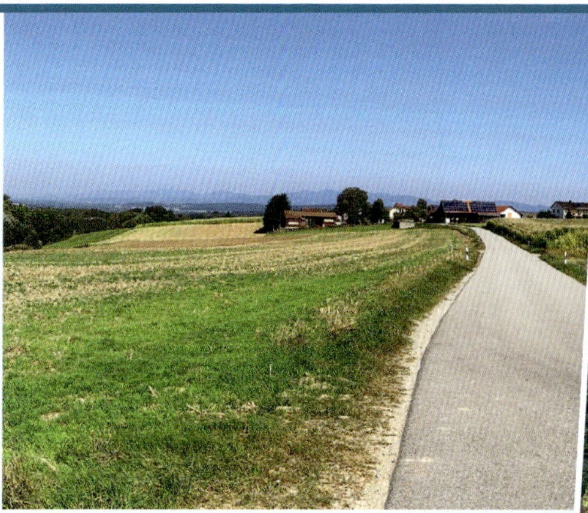

Ortsende Haideröd Richtung Hölzlöd

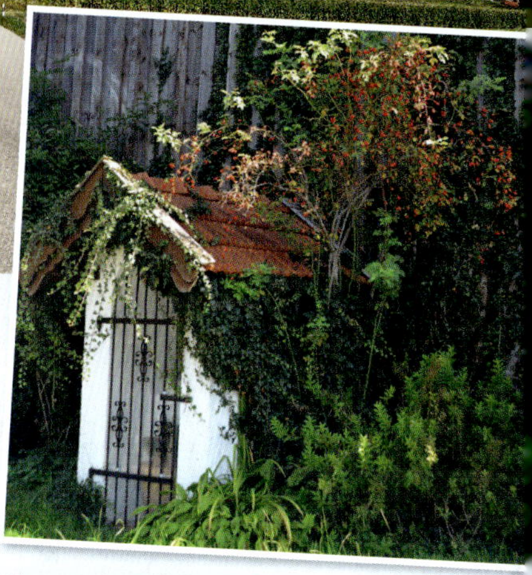

vorlocken. Nach knappen 400 m haben wir das Schlimmste geschafft und biegen links in die Hördterbergstraße ab. Jetzt wandern wir wieder etwas moderater bergauf.

Kurz nach Ortsende, an der Abzweigung nach Pfeiferöd, kommen wir zu zwei großen Birken, in deren Mitte ein Kreuz steht ❸. Laut Tafel stand es viele Jahre an der alten hölzernen Donaubrücke und wurde im Jahre 1872 von dem Schiffer Anton Maurer aus Pfeiferöd hierher gebracht.

Wir wandern weiter immer noch bergauf Richtung Alkofen. Zwischendurch lohnt sich ein Blick zurück. Wir schauen auf den Stadtteil Hördt, den Galgenberg mit seinem Funkmast und das Kloster Schweiklberg.

Kapelle in Hölzlöd

An der Abzweigung nach Hölzlöd biegen wir rechts ab und haben nun den höchsten Punkt unserer Tour erreicht.

Entspannt wandern wir an der kleinen Ortschaft Haideröd vorbei und haben einen schönen Blick auf den Bayerischen Wald. Etwa 400 m weiter kommen wir nach Hölzlöd. Nach einer kleinen Kapelle ❹ am Ortsbeginn gehen wir vorbei an den ersten Häusern der Streusiedlung auf der Teerstraße, jetzt leicht bergab.

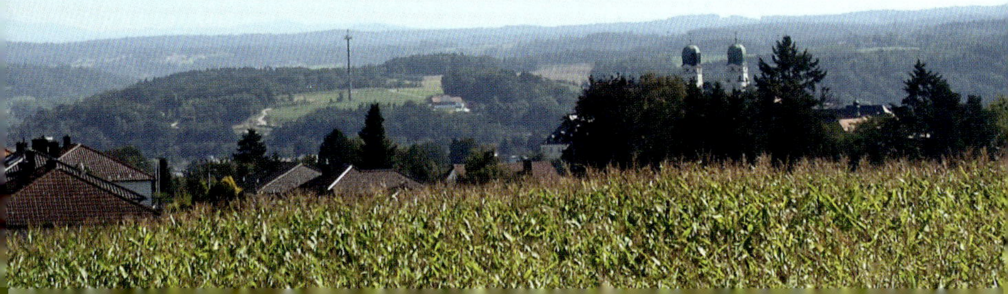

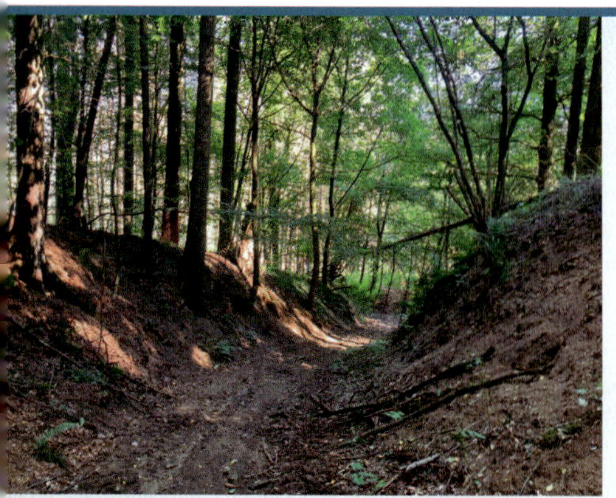

Hohlweg kurz vor Ende des Waldes

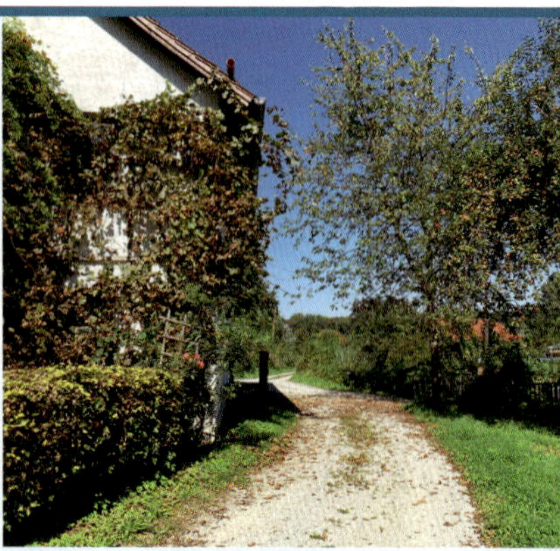

Die ersten Häuser von Einöd

Zwischendurch zeigt sich die Burgruine Hilgartsberg am anderen Donauufer.
Nach etwa 900 m führt die Straße wieder leicht bergauf. Wir treffen immer noch auf Häuser von Hölzlöd. Bei einer Linkskurve kurz vor Ortsende gehen wir auf der Schotterstraße geradeaus weiter und kommen zum letzten Anwesen ❺.
Auf dem Wiesenweg wandern wir am Waldrand leicht bergab entlang, bis wir nach etwa 150 m in den Wald eintauchen.
Bei der nächsten Abzweigung im Wald bleiben wir rechts. Der Weg führt jetzt immer steiler bergab, und es besteht Rutschgefahr.
Nach einer Linkskurve kommen wir durch einen Hohlweg und können schon das Ende des Waldes sehen.
Wir erreichen Einöd und gehen auf der Schotterstraße vor bis zur „Alten Straße" ❻.
Man kann sich heute kaum mehr vorstellen, dass diese enge Straße früher einmal die Bundesstraße 8 war.
Wir wandern rechts durch Einöd. Links über der Donau zeigt sich jetzt wieder die Burgruine Hilgartsberg.
Etwa 300 m nach Ortsende von Einöd befindet sich bei der Auffahrt zur Bahnüberführung ein schattiger Rastplatz mit Info-Tafeln

Blick zum Bayerischen Wald und zur Burgruine Hilgartsberg

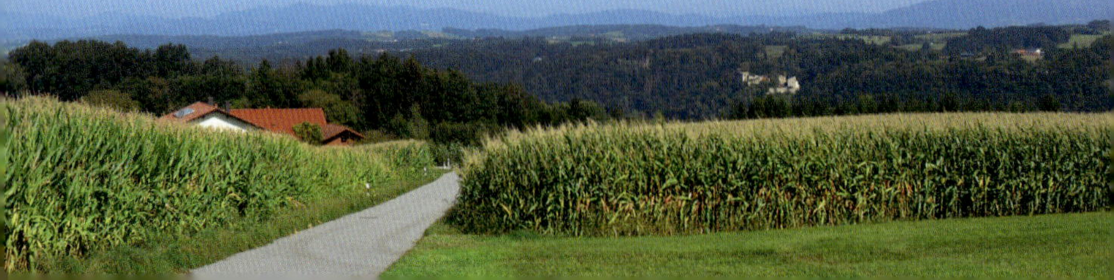

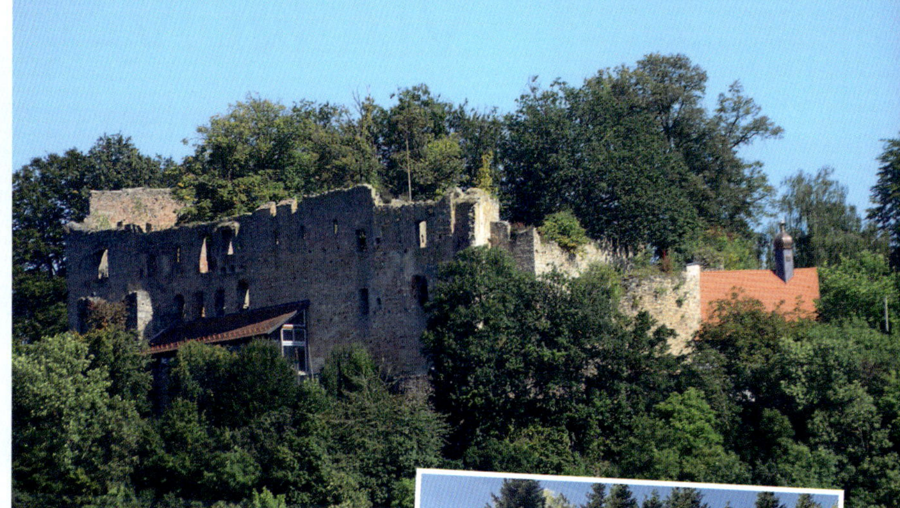

Burgruine Hilgartsberg

über den Einfluss der Römer auf diese Region ❼.

Wir wandern an der Bahnstrecke entlang weiter, mittlerweile auch auf dem Europäischen Pilgerweg Via Nova und dem Tour-de-Baroque-Donauradweg. Nach dem Bienenlehrstand des Imkervereins Vilshofen-Hofkirchen ❽ wird die Straße enger und ist eigentlich für Kraftfahrzeuge gesperrt, was aber nicht heißt, dass sich alle daran halten. Wenige Meter nach den letzten Häusern sehen wir Vilshofen und die Türme der Wallfahrtskirche Maria-Hilf und der Friedhofskirche St. Barbara.

Bei der Brücke über den Warbach erreichen wir Vilshofen.

Nach etwa 500 m an der Bahnstrecke entlang treffen wir wieder auf die kleine Bahnunterführung vom Anfang unserer Tour.

Bienenlehrstand des Imkervereins Vilshofen-Hofkirchen

Essen / Einkehren:

Gasthof Wolferstetter Bräu
Stadtplatz 14
94474 Vilshofen
Tel. 08541 967935
www.gasthof-wolferstetterbräu.de

VIA NOVA
Etappe Vilshofen – Aidenbach
Pilgernd Ruhe und Kraft gewinnen

Mittel
15,2 km
↑ 90 m
↓ 60 m
3½ Std.

Vilshofen – Mattenham – Schönerting – Aldersbach – Aidenbach

Die zentrale Idee des Europäischen Pilgerwegs ist, dass er weder Anfang noch Ende kennt.
Trotz alledem geht der Weg über die Vils in den Klosterort Aldersbach, und dann weiter nach Aidenbach – Ort der Bauernschlacht 1706.

Markierung:
Beschilderung VIA NOVA

Parken:
Donaupromenade Vilshofen an der Donau

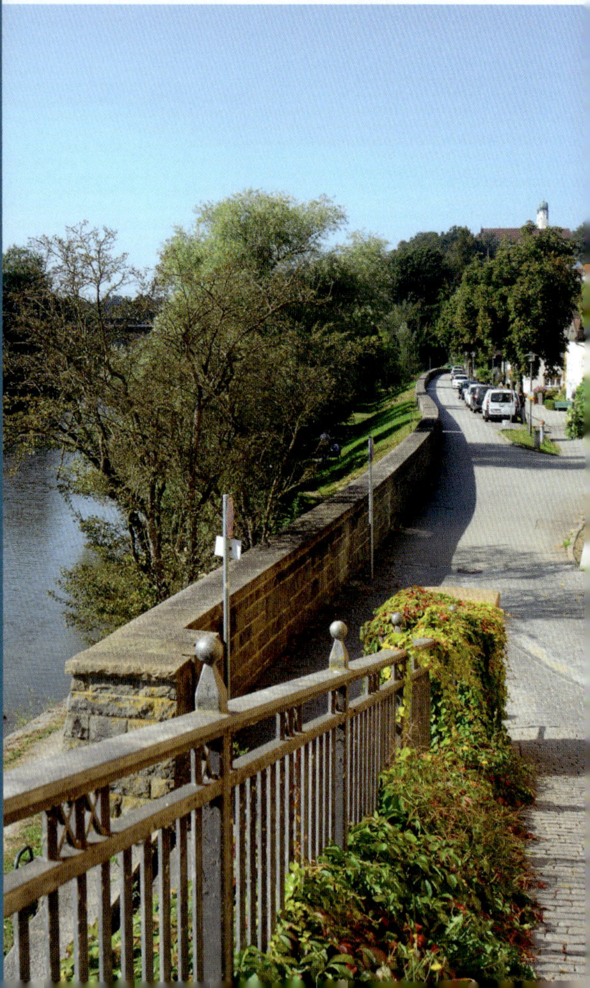

Abgang zur Fischerzeile

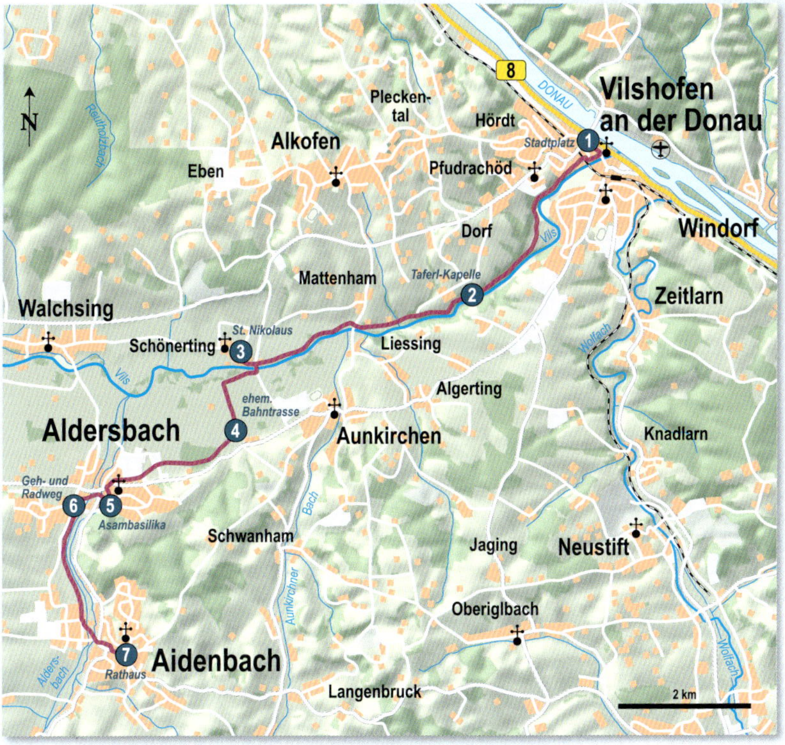

1. Stadtplatz Vilshofen Start
2. Taferl-Kapelle
3. St. Nikolaus
4. ehem. Bahntrasse
5. Asambasilika
6. Geh- und Radweg
7. Rathaus Aidenbach Ziel

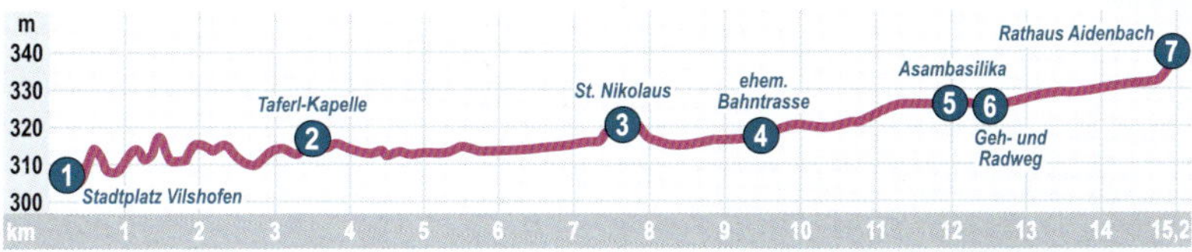

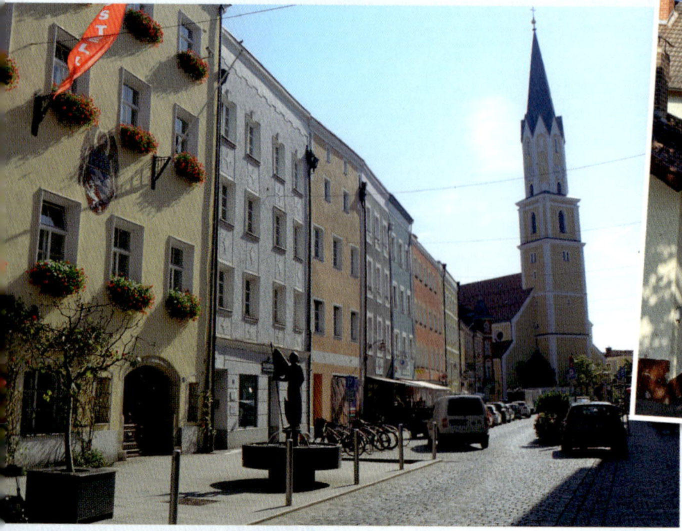

Fußgängerweg zur Kreppe

Stadtplatz Vilshofen mit Brunnen vorm Rathaus

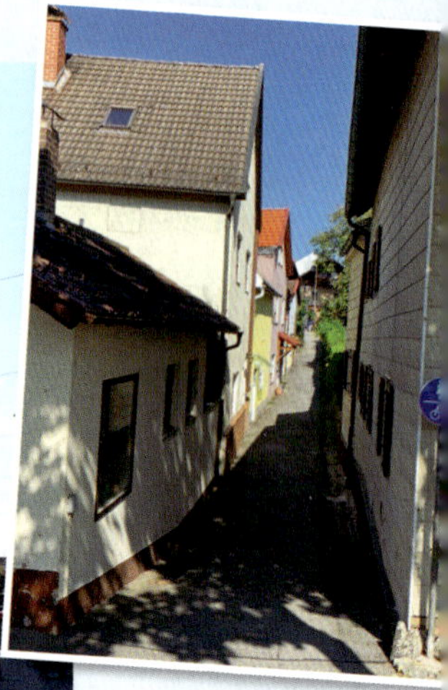

Wir starten vom Stadtplatz Vilshofen ❶, gehen zur Stadtpfarrkirche, weiter Richtung Vils und biegen vor der Vilsbrücke rechts ab in die Fischerzeile.
Am Ende der Sackstraße führt uns rechts ein schmaler Fußgängerweg zur Kreppe.

Groll-Kapelle

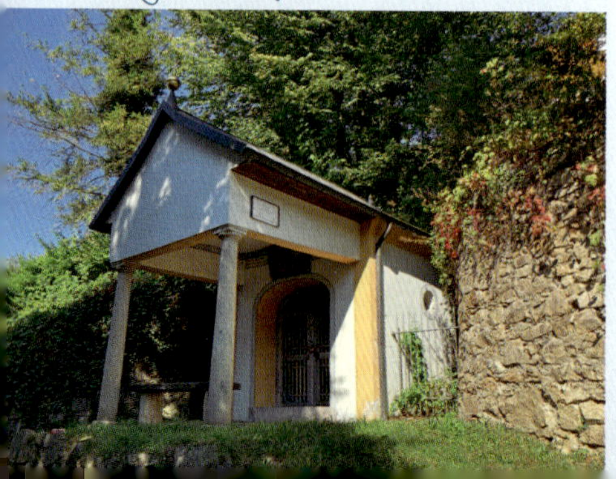

Hier biegen wir scharf links ab, gehen durch die Eisenbahnunterführung und vorbei an der Groll-Kapelle ortsauswärts.
Entspannt wandern wir am linken Ufer der Vils flussaufwärts, vorbei am Kraftwerk Vilsmühle, sehen auf der gegenüberliegenden Seite das Hallen- und Freibad und treffen nach dem letzten Haus auf eine Rastbank mit einer Stele der VIA NOVA. Rückblickend grüßen die Türme der Klosterkirche Schweiklberg.
Wir wandern links auf der Schotterstraße über offenes Gelände weiter, bis wir nach ca. 500 m in den schattigen Mischwald eintauchen.

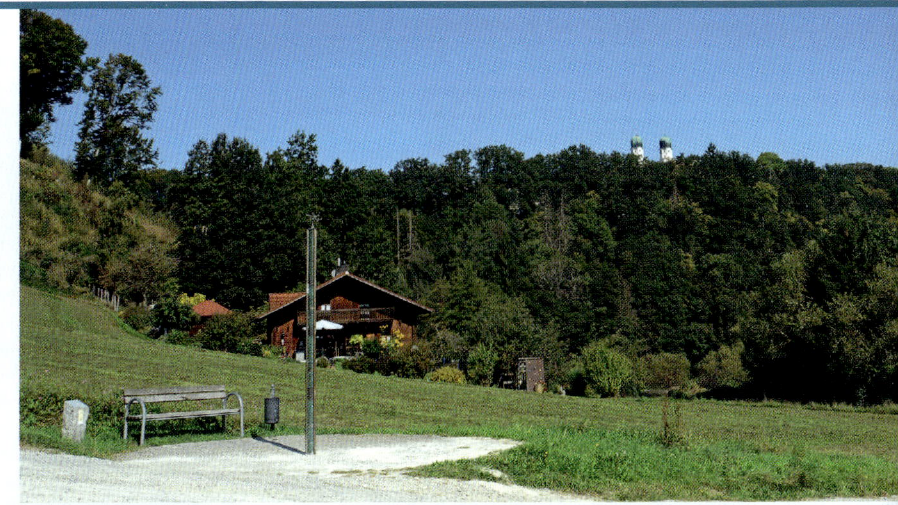

Rastbank am Ortsende mit Blick auf die Klosterkirche Schweiklberg

Nach weiteren 500 m kommen wir zum Vilskraftwerk bei Schlehberg.
Wir gehen geradeaus weiter, passieren die Taferl-Kapelle ❷ und treffen kurz vor Grafenmühle auf eine Teerstraße, der wir links weiter folgen. Nach dem Wasserkraftwerk wandern wir an einer kleinen Kapelle vorbei und kommen zur Vilsbrücke bei Mattenham. Wir überqueren die Kreuzung und wandern weiter auf dem Teersträßchen am Ufer der Vils entlang Richtung Schönerting. Auf halbem Weg sehen wir links eine Sitzgruppe aus Granit am Ufer der Vils.
Jetzt ist auch Schönerting in Sicht.
Der Pilgerweg führt vor Schönerting links über die Vilsbrücke weiter. Wir machen aber noch einen lohnenden Abstecher in das Dorf zum Landgasthof Eineder, zum Dorfbrunnen und zur Kirche St. Nikolaus ❸.

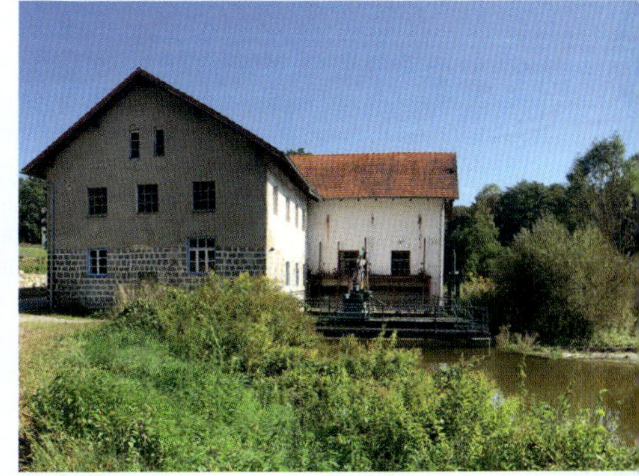

Wasserkraftwerk Grafenmühle

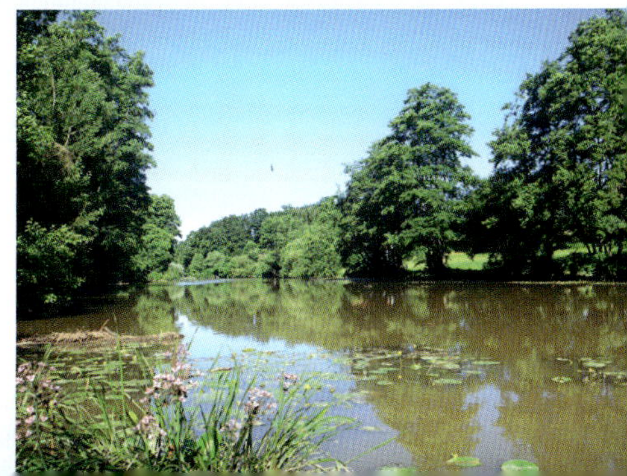

An der Vils

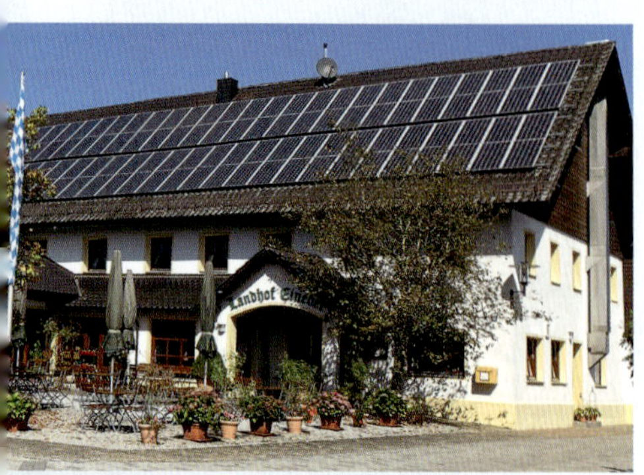

Landgasthof Eineder

Schönerting wurde für seine Dorfplatzgestaltung ausgezeichnet und 2003 zum schönsten Dorf des Landkreises Passau gewählt.
Wir kehren zurück zur Vilsbrücke, überqueren sie und sehen in der Ferne schon unser nächstes Ziel, Aldersbach.
Auf dem Teersträßchen geht es rechts weiter, bis nach einem kurzen Stück ein Wegweiser nach links in die Schotterstraße weist. Diese führt uns zur ehemaligen Bahntrasse, die uns rechts direkt nach Aldersbach bringt ❹. Vorbei an dem Werk der Knorr-Bremse wandern wir zum Kloster Aldersbach mit der berühmten Asambasilika ❺. Sie zählt zu den schönsten Marienkirchen Bayerns.
Vom Klostergarten Aldersbach gehen wir nun zum Kreisverkehr und biegen kurz davor links in den Geh- und Radweg Richtung „fitalPARCOURS“ ab.
Über den Aldersbacher Flutgraben und durch den „fitalPARCOURS“ wandern wir, vorbei am ehemaligen Möbelhaus Feldl, bis zur Einmündung in die Josef-Müller-Straße. Parallel dazu verläuft der Geh- und Radweg, auf den wir links abbiegen ❻.
Nach ca. 300 m verlassen wir die Ortschaft, passieren den Sportplatz und gehen auf der ehemaligen Bahntrasse ohne Steigungen entspannt Richtung Aidenbach.

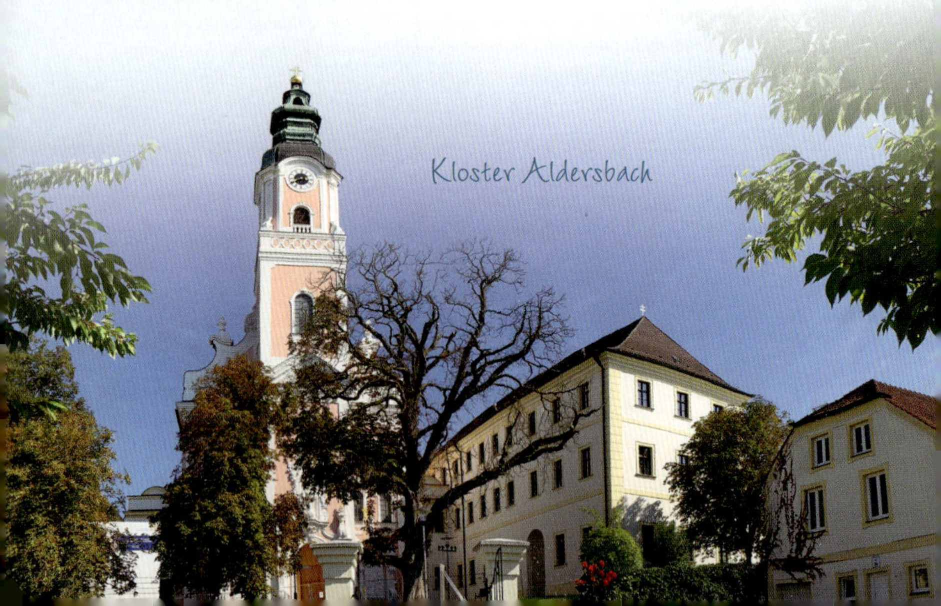

Kloster Aldersbach

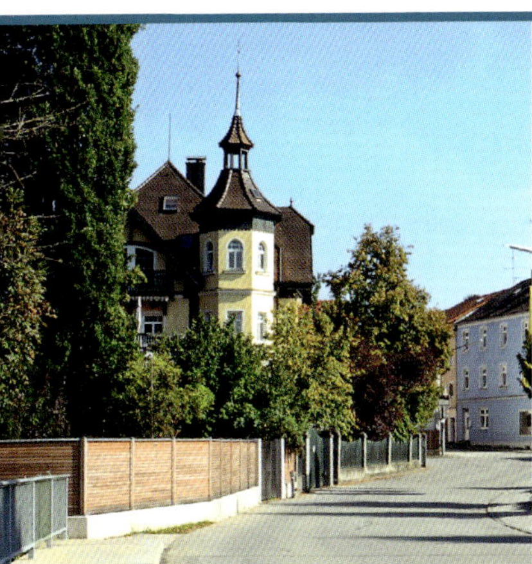

Haidenburger Straße zur Einmündung Karlinger Straße

Die Kreuzung kurz vor Aidenbach passieren wir geradeaus und erreichen nach wenigen Metern den Ortsbeginn.
Wir gehen vor bis zur Kreuzung der Carossastraße, biegen links und gleich darauf rechts in die Am-Bahnhof-Straße ab. Am Feuerwehrgerätehaus vorbei biegen wir links in den kleinen Hubertusweg ab.
Über eine kleine Holzbrücke über den Aldersbacher Flutgraben gelangen wir zum Volksfestplatz Aidenbach.
Wir gehen vor bis zur Haidenburger Straße und links über die Brücke bis zur Kreuzung Karlinger Straße.
Geradeaus gelangen wir über die Krankenhausstraße zum Marktplatz und erreichen unser Ziel beim Rathaus 7.

Essen/Einkehren:

Landhof Eineder
Schönerting 42
94474 Vilshofen an der Donau
Tel. 08543 1323
www.landhof-eineder.de

Aldersbacher Bräustüberl
Freiherr-von-Aretin-Platz 1
94501 Aldersbach
Tel. 08543 1775
www.aldersbacher.de/braustueberl.html

Hotel-Restaurant Mayerhofer
Ritter-Tuschl-Straße 2
94501 Aldersbach
Tel. 08543 96390

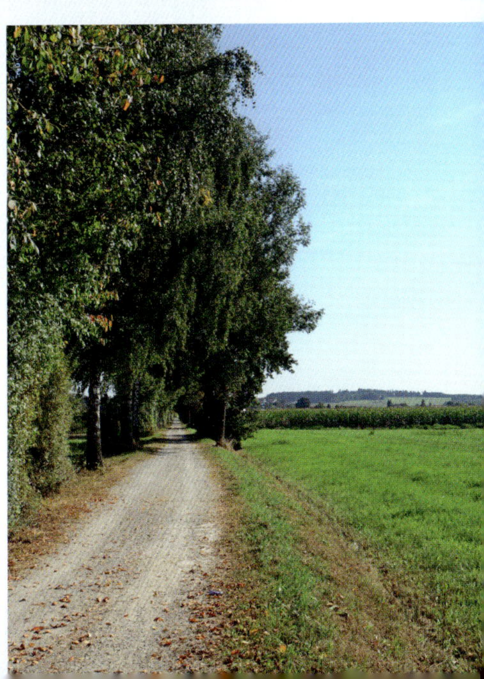

Ehemalige Bahntrasse nach Aidenbach

Donau-planetenweg

Astronomie wandernd erleben

Leicht

13,9 km

↑ 50 m

↓ 30 m

2¾ Std.

Vilshofen – Hilgartsberg – Unterschöllnach – Hofkirchen – Sattling Mitterndorf – Winzer

Der Donauplanetenweg ist ein statisches Modell unseres Sonnensystems im Maßstab 1:1 Milliarde. Dieser Maßstab gilt sowohl für die Entfernung der Planeten von der Sonne als auch für die Größe der Sonne, der acht Planeten und der vier Zwergplaneten.

Markierung:
Entspricht „Donauradweg" von Vilshofen nach Winzer

Parken:
Sportboothafen Vilshofen

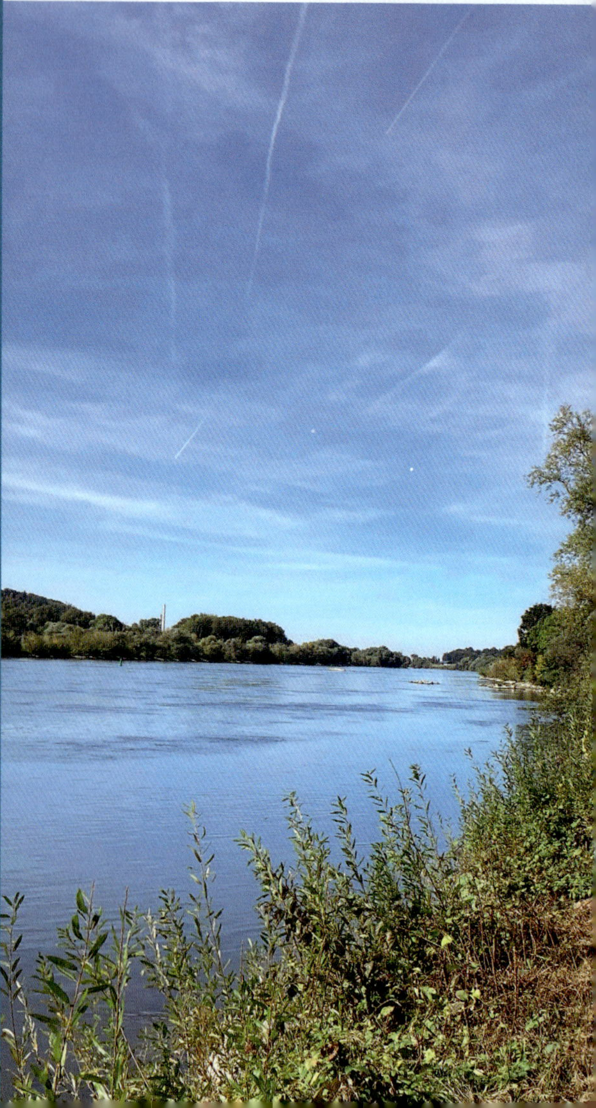

Beginn des Donauengtales

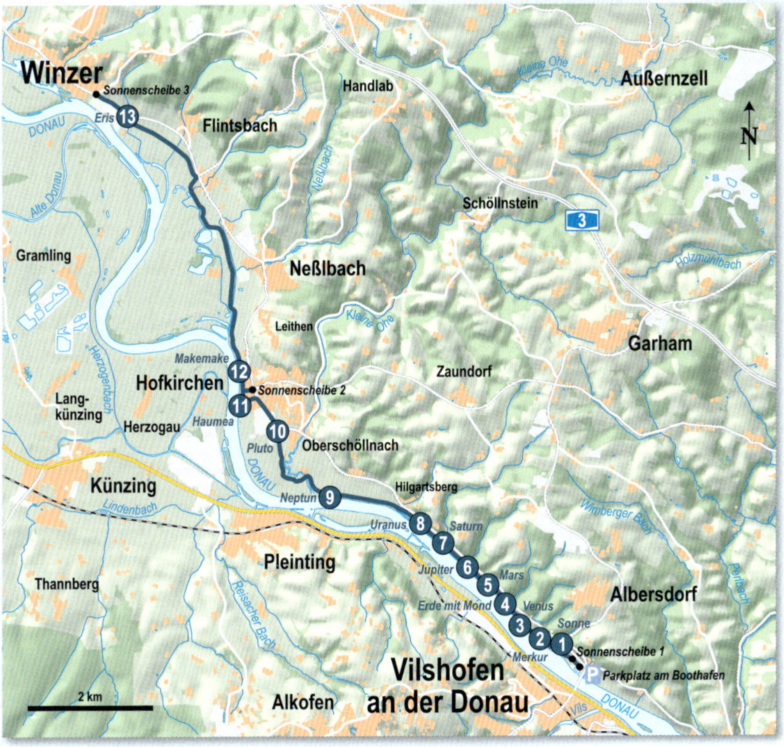

1. Parkplatz am Boothafen/Sonne Start
2. Merkur
3. Venus
4. Erde mit Mond
5. Mars
6. Jupiter
7. Saturn
8. Uranus
9. Neptun
10. Pluto
11. Haumea
12. Makemake
13. Eris/Sonnenscheibe 3 Ziel

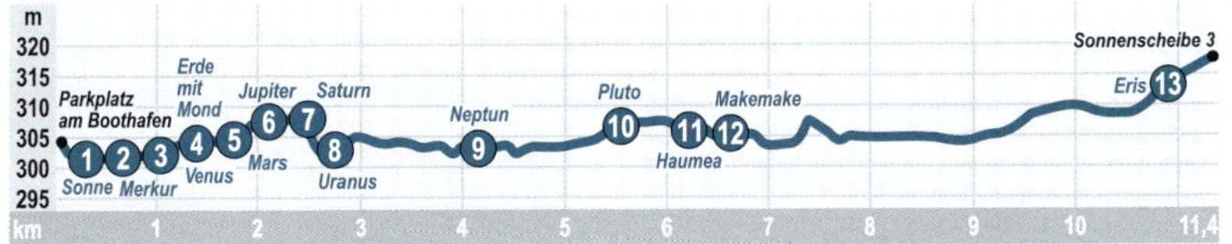

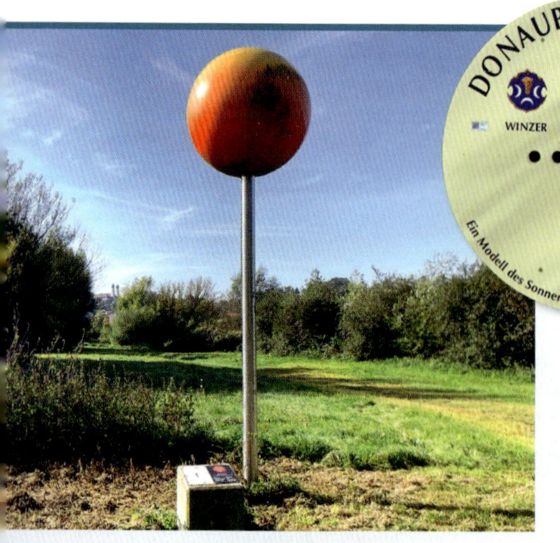

Sonnenscheibe beim Sportboothafen Vilshofen

Sonne mit Blick zum Kloster Schweiklberg

Der Donauplanetenweg liegt am Donauradweg und führt von Vilshofen über Hofkirchen nach Winzer. Hier werden 13 Planeten im Maßstab 1:1 Milliarde gezeigt. Der Maßstab gilt sowohl für den jeweiligen Abstand zur Sonne wie auch für deren Größe. Alle Modelle der Planeten sind dreidimensional auf Donaufindlingen und in der Reihenfolge ihrer Entfernung zur Sonne aufgestellt. Der Donauplanetenweg ist ohne nennenswerte Steigungen und überwiegend geteert. Er ist auch für Rollstuhl und Kinderwagen geeignet.

Wir wandern von Vilshofen nach Winzer. Ausgangspunkt ist der Sportboothafen in Vilshofen. Hier steht eine von drei Sonnenscheiben mit den Planeten in maßstäblicher Größe. Die beiden anderen treffen wir bei der Kirche in Hofkirchen und am Fußballplatz in Winzer. Wenn wir uns umdrehen, leuchtet uns schon die Sonne entgegen. Sie steht als Einzige auf einer Metallsäule ❶.
In kurzen Abständen wandern wir zu Merkur ❷, Venus ❸ und der Erde mit unserem Mond ❹.
Er ist so angeordnet, dass man eine Sonnenfinsternis simulieren kann, wenn man über die Erde zur Sonne peilt.
Knapp 60 m weiter treffen wir nach der S-Kurve bei Weidenhof auf den Mars ❺ und nach weiteren 400 m auf den Jupiter ❻.
Kurz vor Beginn des Donauengtales kommen wir zum Saturn ❼. Das Modell mit seinem schräggestellten Ring ist schon beeindruckend.

Jupiter

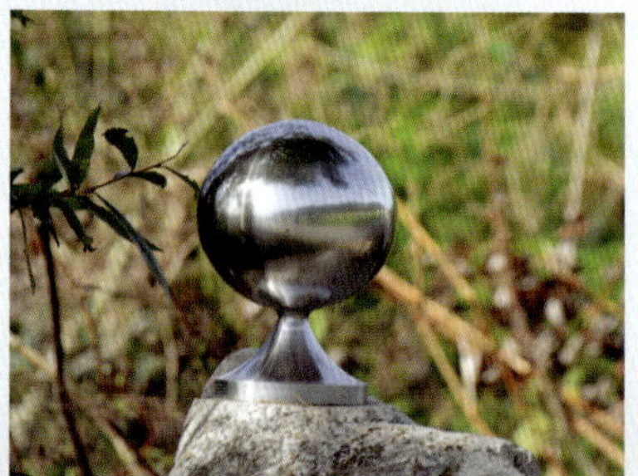

Saturn

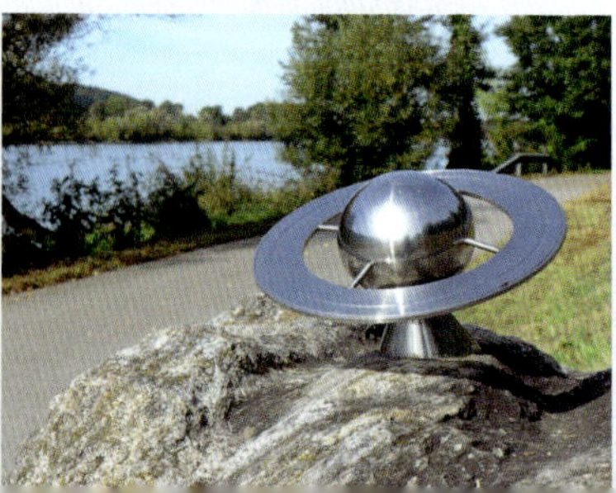

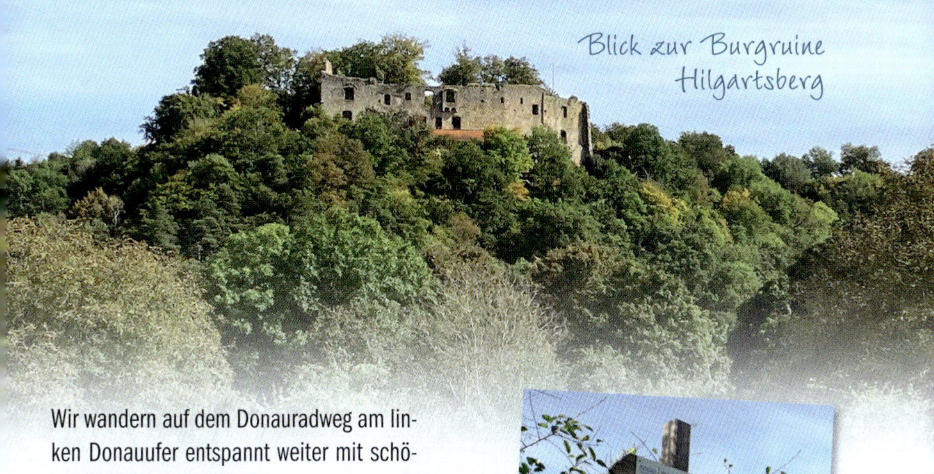

Blick zur Burgruine Hilgartsberg

Wir wandern auf dem Donauradweg am linken Donauufer entspannt weiter mit schönen Ausblicken auf die Donau.

Nach ca. 1,5 km, nach einem kurzen Abstieg und einer S-Kurve, zeigt sich am Donauufer der Gasplanet Uranus 8.

Bald sehen wir rechts die Burgruine Hilgartsberg, die hoch auf der Donauleite thront.

Kurz unterhalb der Mündung der Kleinen Ohe, etwas von der Donau entfernt, steht der Neptun auf einem großen Findling aus der Donau 9.

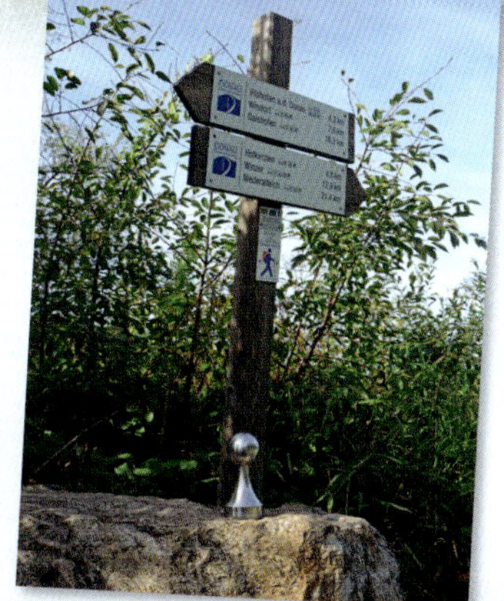

Uranus

Brücke über die Kleine Ohe bei Unterschöllnach

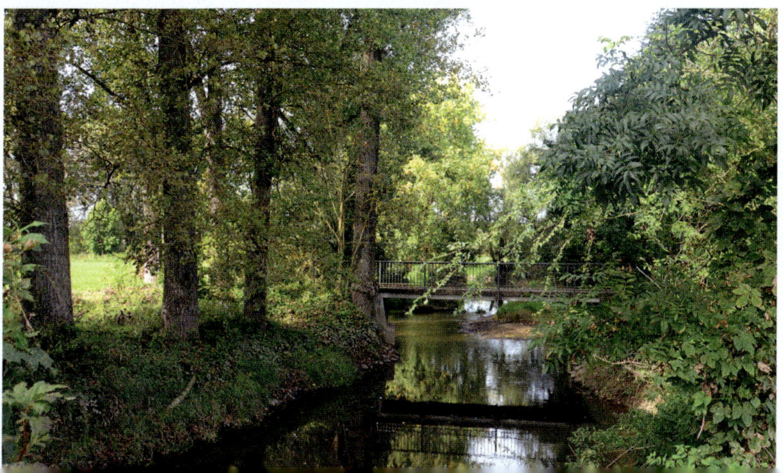

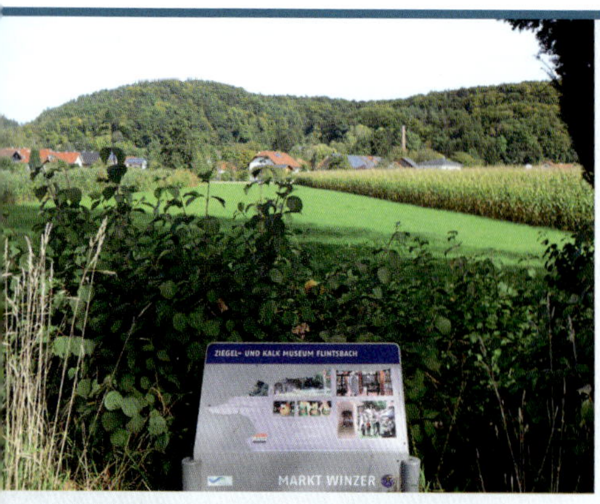

Blick zum Ziegel- und Kalkmuseum Flintsbach

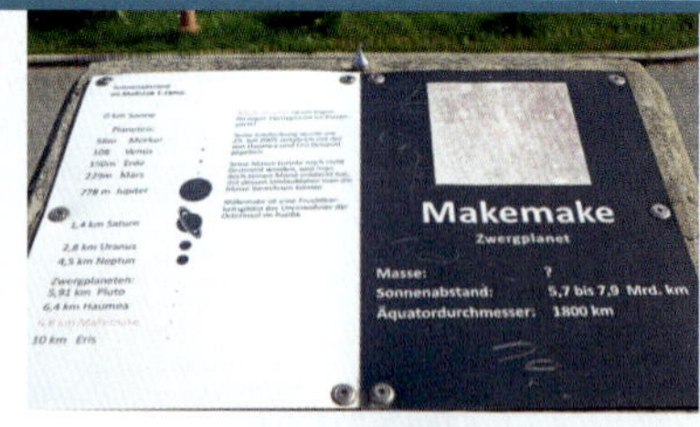

Makemake

Der Donauradweg entfernt sich jetzt von der Donau nach rechts, wir wandern an der Kleinen Ohe entlang und überqueren sie bei Unterschöllnach.

Etwa 900 m weiter erreichen wir die ersten Gebäude von Hofkirchen und kommen beim Sportplatz Hofkirchen zum Pluto ⑩.

Auf der Vilshofener Straße gehen wir ortseinwärts, bis zur Abzweigung der Klosterstraße links. Am Kindergarten vorbei kommen wir zur Donaulände. Wir gehen rechts auf dem Schotterweg neben der Hochwasserschutzmauer und treffen nach dem Pegelhaus auf den Zwergplaneten Haumea ⑪.

Bei einem Durchlass zur Donau kann man rechts einen Abstecher zum Marktplatz machen. Bei der Kirche Maria Himmelfahrt steht die zweite Sonnenscheibe.

Wieder zurück auf dem Dammweg kommen wir zum Zwergplaneten Makemake ⑫.

Das war unser vorletzter Planet auf dem Donauplanetenweg. Um zum letzten, dem Zwergplaneten Eris, zu kommen, haben wir noch 3,5 km vor uns. Nach der Hochwasserschutzmauer wandern wir wieder auf dem Donauradweg weiter.

Etwa nach 600 m führt dieser links über ein Stauwehr, hier bleiben wir geradeaus und überqueren den Neßlbach an der nächsten

Donauradweg am Ortsende von Hofkirchen

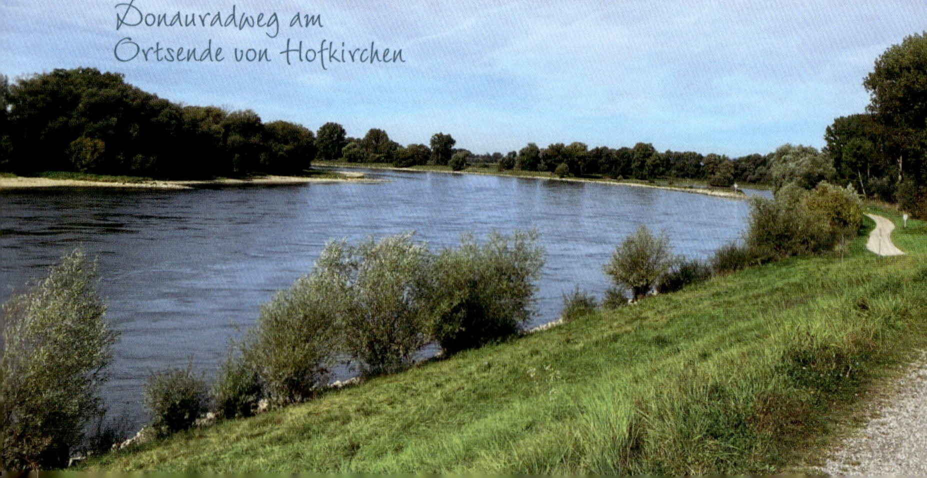

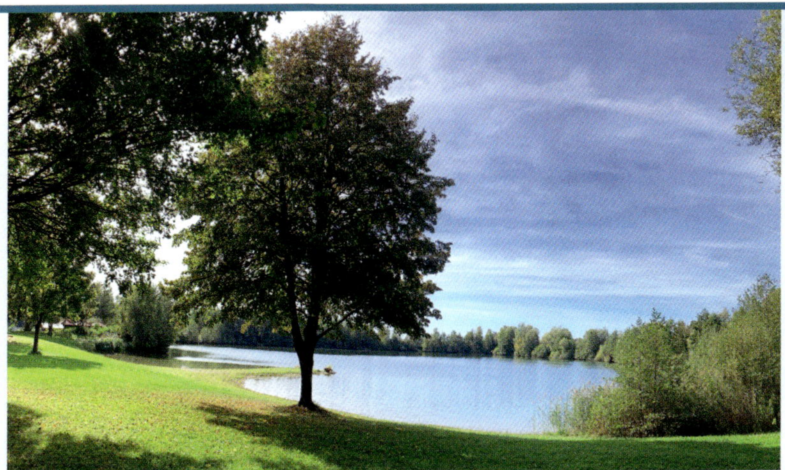

Sattlinger Badeweiher

Brücke. Dort sind wir wieder auf dem Donauradweg und folgen ihm rechts ca. 1,3 km bis zur Einmündung bei Sattling. Wir biegen links ab und kommen zum idyllisch gelegenen Sattlinger Badeweiher. An heißen Tagen sicher eine willkommene Abkühlung.

An der nächsten Abzweigung wandern wir rechts am Bach weiter, kommen nach Gries und biegen unmittelbar vor der Einmündung in die Staatsstraße 2125 bei Mitterndorf links auf den Geh- und Radweg ab. Dieser verläuft etwa 300 m parallel zur Staatsstraße und macht dann einen Linksschwenk. Wir nähern uns unserem Ziel. Zwischendurch haben wir einen schönen Blick zum Ziegel- und Kalkmuseum Flintsbach.

Am Ende des Weges Höhe Loh biegen wir rechts und wieder kurz vor der Staatsstraße links ab. Nach knapp 200 m erreichen wir links im Garteneck des ersten Grundstücks von Winzer unseren letzten Planeten Eris 13. Etwa 500 m weiter steht beim Fußballplatz Winzer die dritte Sonnenscheibe. Wir haben das Ziel erreicht.

Schiff auf der Donau

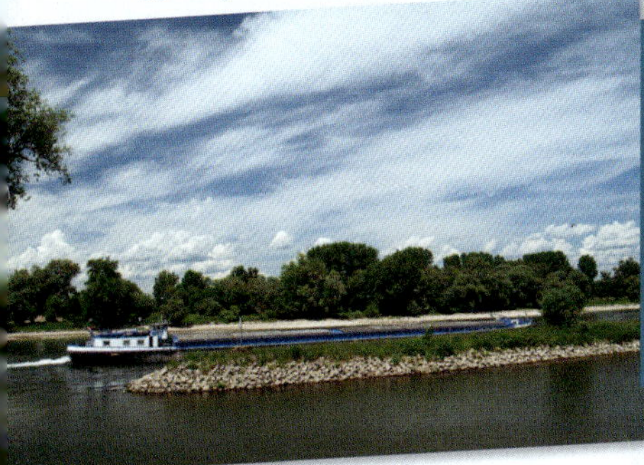

Essen/Einkehren:

Gasthof Zur Post
Vilshofener Str. 2
94544 Hofkirchen
Tel. 08545 282
www.gasthaus-reischer.de

Leicht

8,1 km

↓↑ 180 m

2 Std.

Vilshofen – Schmalhof – 7-Brückerl-Kapelle – Frauendorf – Dobl – Albersdorf – Vilshofen

Der Vilshofener Wanderklassiker-Rundweg über Donauleite und Wimberger Bach.

Markierung:
Von Vilshofen nach Frauendorf folgen wir der VIA NOVA, ab da folgen wir der Beschilderung Richtung Dobl / Albersdorf.

Parken:
Flugplatz Vilshofen – Schotterparkplatz

7-Brückerlweg

Wildromantisch und abwechslungsreich

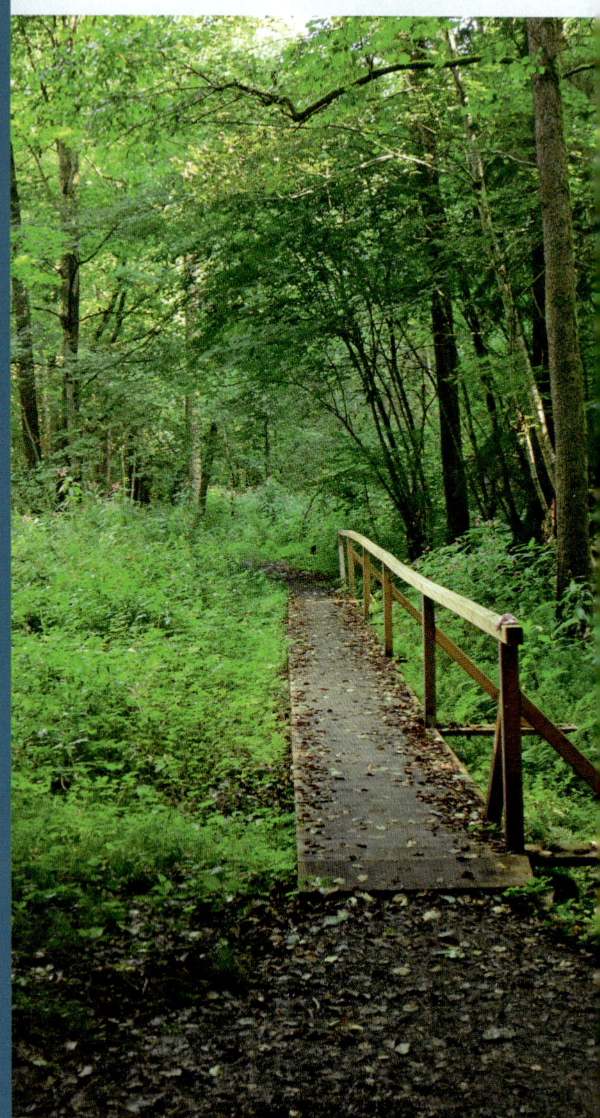

Bohlenweg

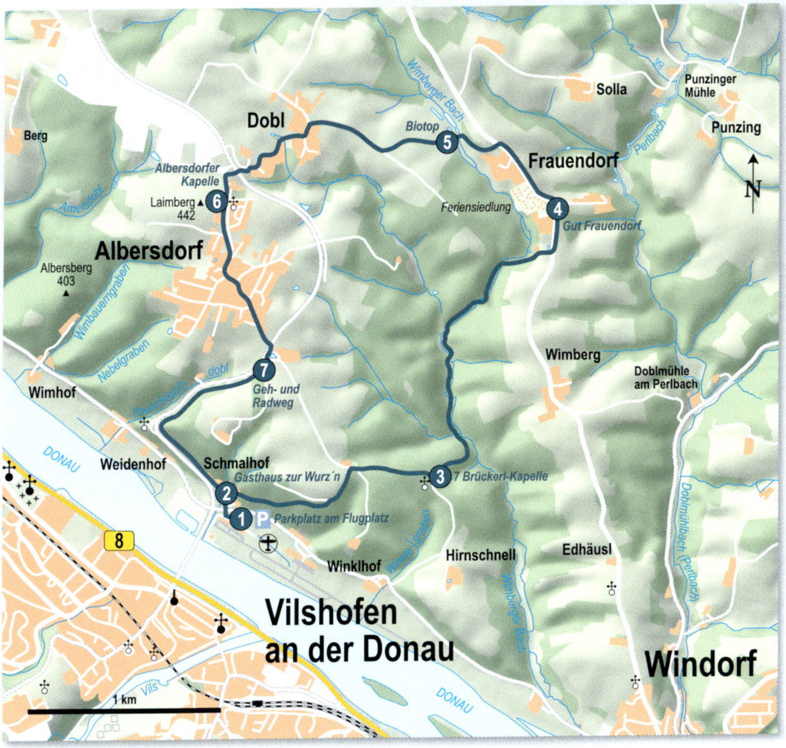

1. Parkplatz am Flugplatz Start/Ziel
2. Gasthaus zur Wurz'n
3. 7-Brückerl-Kapelle
4. Gut Frauendorf
5. Biotop
6. Albersdorfer Kapelle
7. Geh- und Radweg

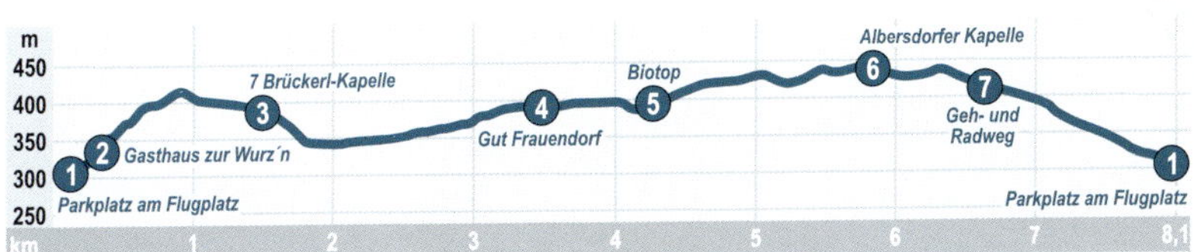

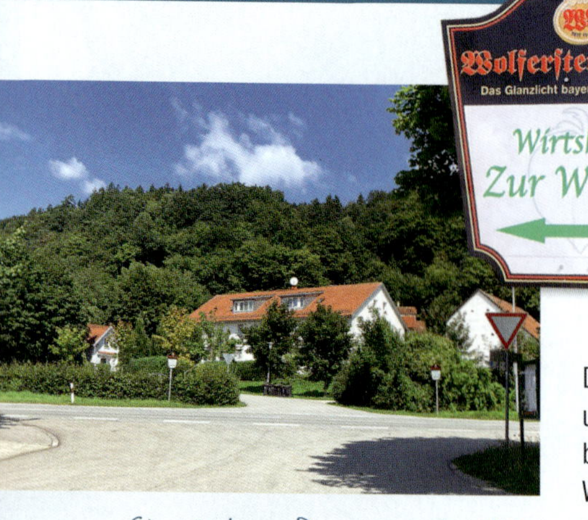

Wegweiser zur Wurz'n

Einmündung Staatsstraße 2125 beim Flughafen Vilshofen

Der 7-Brückerlweg führt von der 7-Brückerl-Kapelle hinunter zum Wimberger Bach nach Frauendorf.

Ausgangspunkt ist der Parkplatz beim Flugplatz Vilshofen ❶. Wir gehen vor bis zur Einmündung in die Staatsstraße 2125, überqueren diese und folgen dem Wegweiser zum Wirtshaus „Zur Wurz'n“.

Dieses erreichen wir nach wenigen Metern und wir biegen unmittelbar davor rechts bergauf ab ❷. Hier sehen wir auch den Wegweiser zum Pilgerweg „Via Nova“, dem wir bis Frauendorf folgen. Jetzt geht es abwechselnd steil und wieder flacher durch den schattigen Mischwald die Donauleite hinauf.

Oben angekommen, treffen wir auf eine Schotterstraße, auf der wir rechts am Waldrand weiterwandern.

Nach etwa 150 m haben wir den höchsten Punkt erreicht und es geht abwärts zur Einmündung in den Hirnschnellerweg.

Auf der gepflasterten Straße gehen wir rechts wieder in den Wald bis zur nächsten Gabelung. Hier endet die Pflasterstraße und wir wandern links auf der Schotterstraße weiter. Leicht bergab kommen wir nach ca. 450 m zur 7-Brückerl-Kapelle ❸. Diese wurde vom 10. – 13. Juni 1999 im Rahmen der 72-Stunden-Aktion, initiiert vom Bund der Deutschen Katholischen Jugend, von der Landjugend Albersdorf erbaut. Sie ist bei Wanderern

Pilgerweg Via Nova, Aufstieg Donauleite

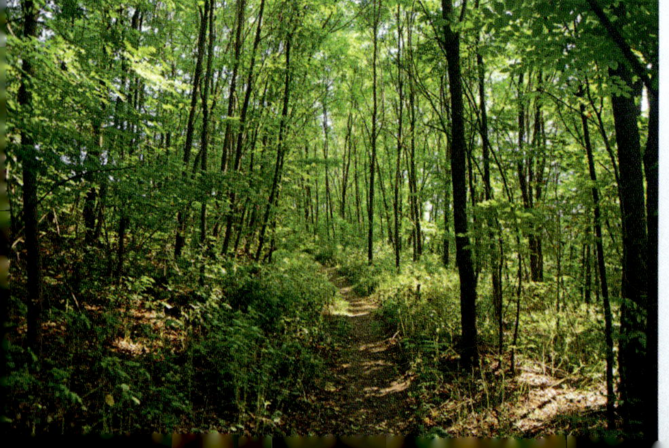

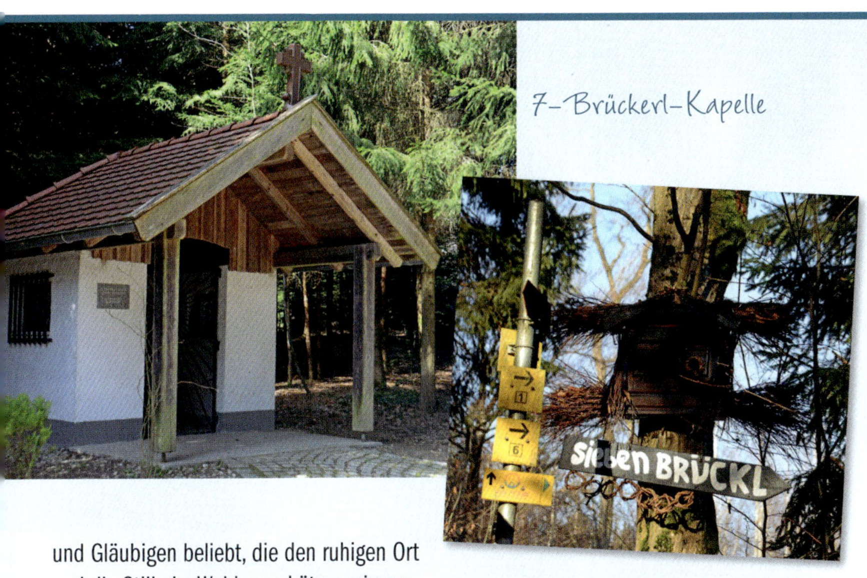

7-Brückerl-Kapelle

Beginn 7-Brückerlweg

und Gläubigen beliebt, die den ruhigen Ort und die Stille im Wald zu schätzen wissen.
Von der Kapelle gehen wir wieder ein paar Meter zurück, denn hier beginnt jetzt rechts der 7-Brückerlweg. Früher stand auf dem Wegweiser „7-Brückerlweg", auf dem neuen Schild reichte es nur noch zu „Sieben Brückl".
Wir gehen auf dem Schotterweg bergab zum Wimberger Bach.

Nach etwa 350 m treffen wir auf das erste Brückerl. Dies führt noch über einen Zufluss des Wimberger Baches.

1. Brückerl

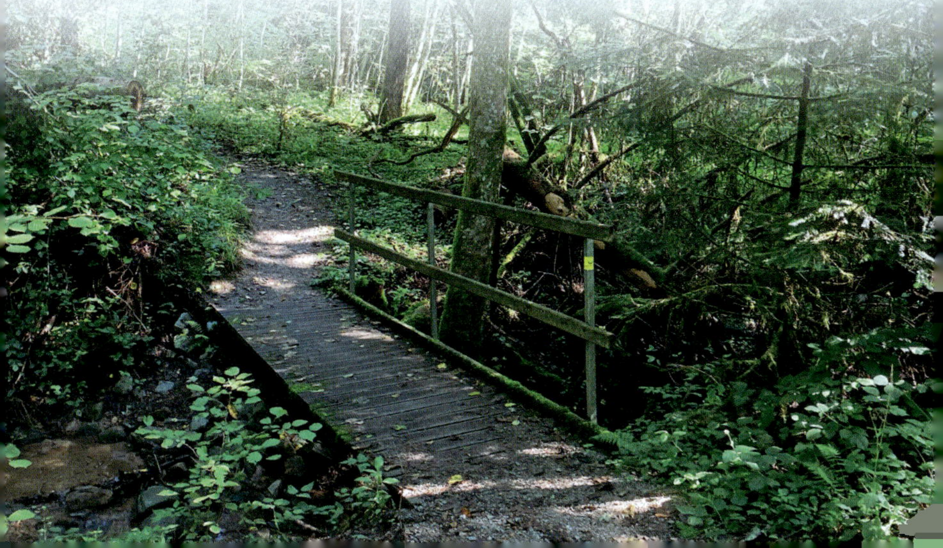

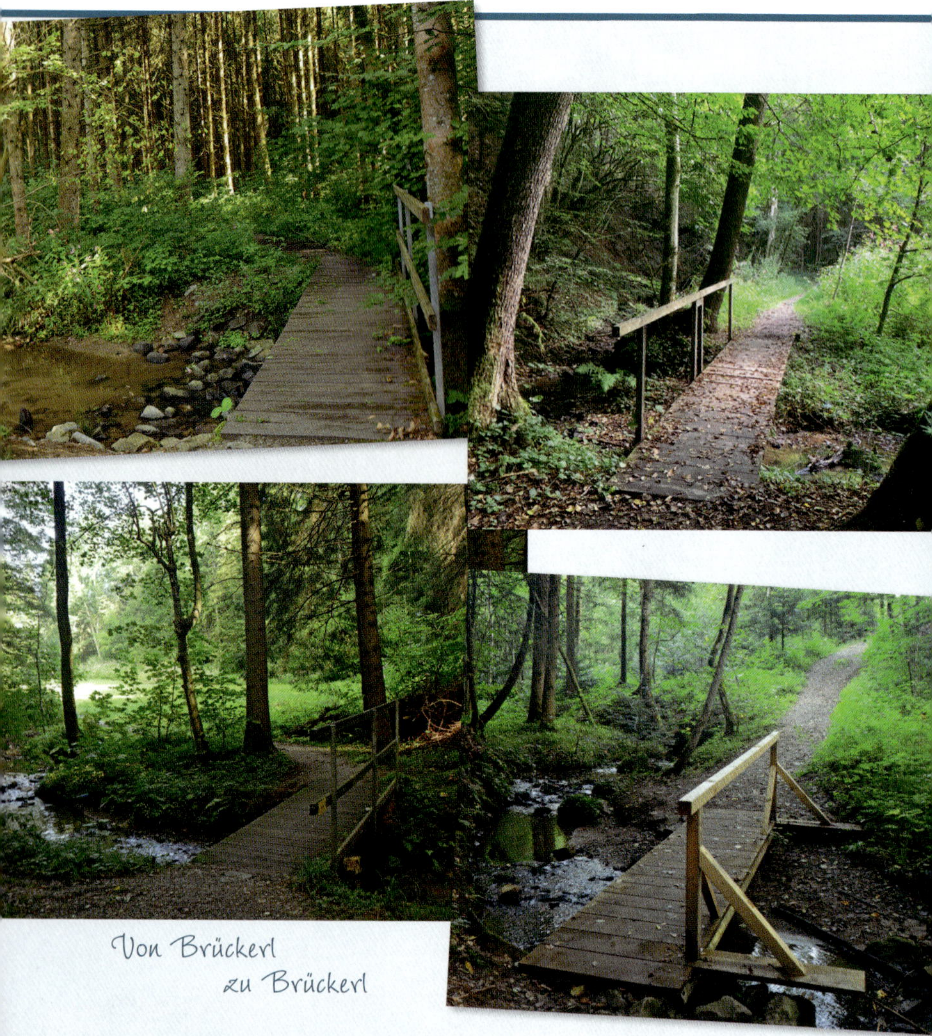

Von Brückerl zu Brückerl

Auf stellenweise etwas sumpfigen Pfaden und Wurzelwegen wandern wir am Wimberger Bach entlang und überqueren ihn immer wieder auf den Brückerln. Beim letzten Brückerl wird sich der aufmerksame Wanderer fragen: „Moment, wie viele Brückerl waren es jetzt? Sieben, acht oder sogar neun? Habe ich mich etwa verzählt?“ Tatsächlich sind es acht Brückerl und ein Bohlenweg.

Nach dem letzten Brückerl steigt der Weg kurz an und führt aus dem Wald.

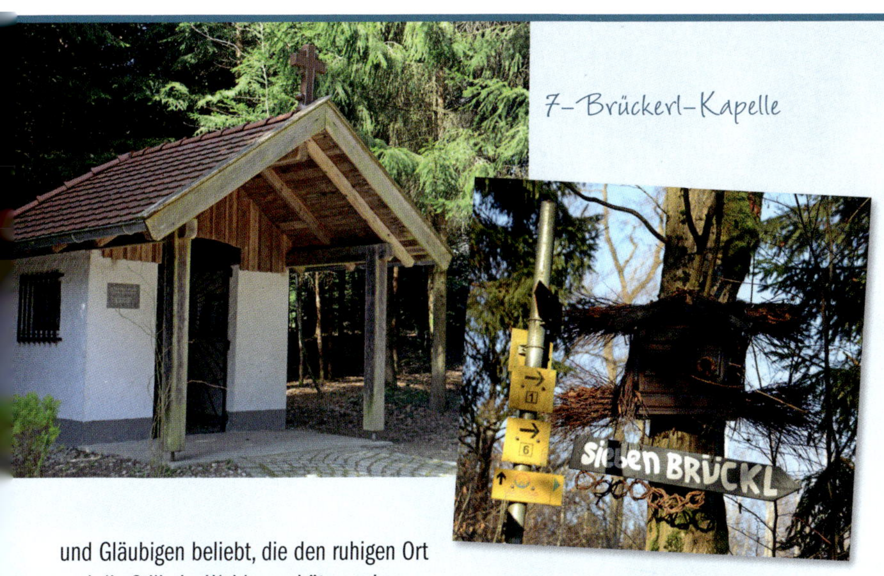

7-Brückerl-Kapelle

Beginn 7-Brückerlweg

und Gläubigen beliebt, die den ruhigen Ort und die Stille im Wald zu schätzen wissen.
Von der Kapelle gehen wir wieder ein paar Meter zurück, denn hier beginnt jetzt rechts der 7-Brückerlweg. Früher stand auf dem Wegweiser „7-Brückerlweg", auf dem neuen Schild reichte es nur noch zu „Sieben Brückl".
Wir gehen auf dem Schotterweg bergab zum Wimberger Bach.

Nach etwa 350 m treffen wir auf das erste Brückerl. Dies führt noch über einen Zufluss des Wimberger Baches.

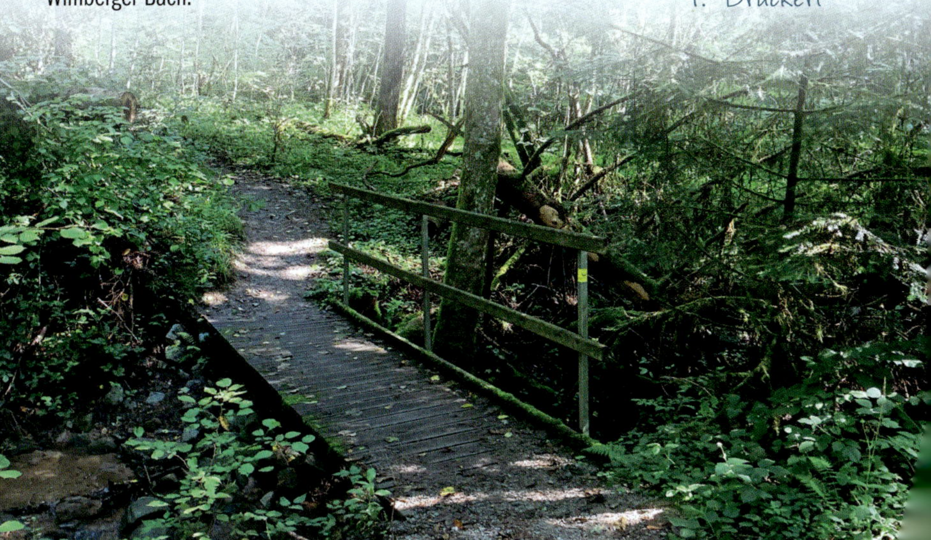

1. Brückerl

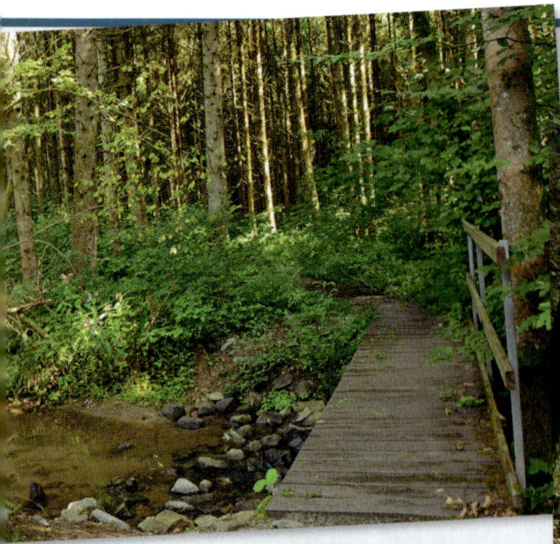

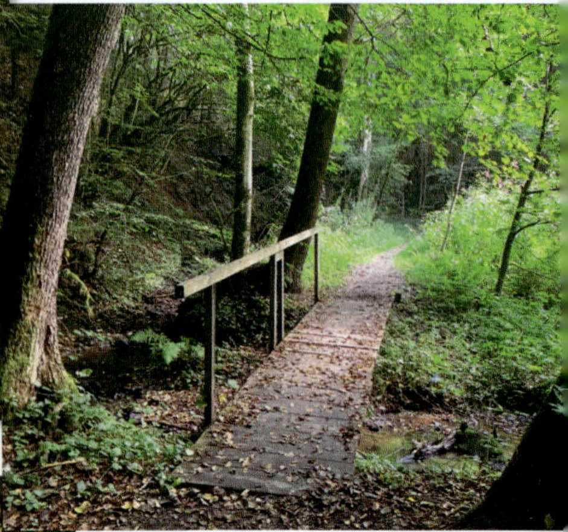

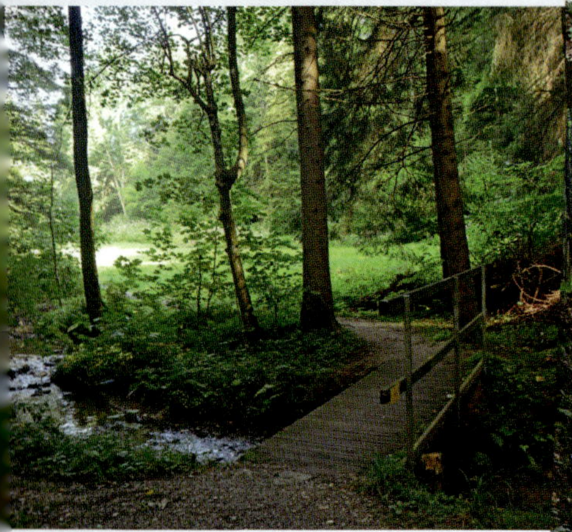

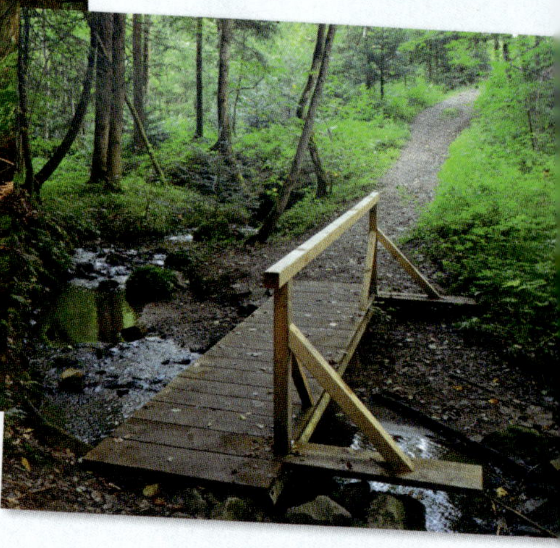

Von Brückerl zu Brückerl

Auf stellenweise etwas sumpfigen Pfaden und Wurzelwegen wandern wir am Wimberger Bach entlang und überqueren ihn immer wieder auf den Brückerln. Beim letzten Brückerl wird sich der aufmerksame Wanderer fragen: „Moment, wie viele Brückerl waren es jetzt? Sieben, acht oder sogar neun? Habe ich mich etwa verzählt?" Tatsächlich sind es acht Brückerl und ein Bohlenweg.

Nach dem letzten Brückerl steigt der Weg kurz an und führt aus dem Wald.

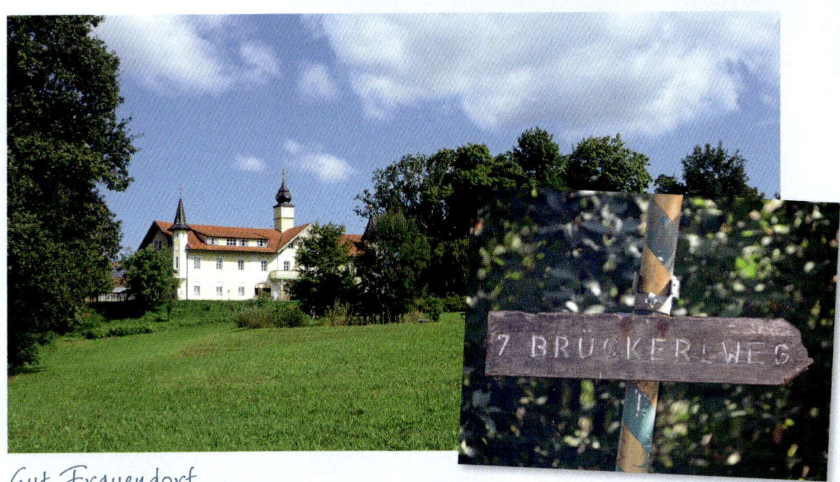

Gut Frauendorf

Alter Wegweiser

Wir kommen auf freies Gelände und sehen nach wenigen Metern links das Gut Frauendorf, ein ehemaliger Gutshof 4.

Auf dem Wiesenweg gehen wir hinauf bis zur Teerstraße und dann links Richtung Ortsmitte.

An der nächsten Abzweigung verlassen wir die „Via Nova“, halten uns links und gehen durch Frauendorf. Auf dem Weg sehen wir noch einen alten Wegweiser zum 7-Brückerlweg.

Am Ortsende wandern wir links Richtung Dobl.

Auf der Teerstraße geht es jetzt bergab bis zum Wimberger Bach. Auf der rechten Seite ist er aufgestaut und bildet ein schönes Biotop 5.

Aufgestauter Wimberger Bach

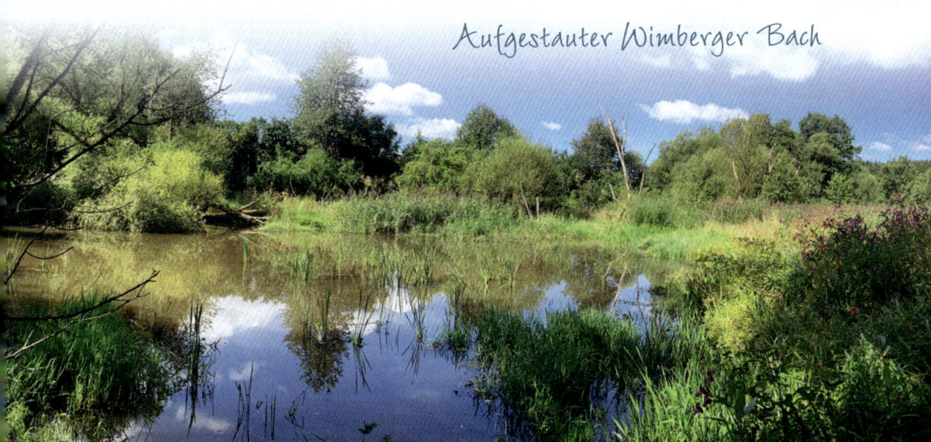

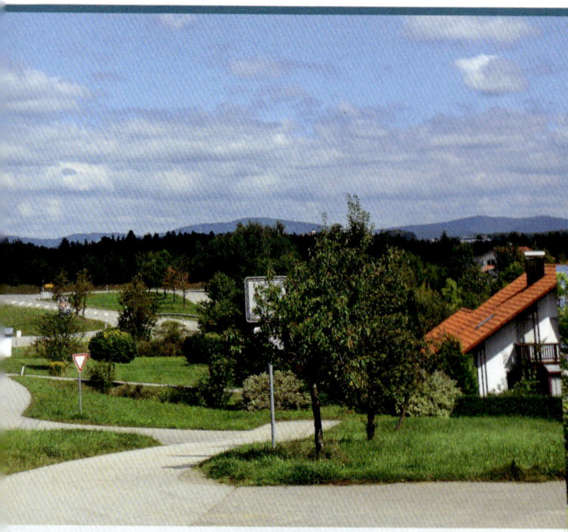

Kapelle Albersdorf

Blick von der Kapelle zum Bayerischen Wald

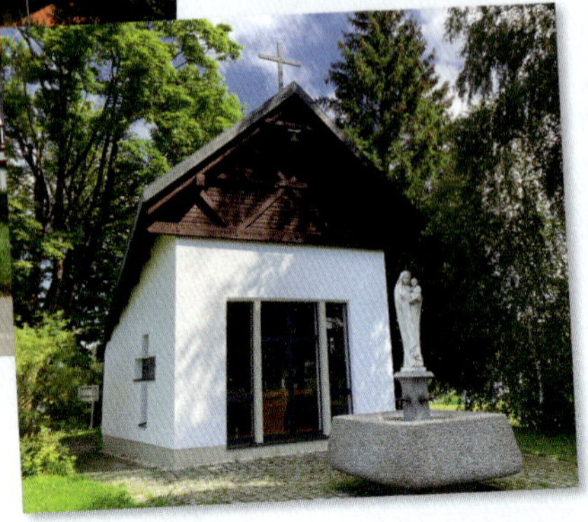

Die wenig befahrene Teerstraße bringt uns nach ca. 800 m leicht bergauf zu der kleinen Ortschaft Dobl.

Gleich nach Ortsbeginn bleiben wir an der Gabelung links und gehen dann zuerst leicht bergab und anschließend bergauf durch das Dorf. Am Ortsschild von Dobl biegen wir links auf den Geh- und Radweg ab und unterqueren die Staatsstraße 2119.

Nach der Unterführung links führt der Weg direkt vorbei an der Kapelle Albersdorf ❻. Hier haben wir einen schönen Blick auf den Bayerischen Wald.

Nach der Besichtigung der Kapelle wandern wir durch Albersdorf, vorbei an der schön gestalteten Bushaltestelle mit Häuschen und Brunnen.

Kurz nach der Kuppe grüßt in der Ferne die Klosterkirche Schweiklberg.

Wir gehen vor bis zur Staatsstraße 2119 und überqueren diese bei der Abzweigung nach Hirnschnell.

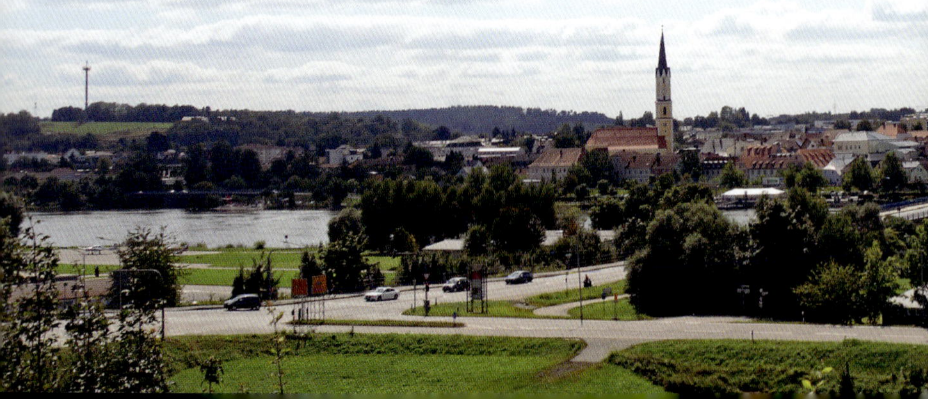

Jetzt wandern wir auf dem Geh- und Radweg parallel zur Staatsstraße bergab nach Vilshofen ❼.

Nach der Linkskurve bei der Albersdorfer Bergkapelle geht der Teerweg in einen Schotterweg über.

Kurz vor unserem Endpunkt verläuft der Weg direkt an der Staatsstraße, und wir haben einen herrlichen Blick auf die Donaubrücke und Vilshofen.

Bei der „Wurz'n" schließt sich der Kreis, und wir sind nach wenigen Metern wieder am Ausgangspunkt zurück.

Essen / Einkehren:

Wirtshaus Zur Wurzn
Schmalhof 6
94474 Vilshofen an der Donau
Tel. 08541 2851
www.wurzn.de

Flugplatz-Restaurant Vilshofen
Am Flugplatz 1
94474 Vilshofen an der Donau
Tel. 08541 6179
www.flugplatzrestaurant-vilshofen.de

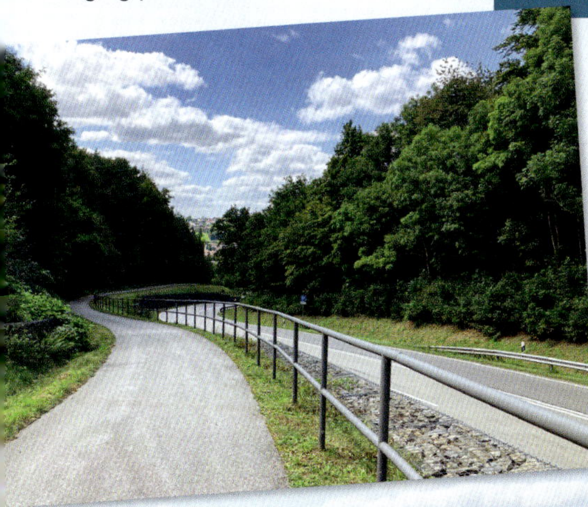

Geh- und Radweg nach Vilshofen

Blick auf Vilshofen

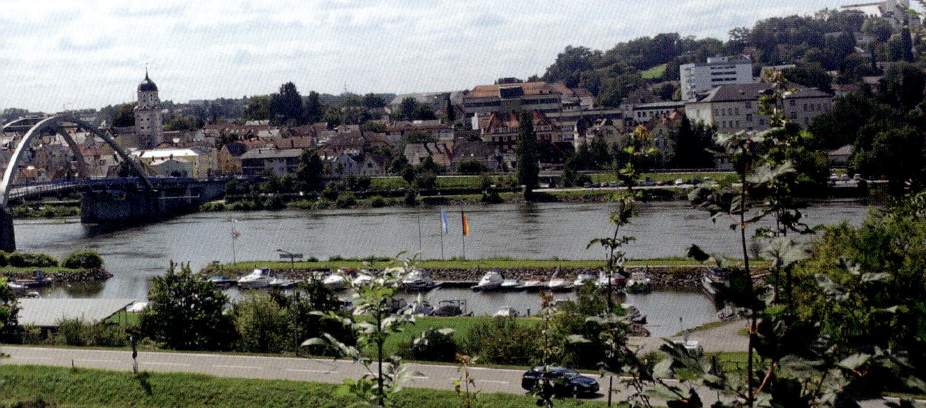

St.-Kolomanweg

Rund- und Weitblick übers Wolfachtal

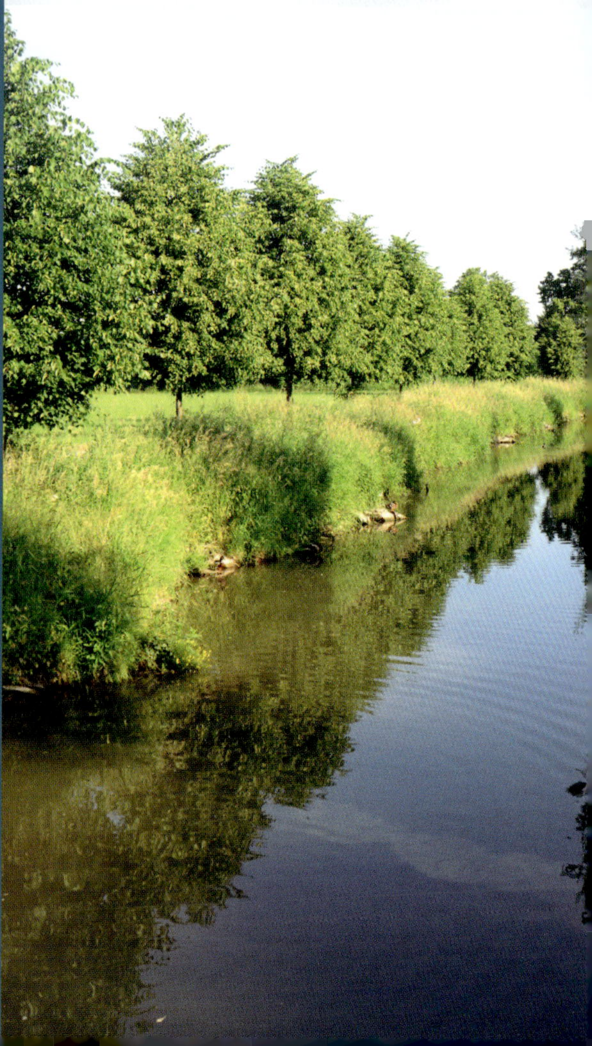

Leicht

7,6 km

↓↑ 100 m

1¾ Std.

Ortenburg – Zell – Afham – Ortenburg

Panoramaweg mit Blick auf Wolfachtal und Bayerischen Wald.

Markierung:
Beschildert mit der Nr. 5 – schwarze Schrift auf gelbem Grund

Parken:
Volksfestplatz Ortenburg – Bahnhofstraße

Wolfach in Ortenburg

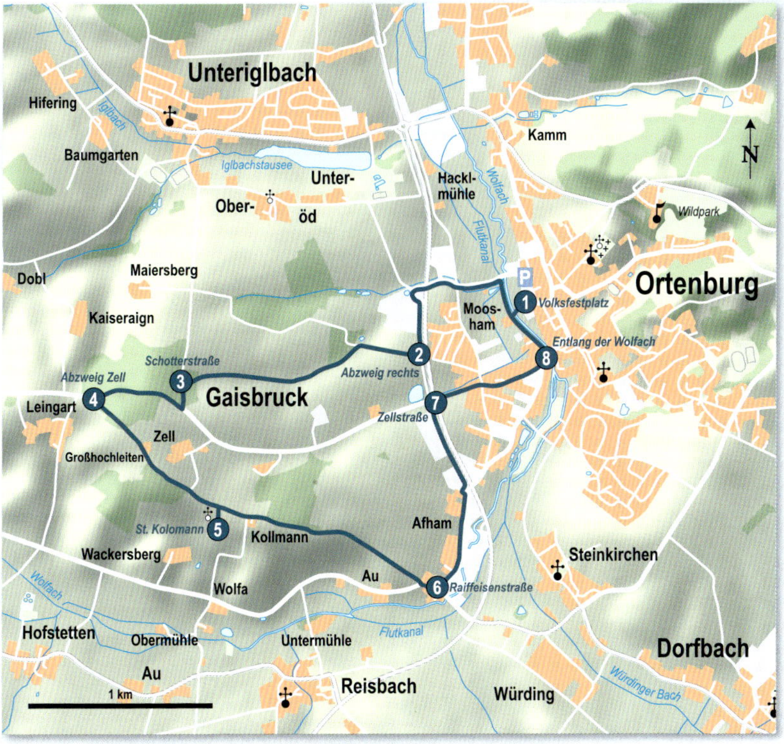

1 Volksfestplatz Start/Ziel

2 Abzweig rechts

3 Schotterstraße

4 Abzweig Zell

5 St. Kolomann

6 Raiffeisenstraße

7 Zellstraße

8 Entlang der Wolfach

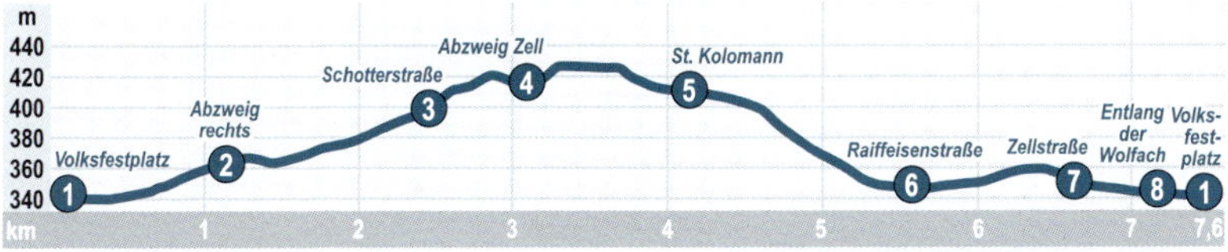

Der St.-Kolomanweg führt von Ortenburg über Moosham und Zell zur St.-Koloman-Kapelle. Die weithin sichtbare Kapelle, die wegen ihrer schönen Lage und weitem Rundblick ins Wolfachtal und zum Bayerischen Wald gern besucht wird, wurde 1978 vollständig renoviert und mit einem kleinen Zwiebeltürmchen versehen. Die Tour ist durchgängig mit gelben Schildern mit der Nr. 5 markiert, sie ist ohne nennenswerte Steigungen und auch mit einem geländetauglichen Kinderwagen zu machen.

Ausgangspunkt ist der Volksfestplatz an der Bahnhofstraße in Ortenburg ❶. Parkplätze gibt es zwar auch am Marktplatz, die sind aber auf 2 Stunden Parkdauer begrenzt. Wir parken hinter dem großen BayWa-Lagerhaus. Dort sehen wir auch schon die Wolfachbrücke, überqueren sie und gehen rechts auf dem Schotterweg am linken Ufer der Wolfach weiter.

Nach etwa 250 m, bei der nächsten Brücke, schwenkt der Weg nach links und mündet in einen Geh- und Radweg. Nach etwa 220 m überqueren wir die Kreuzung geradeaus und wandern auf dem Weg weiter. Hier sehen wir zum ersten Mal die gelbe Markierung mit der Nr. 5, der wir ab jetzt folgen.

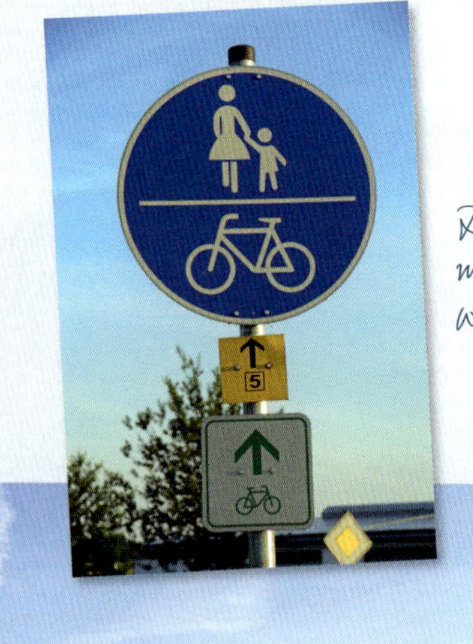

Das gelbe Schild mit der Nr. 5 weist die Tour.

Schotterweg entlang am linken Ufer der Wolfach

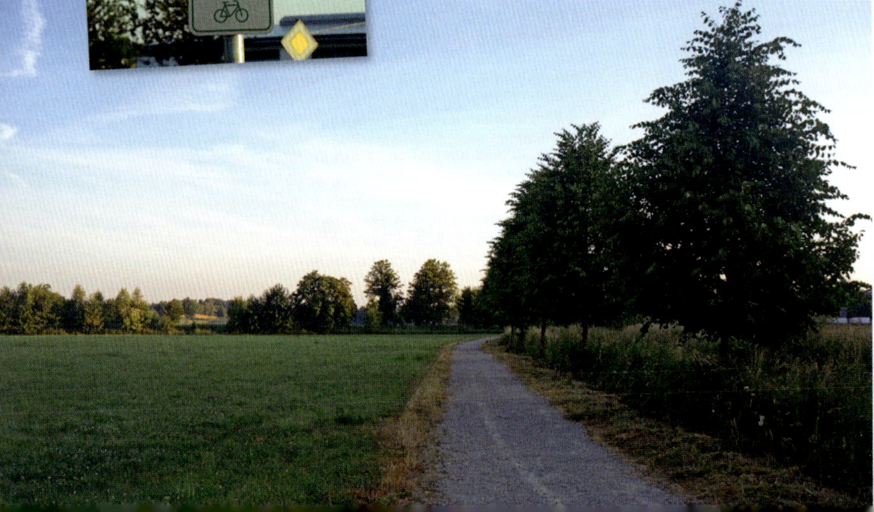

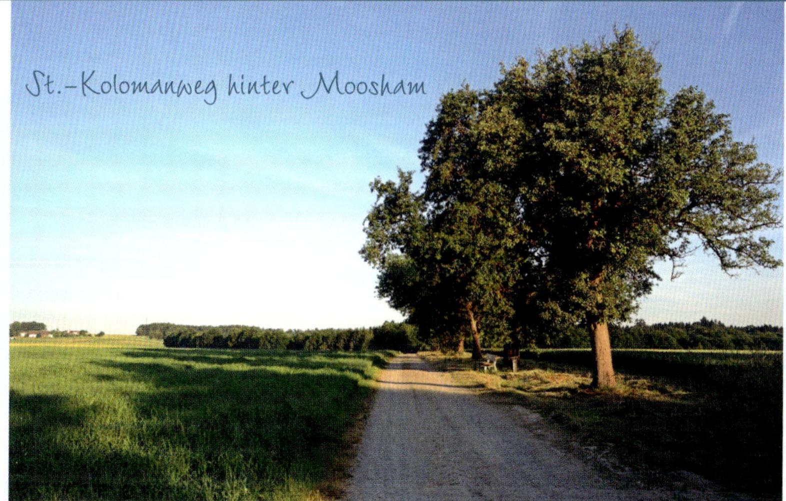

St.-Kolomanweg hinter Moosham

Nach weiteren 160 m unterqueren wir die Staatsstraße 2119 und kommen ins Gewerbegebiet Moosham West. Nach der Unterführung endet der Geh- und Radweg. Wir gehen links auf der Teerstraße weiter und biegen vor der Einmündung in die Staatsstraße auf den Schotterweg rechts ab. Der Weg verläuft etwa 300 m parallel zur Staatsstraße und zweigt dann rechts ab ❷.

Nach weiteren 300 m erreichen wir ein kleines Wäldchen, halten uns an der Kreuzung links und wandern am Waldrand entlang.

An der nächsten Abzweigung bleiben wir rechts, gehen zwischen den Feldern etwa 500 m zum nächsten Wäldchen und treffen nach etwa 100 m auf eine Schotterstraße ❸. Wir folgen dem Wegweiser „St.-Kolomanweg" links bis vor zur Teerstraße. Hier biegen

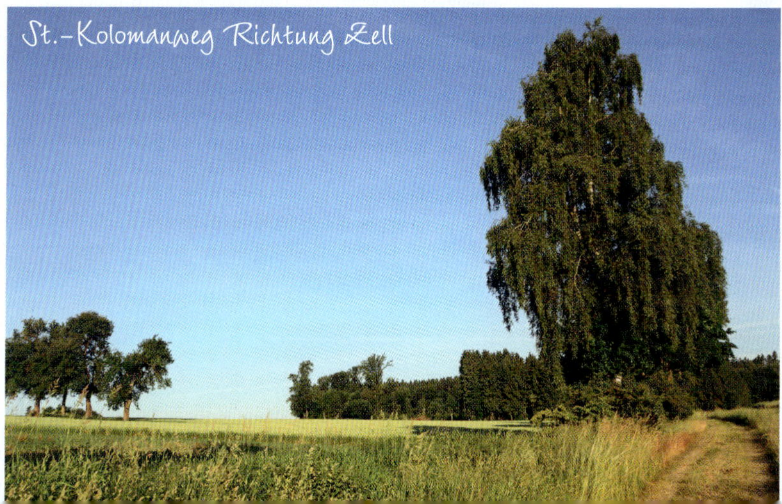

St.-Kolomanweg Richtung Zell

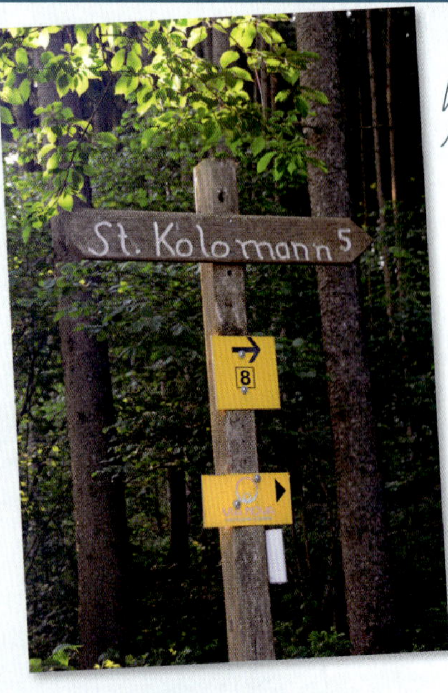

Wegweiser an der Abzweigung

wir rechts ab, tauchen nach etwa 130 m wieder in einen Wald ein und kommen nach knapp 400 m zur Abzweigung nach Zell ❹. Wir biegen links ab und gehen auf der kleinen Teerstraße weiter. Nach Verlassen des Waldes bietet sich uns rechts ein herrliches Panorama ins Wolfachtal und auf die Ortschaften Rainding und Sammarei.

Beim Anwesen Zell 2 endet die Teerstraße und geht in eine Schotterstraße über. Jetzt bietet sich uns auf der linken Seite ein wunderbarer Ausblick bis hin zum Bayerischen Wald.

Die Schotterstraße führt in Windungen leicht bergab, und wir erreichen in gut 500 m den Stichweg zur St.-Koloman-Kapelle ❺.

Wieder zurück auf dem Wanderweg passieren wir Kollmann und wandern am Waldrand entlang leicht bergab nach Afham.

Am Ortseingang biegen wir auf die Teerstraße links ein und halten uns auch an der nächsten Abzweigung links. Wir gehen durch das Dorf bis zum Ortsende. Kurz vor der Kreuzung der Staatsstraße wenden wir uns links in die Raiffeisenstraße ❻.

Dieser folgen wir entlang des Gewerbegebietes Afham ca. 500 m bis zur Einmündung in die Zellstraße ❼. Hier unterqueren wir wieder die Staatsstraße und gehen auf der Zellstraße nach Ortenburg. Bei der Einmündung

Blick ins Wolfachtal mit den Ortschaften Sammarei (r.) und Rainding (l.)

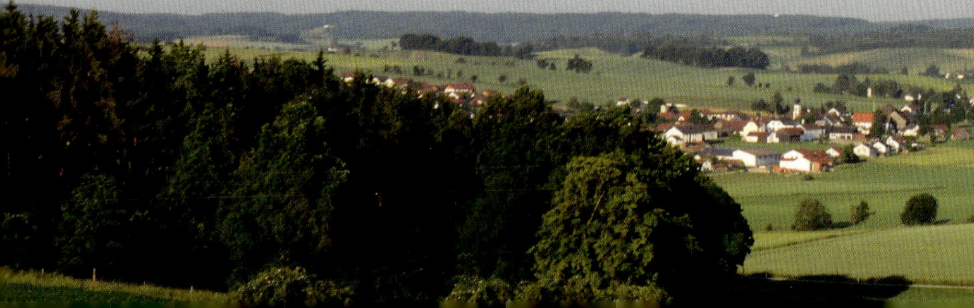

Essen/Einkehren:

Zum Hammel
Marktplatz 15
94496 Ortenburg
Tel. 08542 432

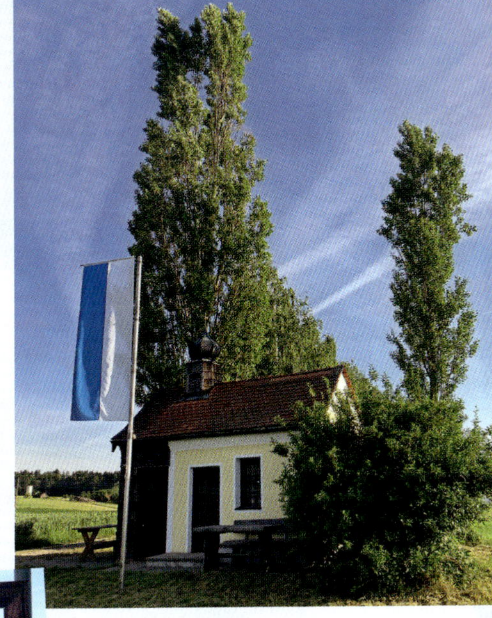

St.-Koloman-Kapelle

in die Griesbacher Straße biegen wir links und nach ca. 70 m vor der Wolfachbrücke wieder links nach Grafenwiesen ab ❽. Entlang der Wolfach erreichen wir nach etwa 300 m wieder die Brücke zu Beginn unserer Tour und sind am Ausgangspunkt zurück.

Zwischen Kollmann und Afham mit Blick auf Reisbach

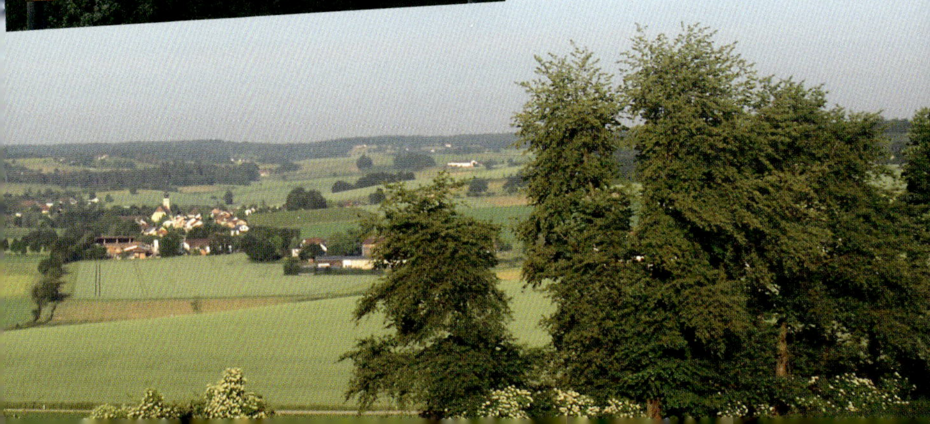

VIA NOVA
Etappe Ortenburg – Fürstenzell

Pilgernd sich selbst finden

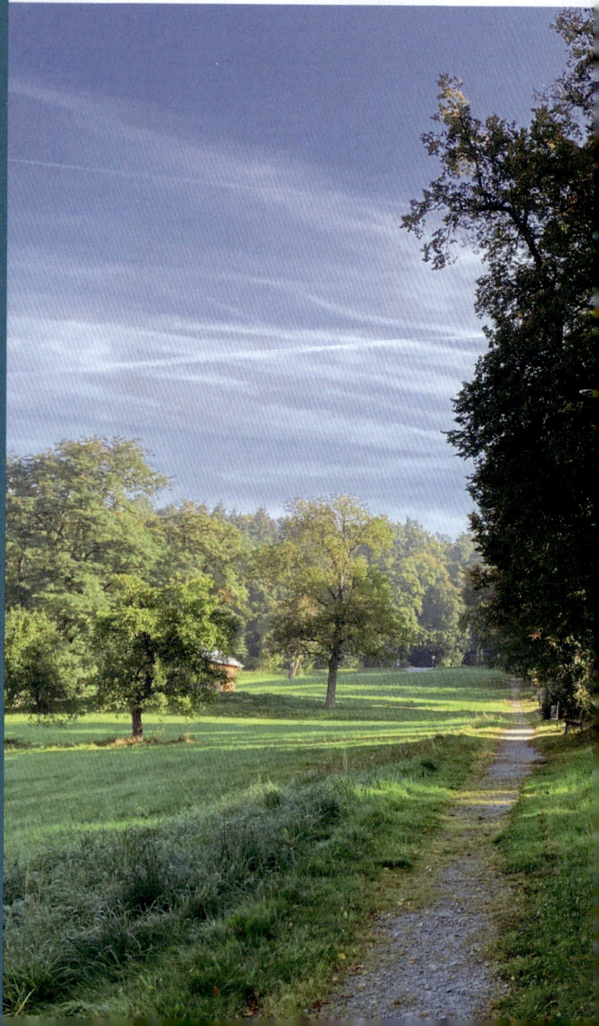

Mittel
19 km
↑ 300 m
↓ 290 m
4½ Std.

Ortenburg – Königbach – Voglsinger – Göbertsham – Bad Höhenstadt – Reising – Fürstenzell

Die zentrale Idee des Europäischen Pilgerwegs ist, dass er weder Anfang noch Ende kennt.
Trotz alledem geht der Weg von Ortenburg weiter zum ehemaligen Kur- und Wallfahrtsort Bad Höhenstadt sowie zum „Dom des Rottals“, zu Mariä Himmelfahrt nach Fürstenzell.

Markierung:
Beschilderung VIA NOVA

Parken:
Volksfestplatz Ortenburg – Bahnhofstraße

Lindenallee Richtung Vorderschloss

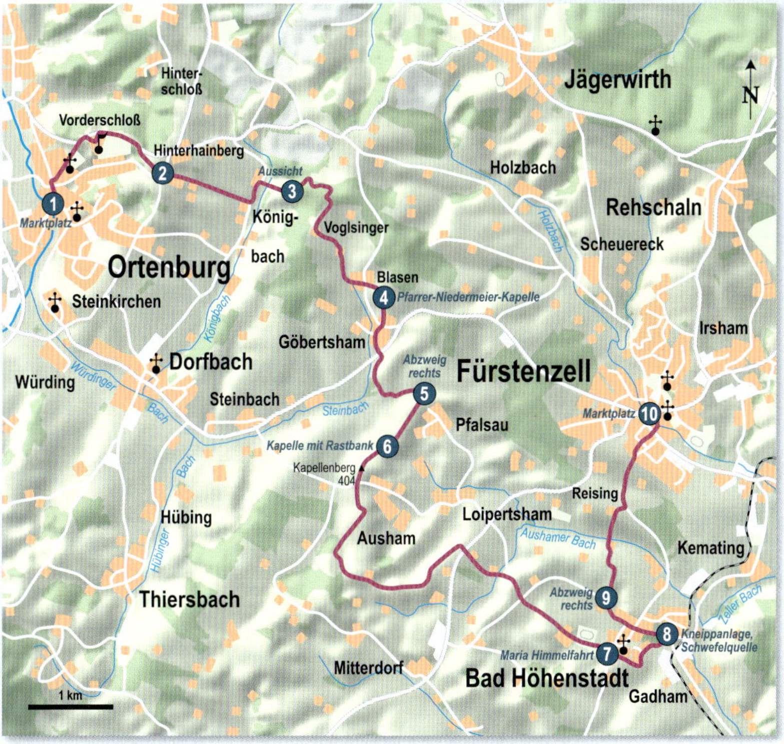

1. Marktplatz Ortenburg Start
2. Hinterhainberg
3. Aussicht
4. Pfarrer-Niedermeier-Kapelle
5. Abzweig rechts
6. Kapelle mit Rastbank
7. Maria Himmelfahrt
8. Kneippanlage
9. Abzweig rechts
10. Marktplatz Fürstenzell Ziel

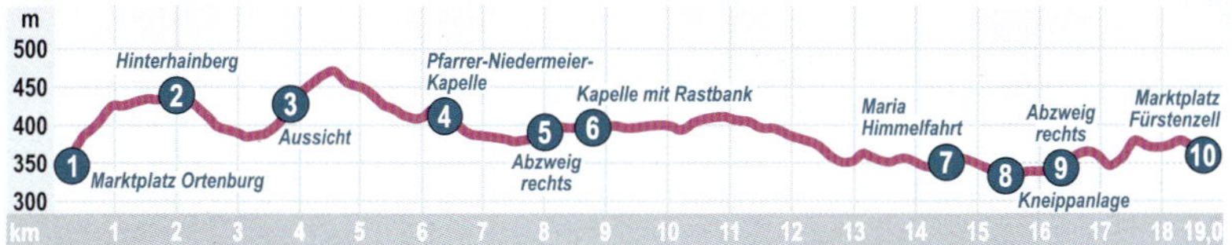

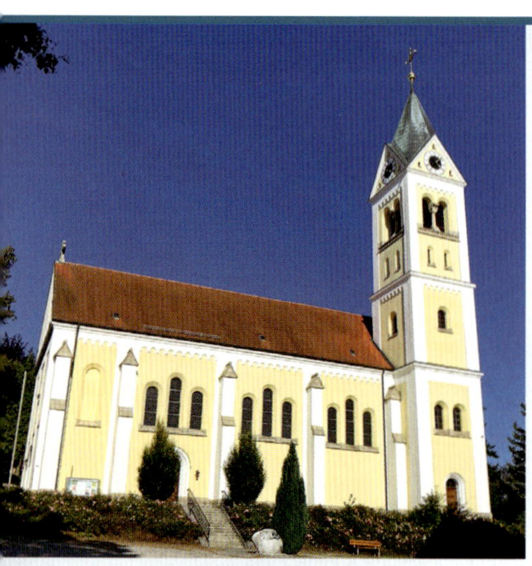

Pfarrkirche Maria Himmelfahrt

Wir starten vorm Rathaus am Marktplatz Ortenburg ❶, gehen ortsauswärts Richtung Kamm und biegen rechts in die Lindenallee ab. Es geht stramm bergauf, an der Pfarrkirche Maria Himmelfahrt vorbei, zum Vorderschloss.

Wir gehen rechts durch den Torbogen, vorbei am Schloss, und treffen nach dem Eingang zum Wildpark wieder auf die Kreisstraße PA 4. Der Wanderweg führt rechts am Wildpark entlang, zunächst auf der Kreisstraße, und biegt dann rechts in einen Geh- und Radweg ab. Der kleine Schotterweg bringt uns nach einem Linksschwenk leicht bergauf nach Hinterhainberg ❷. Am Ende des Weges überqueren wir die Straße und folgen dem Wegweiser nach Heiligenbrunn. Auf dem schmalen Teersträßchen wandern wir schnurstracks bergab.

Nach gut 1 km treffen wir auf die Gemeindeverbindungsstraße Königbach - Dorfbach. Hier biegen wir links ab und folgen der Straße ca. 300 m bis zu den nächsten Häusern von Königbach. Nach dem ersten Anwesen biegen wir rechts ab. Links sehen wir etwas versteckt im Gebüsch Wegweiser zum Friedensweg und zum Pilgerweg VIA NOVA.

Auf dem Teersträßchen wandern wir bergauf Richtung Wald. Der Anstieg kostet uns noch einige Schweißperlen. Dafür werden wir bei einer Rastbank am Waldrand mit einer tollen Aussicht belohnt ❸.

Wir tauchen in den Mischwald ein und gehen geradeaus weiter. Nach ca. 180 m zweigt rechts markierungslos ein unscheinbarer Waldweg ab. Diesen kann man leicht übersehen. Wir folgen ihm und sehen nach einigen Metern wieder Wegweiser, die uns zeigen, dass wir auf dem richtigen Weg sind. Auf einem Wurzelweg, der stellenweise etwas sumpfig sein kann, wandern wir ca. 500 m durch den schattigen Mischwald, den Wegweisern folgend.

Aussicht bei der Rastbank

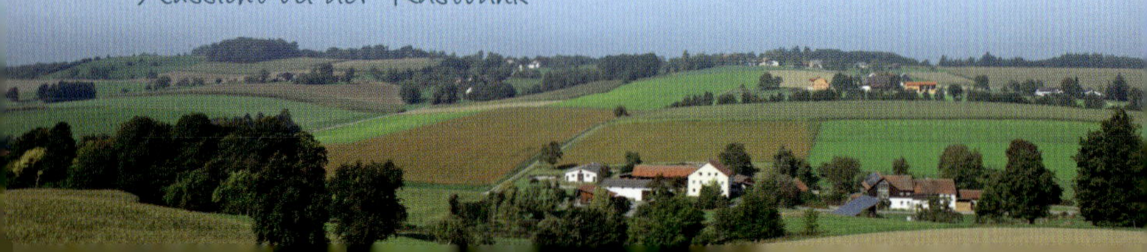

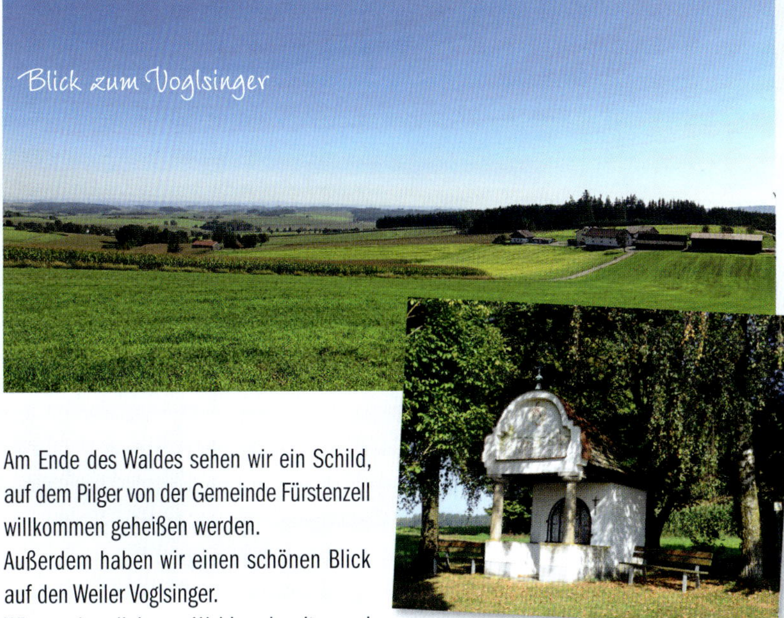

Blick zum Voglsinger

Pfarrer-Niedermeier-Kapelle

Am Ende des Waldes sehen wir ein Schild, auf dem Pilger von der Gemeinde Fürstenzell willkommen geheißen werden.
Außerdem haben wir einen schönen Blick auf den Weiler Voglsinger.
Wir wandern links am Waldrand weiter und biegen an der Einmündung in die Schotterstraße rechts zum Voglsinger ab. Vor dem Anwesen an der Gabelung halten wir uns links. Die Schotterstraße führt leicht bergab an dem Weiler Hager vorbei nach Blasen. Bei der Einmündung in die Teerstraße gehen wir rechts und biegen gleich wieder links auf den Schotterweg ab. Dieser führt uns leicht bergauf zur Pfarrer-Niedermeier-Kapelle ❹. Ein Wiesenweg bringt uns rechts an einer Hecke entlang hinab nach Göbertsham. Wir durchwandern die kleine Ortschaft, überqueren am Ortsende die Staatsstraße 2119 und gehen rechts auf der Schotterstraße weiter. Sie schlängelt sich durch weite Wiesen und Felder ca. 1 km bis zu einer Kuppe kurz vor der Ortschaft Pfalsau. Hier zweigt unser Weg rechts ab ❺. Wir wandern nun auf dem Höhenweg der Wasserscheide zwischen Donau und Inn dahin mit herrlichen Panoramablicken, falls der Mais noch nicht zu hoch oder nicht mehr steht. Wir passieren eine kleine Kapelle mit Rastbank ❻ und halten uns rechts.

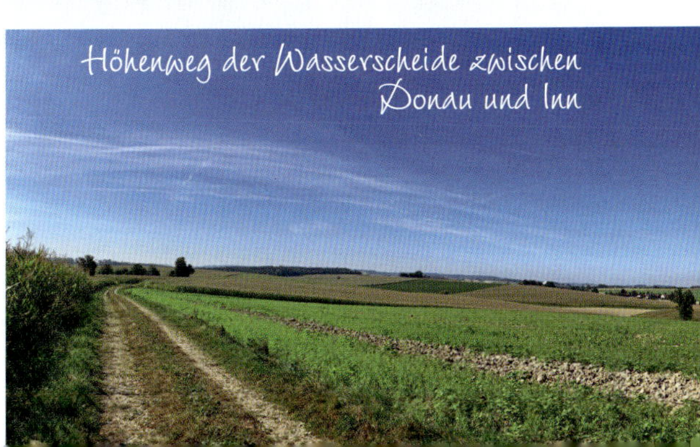

Höhenweg der Wasserscheide zwischen Donau und Inn

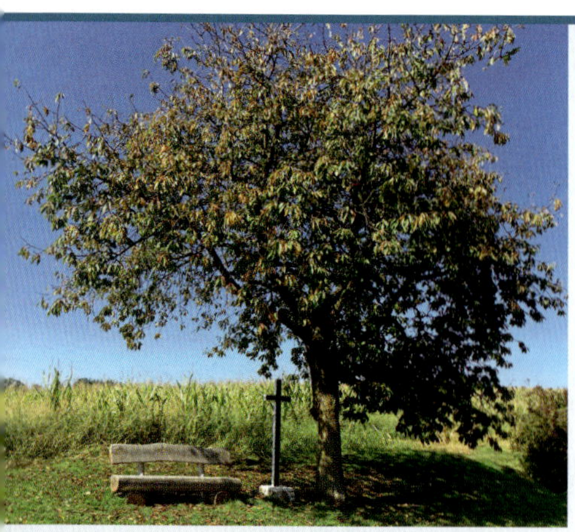

Hofzufahrt mit Rastbank und Kreuz

Gut 500 m weiter überqueren wir die Kreisstraße PA 23 geradeaus und gehen auf dem Feldweg weiter. Am Ende des Weges, oberhalb von Ausham, biegen wir markierungslos rechts ab. Erst nach einigen Metern zeigt uns ein Wegweiser der VIA NOVA, dass wir auf dem richtigen Weg sind. An einem kleinen Mischwäldchen vorbei biegen wir an dessen Ende links ab. Vor dem nächsten Wäldchen biegen wir wieder links ab.

Wir treffen bei einer Hofzufahrt mit Rastbank und Kreuz auf eine Schotterstraße, auf der wir rechts weiterwandern.

In der Ferne können wir schon den Kirchturm der Pfarrkirche Maria Himmelfahrt in Bad Höhenstadt erkennen.

Nach dem Anwesen Hocheck 4 überqueren wir die Staatsstraße 2118 und kommen nach Krottenthal. Vorbei an Pferdekoppeln biegen wir beim letzten Anwesen vor der Linkskurve rechts auf den Schotterweg ab. Ein kurzer Anstieg bringt uns zur Kreisstraße PA 23, der wir rechts ca. 300 m bis zur Kreuzung mit der Kreisstraße PA 9 folgen. Wir gehen geradeaus darüber und wandern auf der Schotterstraße Richtung Munzing weiter.

Entlang einer alten Baumreihe erreichen wir in Kürze zunächst Munzing und nach wenigen Metern Bad Höhenstadt mit der Pfarrkirche Maria Himmelfahrt ❼.

Nach dem Besuch der Kirche halten wir uns links und gleich wieder rechts Richtung Gadham und Sonnentempel. Vor der Brücke zum Höhenstädter Bach am Ende von Gadham halten wir uns rechts und überqueren nach 100 m vor dem Sonnentempel den Bach auf einer kleinen Holzbrücke.

Durch das kleine Wäldchen kommen wir zur Kneippanlage und Schwefelquelle ❽. Wenige Meter weiter treffen wir wieder auf die Teerstraße und gehen links Richtung Kurhaus. Wir verlassen

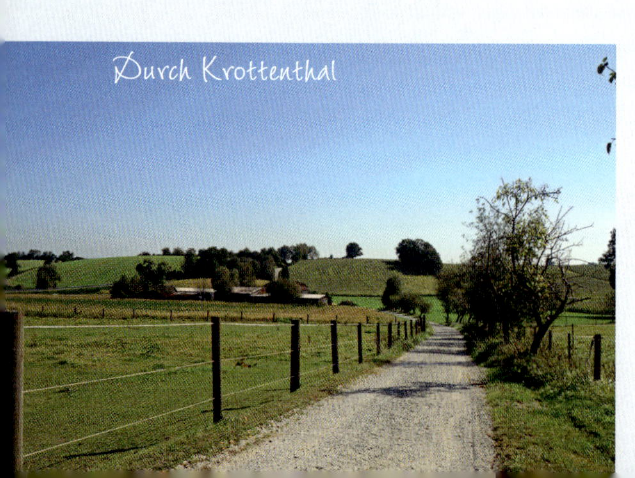

Durch Krottenthal

Bad Höhenstadt Richtung Winkl und biegen nach gut 100 m bei einer Kapelle rechts ab ❾.

Auf und ab folgen wir ca. 1,3 km den VIA-NOVA-Schildern, an einzelnen Höfen vorbei, bis zur Einmündung bei Reising in die Wieninger Straße, und biegen hier links ab. Nach ca. 600 m erreichen wir auf der Kuppe Fürstenzell und biegen gleich danach links in den Birkenweg ab. Dieser führt uns bergab Richtung Ortszentrum. Am Ende des Weges gehen wir rechts auf dem Gehweg weiter, überqueren die Bahnhofstraße und erreichen nach wenigen Metern die Pfarrkirche Maria Himmelfahrt und den Marktplatz ❿.

Essen / Einkehren:

Gasthaus Lustinger
Bad Höhenstadt 30
94081 Fürstenzell
Tel. 08506 261

La Barca
Griesbacher Str. 14
94081 Fürstenzell
Tel. 08502 8987

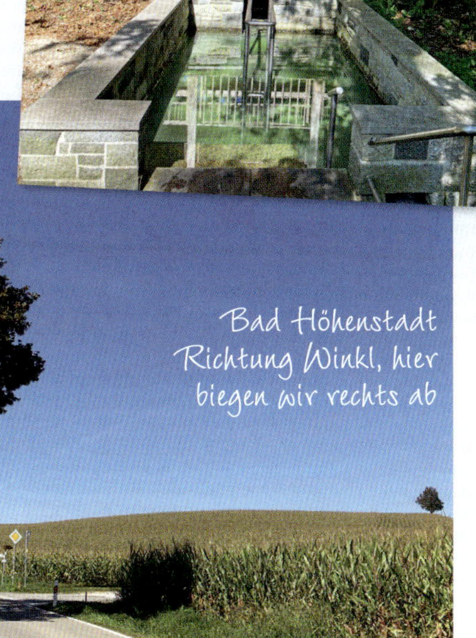

Schwefelquelle und Kneippanlage

Bad Höhenstadt Richtung Winkl, hier biegen wir rechts ab

Mittel

9,1 km

↓↑ 225 m

2¼ Std.

Ortenburg – Hinterhainberg – Voglsinger – Unterhartdobl – Vorderhainberg – Ortenburg

Tolle Aussichten auf das Hügelland rund um Ortenburg.

Markierung:
Beschildert mit der Nr. 7 – schwarze Schrift auf gelbem Grund bzw. rote Schrift auf weißem Grund

Parken:
Parkplatz Evang.-Lutherische Kirche, Ortenburg

Voglsingerweg

Auf und Ab im Ortenburger Hügelland

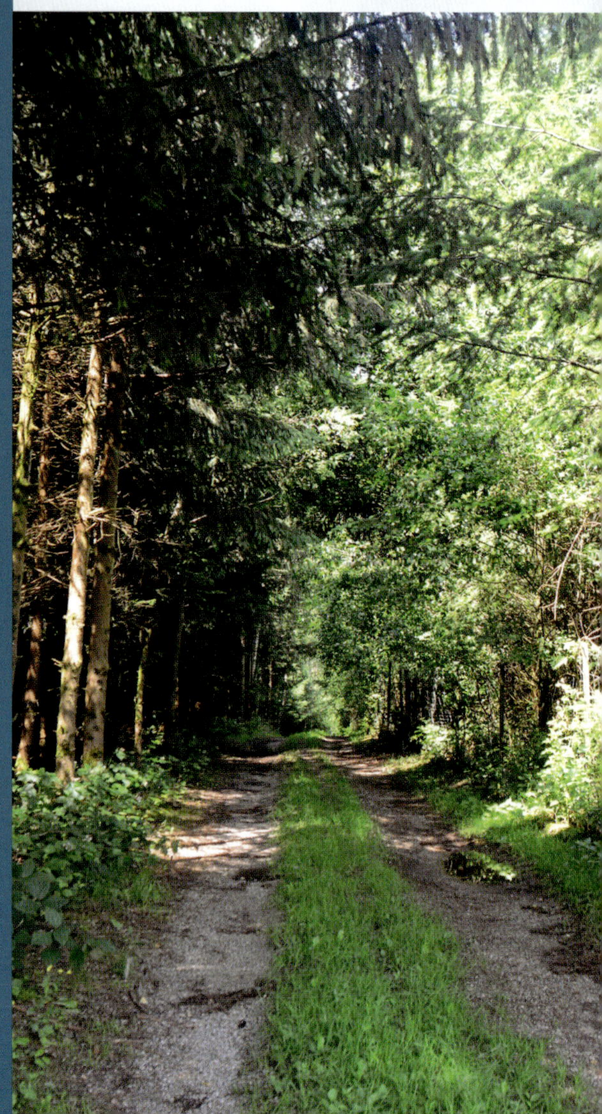

Voglsingerweg nach Unterhartdobl

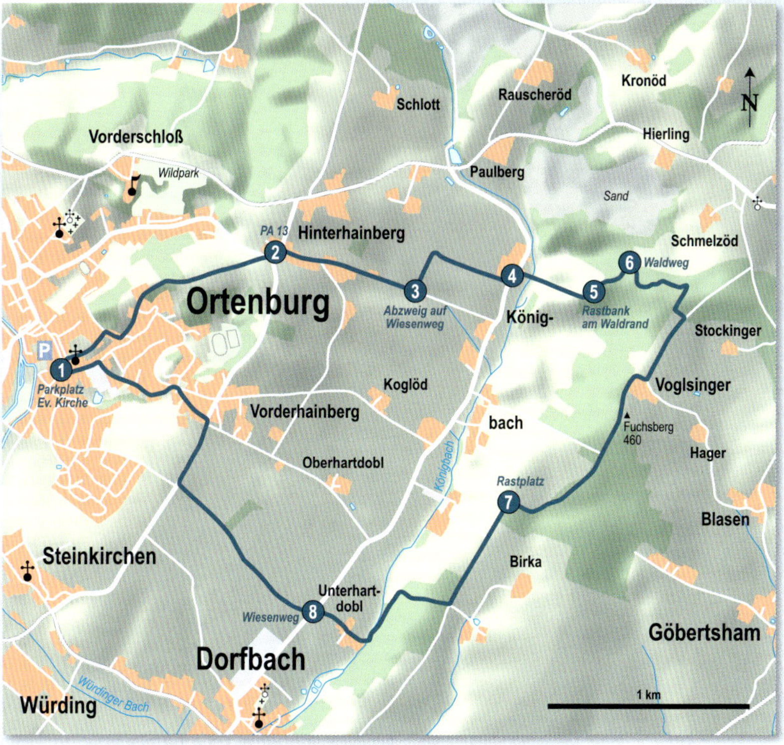

❶ Parkplatz Ev. Kirche Start/Ziel

❷ PA 13

❸ Abzweig auf Wiesenweg

❹ Königbach

❺ Rastbank am Waldrand

❻ Waldweg

❼ Rastplatz

❽ Wiesenweg

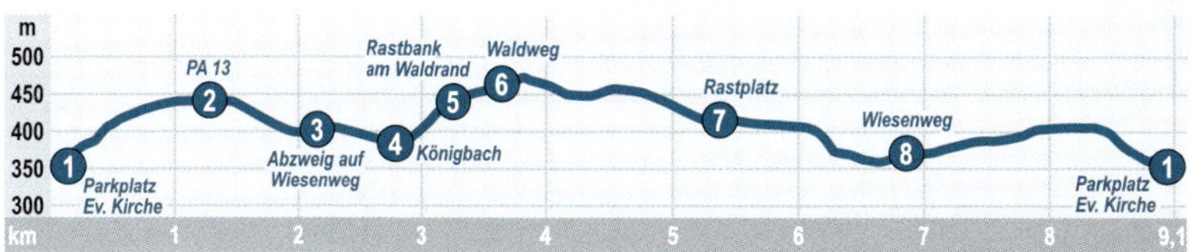

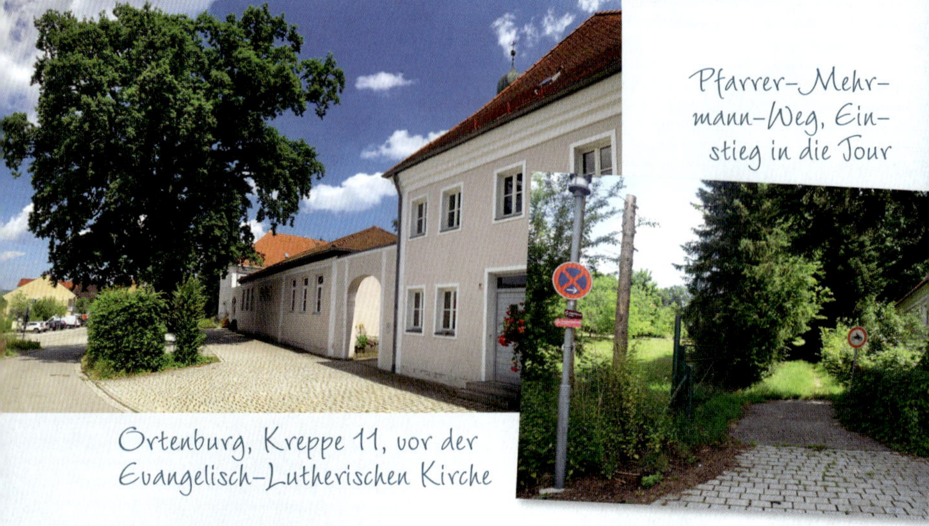

Pfarrer-Mehrmann-Weg, Einstieg in die Tour

Ortenburg, Kreppe 11, vor der Evangelisch-Lutherischen Kirche

Der Voglsingerweg führt über die niederbayerische Hügellandschaft mit schönen Aussichten von Ortenburg über Hinterhainberg zum Weiler Voglsinger, dem Namensgeber des Weges, und Unterhartdobl und Vorderhainberg wieder zurück. Beschildert ist die Tour mit der Nr. 7, allerdings eher sporadisch.

Ausgangspunkt ist der Parkplatz vor der Evangelisch-Lutherischen Kirche in Ortenburg, Kreppe 11 ❶.

Kurz vor Hinterhainberg

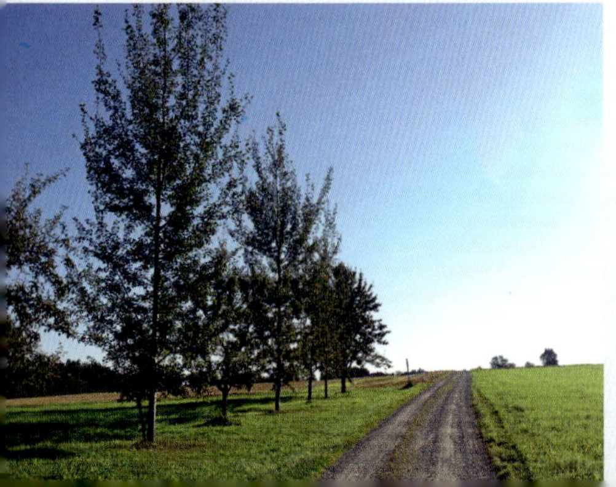

Gleich links neben den Kirchengebäuden zweigt der Pfarrer-Merhmann-Weg ab. Der Wiesenweg führt ca. 250 m bergauf zum „Am Föhrenberg". Hier biegen wir rechts ab, gehen um die Linkskurve und gleich danach links auf den Schotterweg bergauf.

Dieser wird kurzfristig durch eine schmale Teerstraße abgelöst und führt an der nächsten Abzweigung wieder als Schotterweg geradeaus weiter. Der Weg schlängelt sich durch ein kleines Mischwäldchen stetig bergauf.

Wieder auf freier Fläche haben wir links einen kurzen Blick auf das Vorderschloss.

Nach wenigen Metern erreichen wir bei Hinterhainberg den höchsten Punkt unserer Tour und treffen auf die Kreisstraße PA 13 ❷.

Wir gehen rechts, ignorieren die Abzweigung nach rechts, vorbei an der ehemaligen Moststube „Zum Hausl", und biegen beim Wegweiser rechts ab.

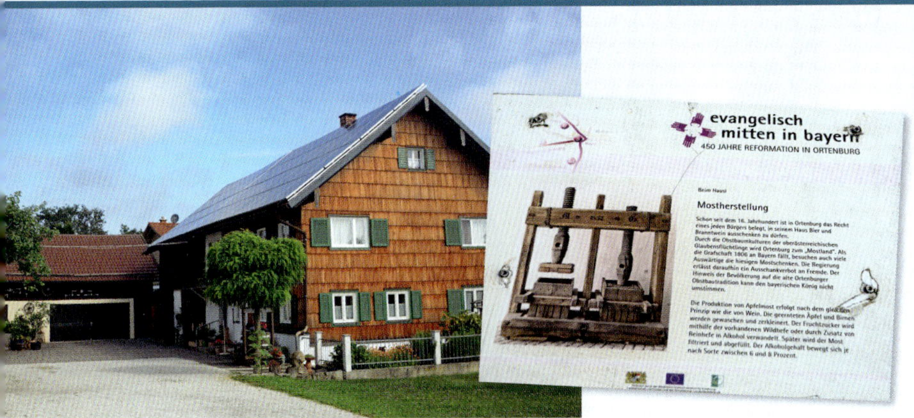

Ehemalige Moststube „Zum Hausl"

Auf dem schmalen Teersträßchen wandern wir ca. 700 m bergab. Links und rechts begleiten uns weite Felder und Wiesen.

Der offizielle Wanderweg führt auf dem Teersträßchen weiter. Da wir aber lieber auf ungeteerten Wegen wandern, biegen wir links in den Wiesenweg ab ❸ und gelangen nach gut 200 m auf einen Feldweg, dem wir rechts leicht bergab folgen.

Nach knappen 400 m treffen wir bei den Häusern der Streusiedlung Königbach wieder auf den ursprünglichen Wanderweg ❹. Wir wenden uns zunächst links und gleich wieder rechts. Links sehen wir etwas versteckt im Gebüsch Wegweiser zum Friedensweg und zum Pilgerweg Via Nova.

Auf dem Teersträßchen wandern wir bergauf Richtung Wald. Der Anstieg kostet uns noch einige Schweißperlen. Dafür werden wir bei einer Rastbank am Waldrand mit einer tollen Aussicht belohnt ❺.

Wir tauchen in den Mischwald ein und gehen geradeaus weiter. Nach ca. 180 m zweigt rechts markierungslos ein unscheinbarer Waldweg ab ❻. Diesen kann man leicht übersehen. Wir folgen ihm und sehen nach einigen Metern wieder Wegweiser, die uns zeigen, dass wir auf dem richtigen Weg sind. Auf einem Wurzelweg, der stellenweise etwas sumpfig sein kann, wandern wir ca. 500 m durch den schattigen Mischwald, den Wegweisern folgend.

Am Ende des Waldes sehen wir unser nächstes Ziel, den Weiler Voglsinger, den Namensgeber dieser Tour.

Rechts der Weiler Voglsinger

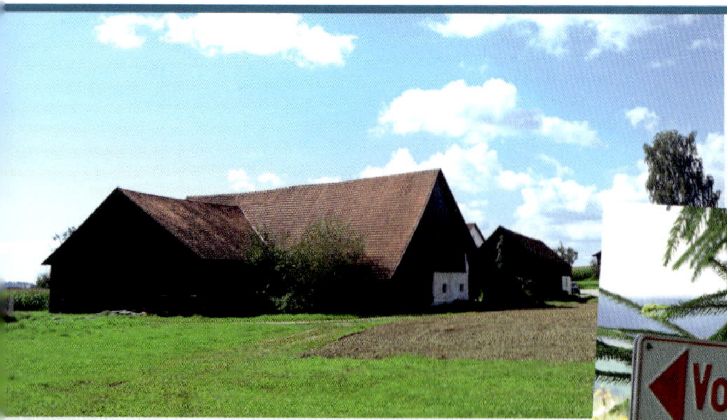

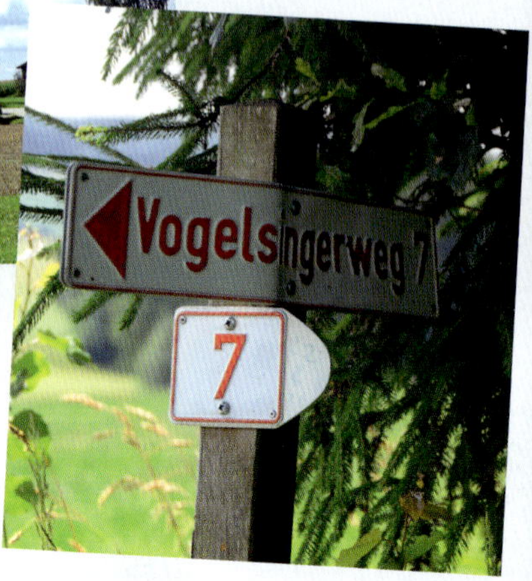

Wegweiser bei der Abzweigung Birka

Unterhartdobl

Wir gehen am Waldrand bis zur Schotterstraße und dort rechts bergab zum Weiler. Hier verlassen wir den Pilgerweg und gehen rechts um das Anwesen herum. Zunächst geht es noch leicht bergauf, aber nach wenigen Metern wieder bergab zum nächsten Wald. Die nächsten Abzweigungen und Kreuzungen ignorieren wir und wandern weiter geradeaus bergab durch den Mischwald. Nach gut 500 m endet rechts der Wald und wir gehen am Waldrand weiter bis zu einer Abzweigung mit einem Rastplatz. Ein Tisch und eine Bank laden zu einer Pause ein. Hier können wir auch in Ruhe das nächste Panorama genießen 7.
Frisch gestärkt wandern wir links auf dem Schotterweg weiter bis zur Einmündung in die Teerstraße. Hier weist uns ein Wegweiser rechts in den Wald.

Wir folgen den weiteren Wegweisern bergab und überqueren an der Talsohle bei Unterhartdobl den Königbach.
Durch die kleine Ortschaft gehen wir vor bis zur Teerstraße. Der offizielle Wanderweg führt jetzt rechts und dann links über Oberhartdobl nach Vorderhainberg. Da wir aber unbefestigte Wege vorziehen, gehen wir an der Einmündung zunächst links und biegen nach etwa 30 m rechts in den Wiesenweg ab 8.

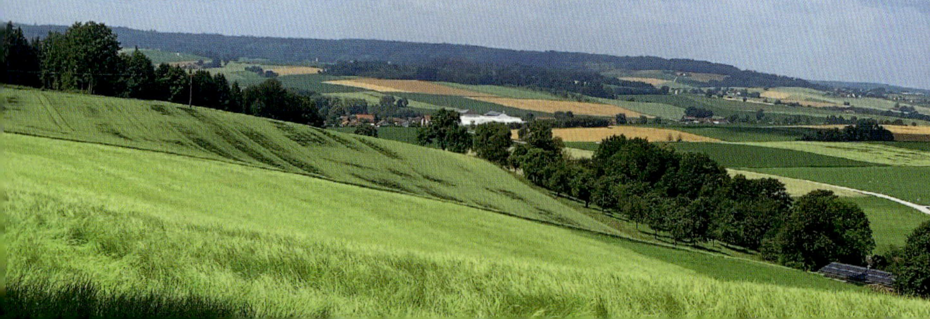

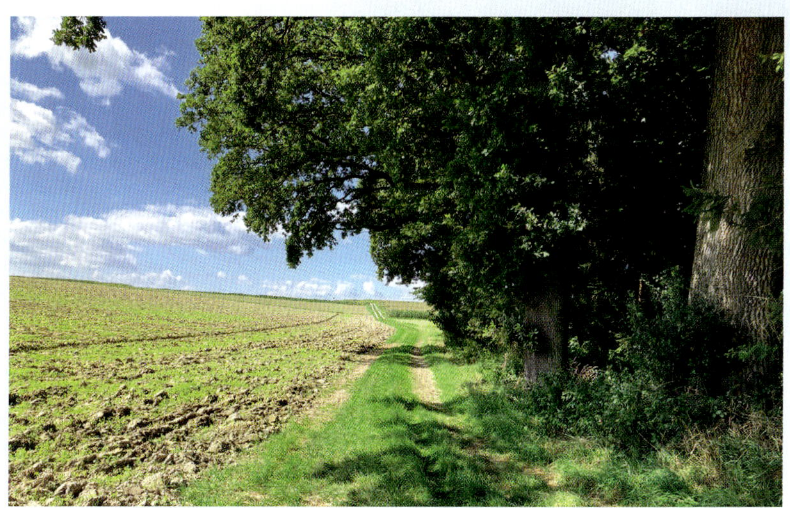

An dem kleinen Wäldchen vorbei

Leicht bergauf, an einem kleinen Wäldchen vorbei, treffen wir nach ca. 900 m auf die Verbindungsstraße Steinkirchen – Vorderhainberg.

Wir folgen ihr rechts bis zum ersten Anwesen in Vorderhainberg.

Gleich danach biegen wir links in das kleine Teersträßchen ab. Etwa 200 m weiter bei der Einmündung in den Vorderhainberger Weg biegen wir links und sofort wieder links in den Hainberger Weg ab. Dieser bringt uns nach guten 400 m zur Kreppe, die nach links zum Ausgangspunkt zurückführt.

Essen / Einkehren:

Zum Koch
Vorderhainberg 8
94496 Ortenburg
Tel. 08542 167-0
www.zumkoch.de

Panorama beim Rastplatz

Friedensweg

Wallfahrt nach Heiligenbrunn

- Mittel
- 11,4 km
- ↑ 260 m
- ↓ 210 m
- 2½ Std.

Ortenburg – Hinterhainberg – Königbach – Höng – Schönau – Jägerwirth – Heiligenbrunn

Der Friedensweg führt von Ortenburg über eine schöne Hügellandschaft mit tollen Aussichten zur Wallfahrtskirche Heiligenbrunn.

Markierung:
Beschildert mit der Nr. 12 – schwarze Schrift auf gelbem Grund bzw. mit roter Schrift auf weißem Grund

Parken:
Parkplatz Evang.-Lutherische Kirche, Ortenburg

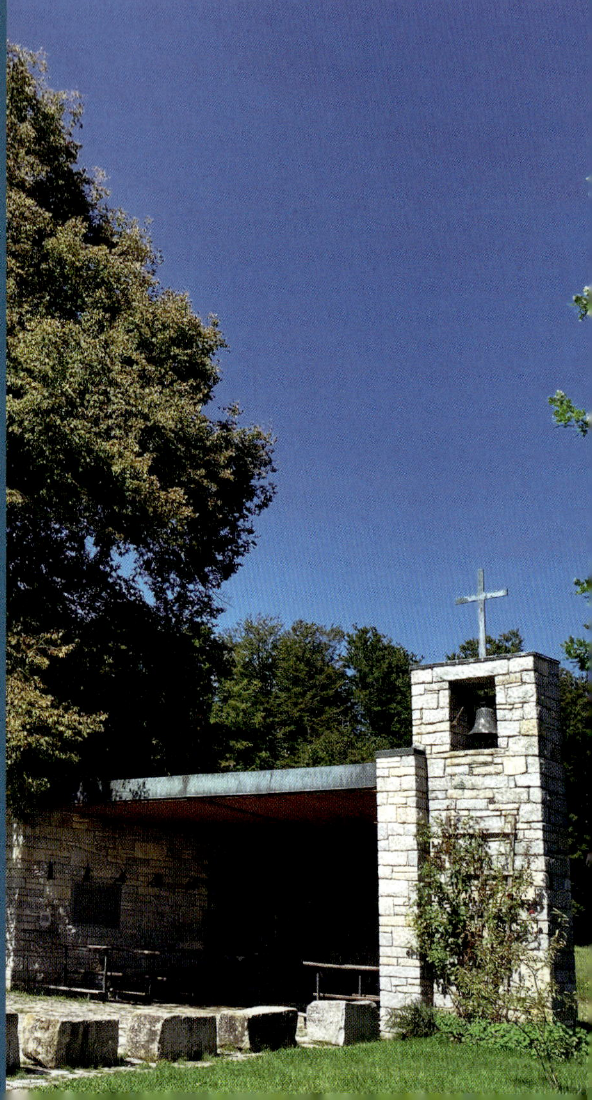

Wallfahrtskirche Heiligenbrunn

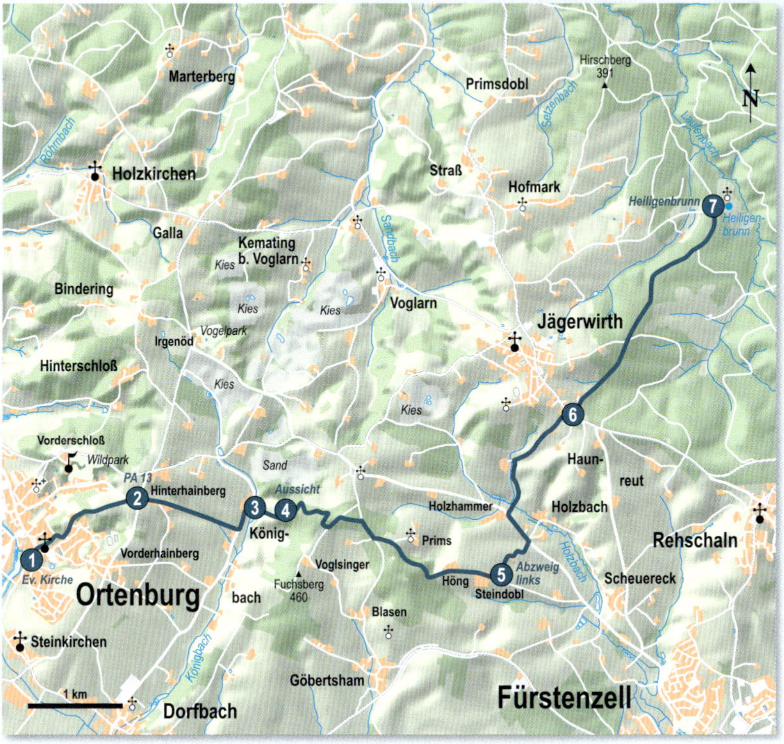

❶ Ev. Kirche Start

❷ PA 13

❸ Königbach

❹ Aussicht

❺ Abzweig links

❻ Jägerwirth

❼ Heiligenbrunn Ziel

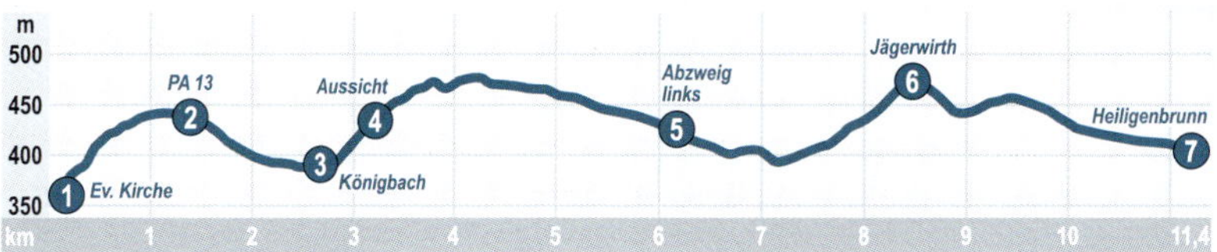

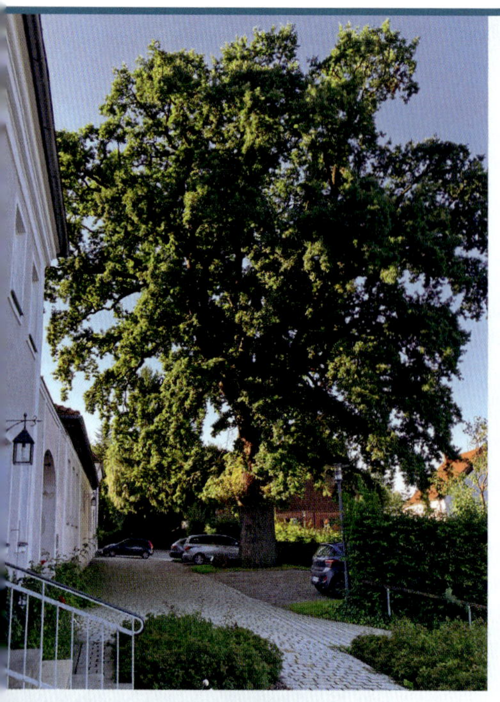

Friedenseiche, Kreppe 11, vor der Evangelisch-Lutherischen Kirche

Der Friedensweg führt von Ortenburg über die niederbayerische Hügellandschaft mit schönen Aussichten zur Wallfahrtskirche Heiligenbrunn. Er ist kein Rundweg, sondern ein sogenannter Zielwanderweg. Für die Tour hat man entweder zwei Fahrzeuge, von den man eines in Heiligenbrunn abstellt und mit dem anderen zum Ausgangspunkt fährt, oder man parkt sein Auto bei der Kirche in Jägerwirth und fährt mit dem Bus nach Ortenburg. Dann muss man allerdings die 3 km von Heiligenbrunn wieder zurück nach Jägerwirth gehen.

Beschildert ist die Tour mit der Nr. 12, den ersten Wegweiser sieht man aber erst in Hinterhainberg.

Ausgangspunkt ist die Friedenseiche vor der Evangelisch-Lutherischen Kirche in Ortenburg, Kreppe 11 ❶.

Gleich links neben den Kirchengebäuden zweigt der Pfarrer-Mehrmann-Weg ab.

Der Wiesenweg führt ca. 250 m bergauf zum „Am Föhrenberg". Hier biegen wir rechts ab, gehen um die Linkskurve und gleich danach links auf den Schotterweg bergauf.

Dieser wird kurzfristig durch eine schmale Teerstraße abgelöst und führt an der nächsten Abzweigung wieder als Schotterweg geradeaus weiter. Der Weg schlängelt sich durch ein kleines Mischwäldchen stetig bergauf.

Wieder auf freier Fläche haben wir links einen kurzen Blick auf das Vorderschloss.

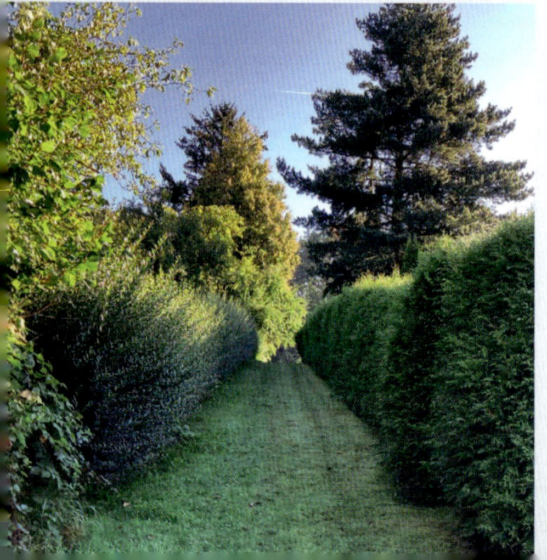

Pfarrer-Mehrmann-Weg

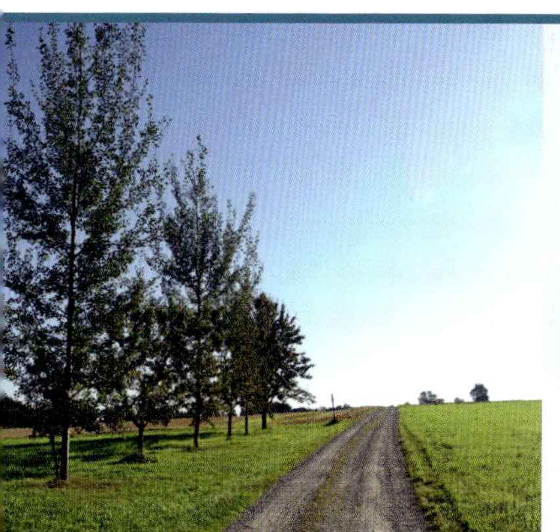

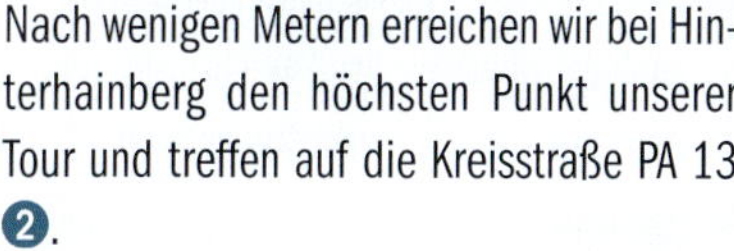

Kurz vor Hinterhainberg

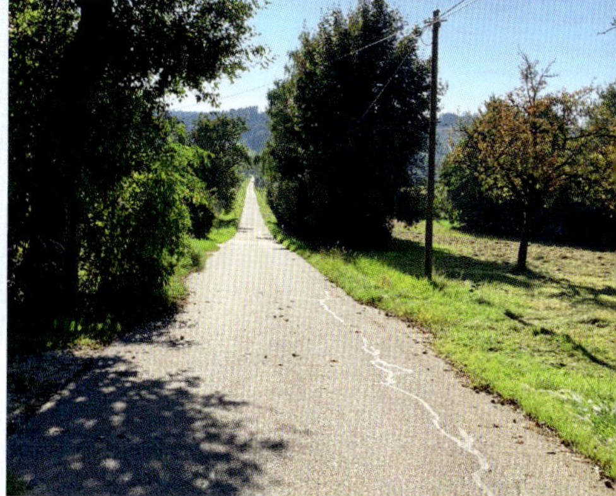

Von Hinterhainberg schnurstracks bergab

Nach wenigen Metern erreichen wir bei Hinterhainberg den höchsten Punkt unserer Tour und treffen auf die Kreisstraße PA 13 ❷.

Wir gehen rechts, ignorieren die Abzweigung nach rechts, vorbei an der ehemaligen Moststube „Zum Hausl", und biegen beim Wegweiser rechts ab.

Auf dem schmalen Teersträßchen wandern wir schnurstracks bergab.

Links und rechts begleiten uns weite Felder und Wiesen. Nach gut 1 km treffen wir auf die Gemeindeverbindungsstraße Königbach - Dorfbach. Hier biegen wir links ab und folgen der Straße ca. 300 m bis zu den nächsten Häusern von Königbach.

Nach dem ersten Anwesen biegen wir rechts ab ❸. Links sehen wir etwas versteckt im Gebüsch Wegweiser zum Friedensweg und zum Pilgerweg Via Nova.

Auf dem Teersträßchen wandern wir bergauf Richtung Wald. Der Anstieg kostet uns noch einige Schweißperlen. Dafür werden wir bei einer Rastbank am Waldrand mit einer tollen Aussicht belohnt ❹.

Wir tauchen in den Mischwald ein und gehen geradeaus weiter. Nach ca. 180 m zweigt rechts markierungslos ein unscheinbarer Waldweg ab.

Diesen kann man leicht übersehen. Wir folgen ihm und sehen nach einigen Metern

Markierungslose Abzweigung nach rechts

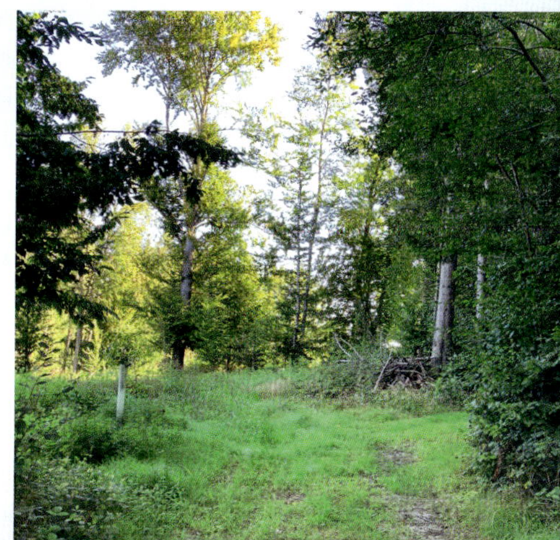

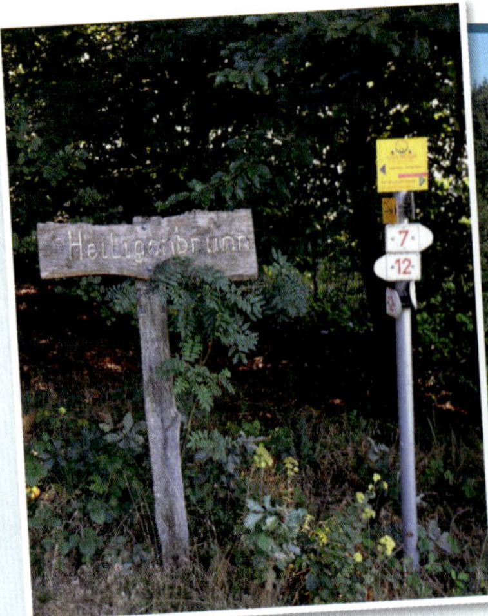

Hier links dem Wegweiser folgen

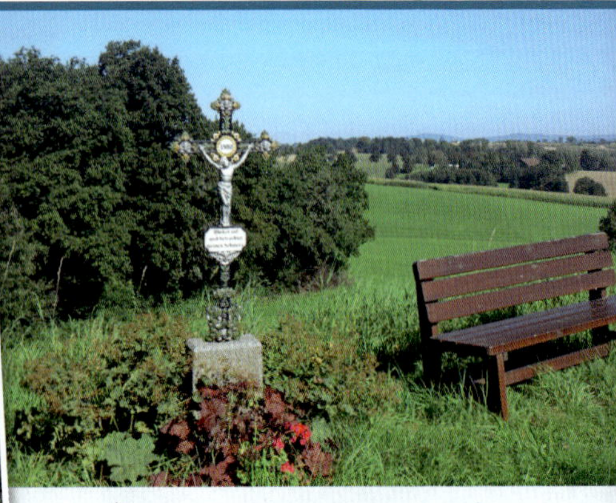

Wegkreuz mit Bank bei Höng

wieder Wegweiser, die uns zeigen, dass wir auf dem richtigen Weg sind.

Auf einem Wurzelweg, der stellenweise etwas sumpfig sein kann, wandern wir ca. 500 m durch den schattigen Mischwald, den Wegweisern folgend.

Am Ende des Waldes sehen wir Wegweiser, Info-Tafeln und haben einen schönen Blick auf den Weiler Voglsinger.

Wir gehen links am Waldrand entlang bis zur Schotterstraße und biegen auf diese links ab.

Leicht bergauf geht es wieder in den Wald. Schon nach etwa 200 m verlassen wir diese wieder, halten uns rechts auf den Waldweg und treffen nach weiteren 250 m auf eine Teerstraße.

Unser Wanderweg führt auf dieser rechts weiter und biegt nach ca. 150 m links nach Prims ab.

Auf der Schotterstraße wandern wir am Waldrand entlang, ignorieren die Abzweigung links nach Prims und tauchen wieder in den Wald ein.

Leicht bergab geht die Schotterstraße nach ca. 500 m nach Verlassen des Waldes in eine Teerstraße über, und wir passieren den Weiler Höng. Wenige Meter weiter kommen wir nach Steindobl und biegen gleich danach, vor einem Trafohäuschen, links auf den Wiesenweg ab 5.

Zwischen Feldern wandern wir, vorbei an zwei Häusern der Streusiedlung Holzbach,

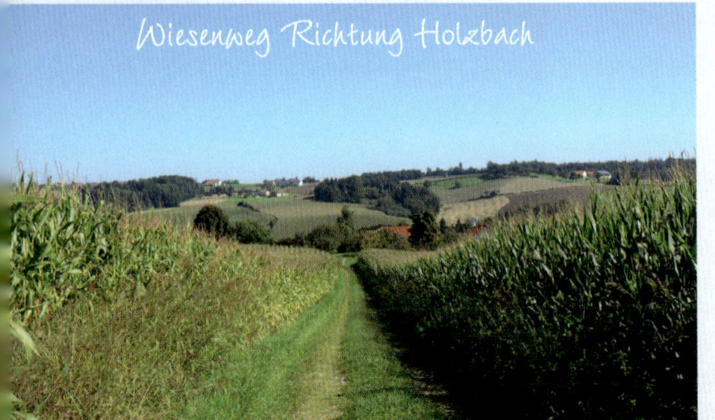

Wiesenweg Richtung Holzbach

Essen/Einkehren:

Zum Hammel
Marktplatz 15
94496 Ortenburg
Tel. 08542 432

bis zur Einmündung in die Kreisstraße PA 4. Dieser folgen wir jetzt gute 300 m bis Holzhammer und biegen vor dem ersten landwirtschaftlichen Anwesen rechts auf den Schotterweg Richtung Schönau ab.
Schlängelt sich der Weg bis zur Abzweigung Schönau noch moderat bergan, wird der Anstieg rechts nach Jägerwirth etwas schweißtreibender.

Nach etwa 800 m erreichen wir die Kreisstraße PA 11 am Ortsrand von Jägerwirth ❻. Wir halten uns rechts auf den Gehweg, überqueren nach ca. 120 m die Kreisstraße und wandern auf der Schotterstraße weiter. Zunächst am Waldrand entlang und anschließend im Wald folgen wir den Wegweisern leicht bergauf und bergab bis zur Wallfahrtskirche Heiligenbrunn ❼.

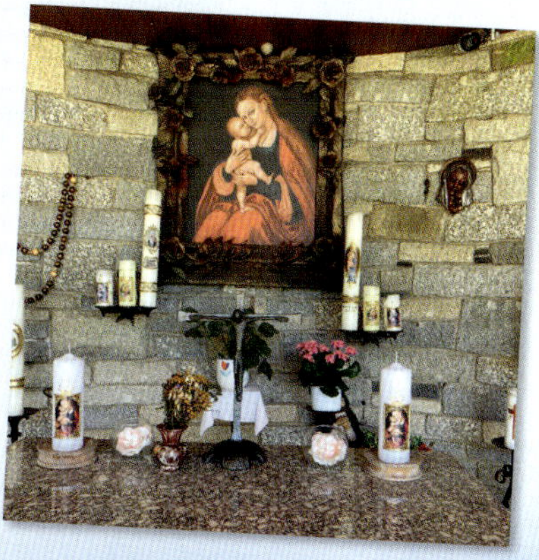

Wallfahrtskirche Heiligenbrunn

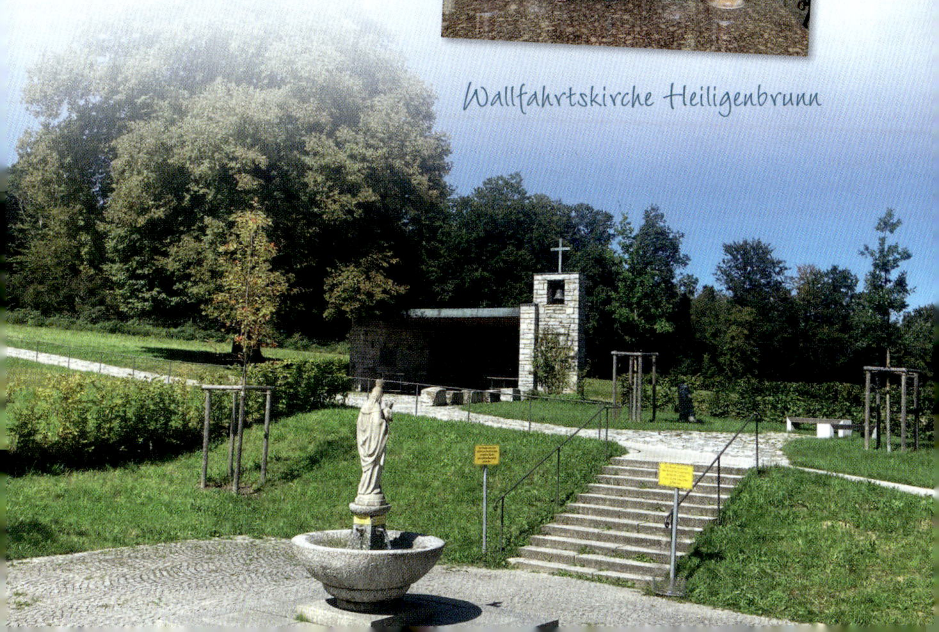

Mittel

13,1 km

↓↑ 230 m

3 Std.

Hinterschloß Ortenburg – Probstöd – Schöfbach – Scheunöd – Marterberg – Buchet – Holzkirchen – Kühhügel – Hinterschloß Ortenburg

Erlebnisreiche Rundwanderung im Ortenburger Land.

Markierung:
Beschildert mit der Nr. 9 – schwarze Schrift auf gelbem Grund

Parken:
Parkplatz ehemaliges Gasthaus Hinterschloß, Ortenburg

Römersteig

Über Stock und Stein

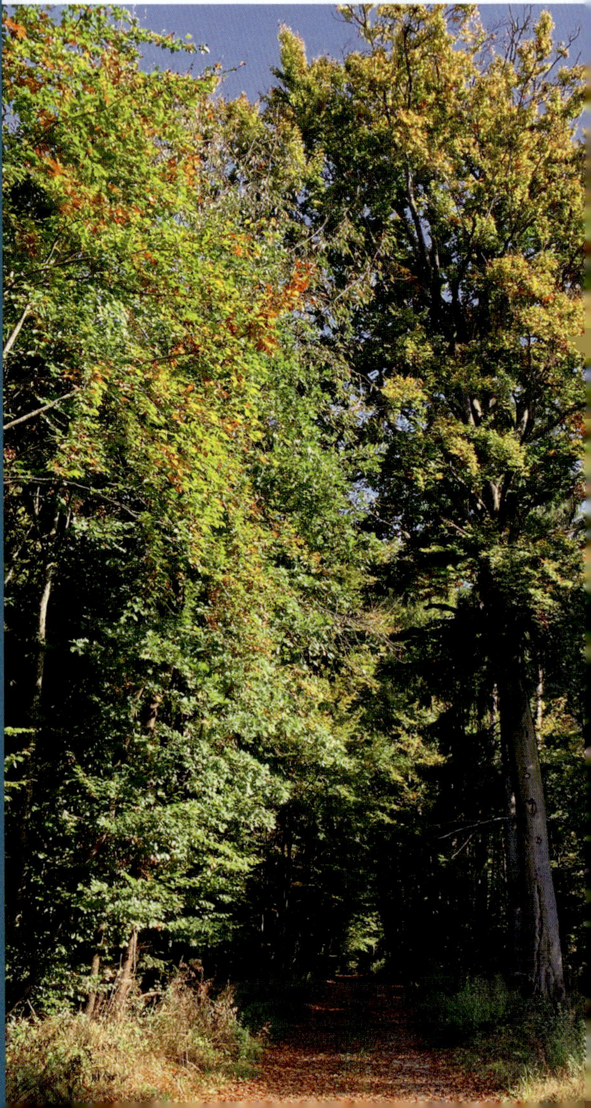

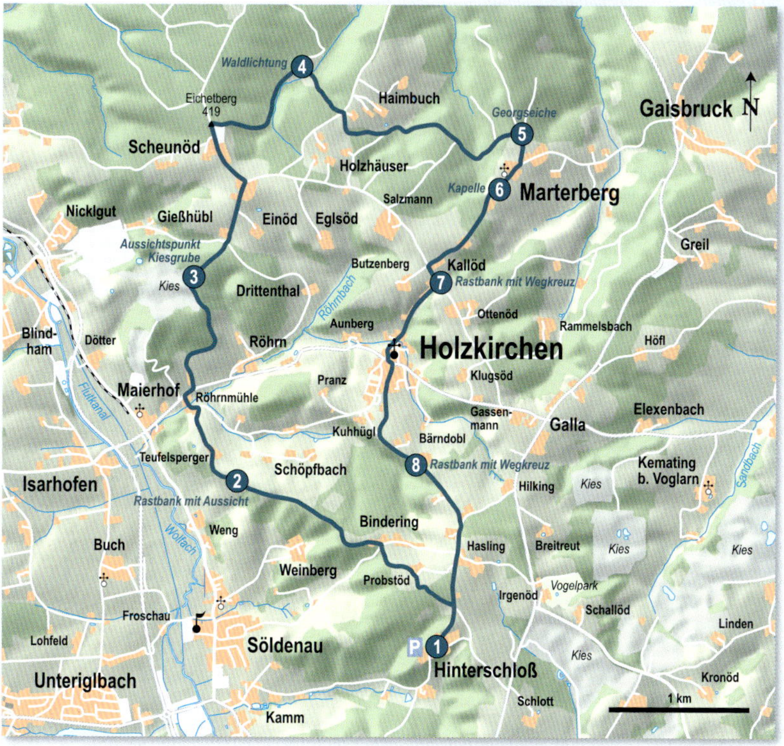

1. Hinterschloß Start/Ziel
2. Rastbank mit Aussicht
3. Aussichtspunkt Kiesgrube
4. Waldlichtung
5. Georgseiche
6. Kapelle
7. Rastbank mit Wegkreuz
8. Rastbank mit Wegkreuz

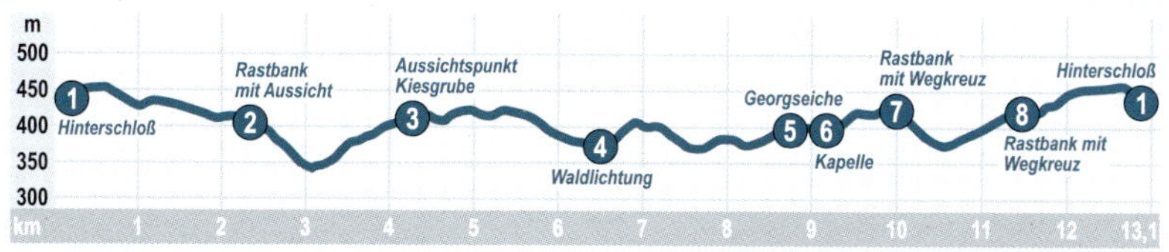

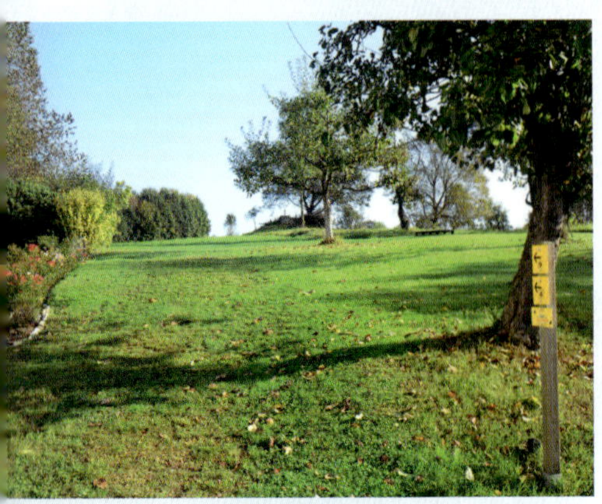

Einstieg in den Römersteig

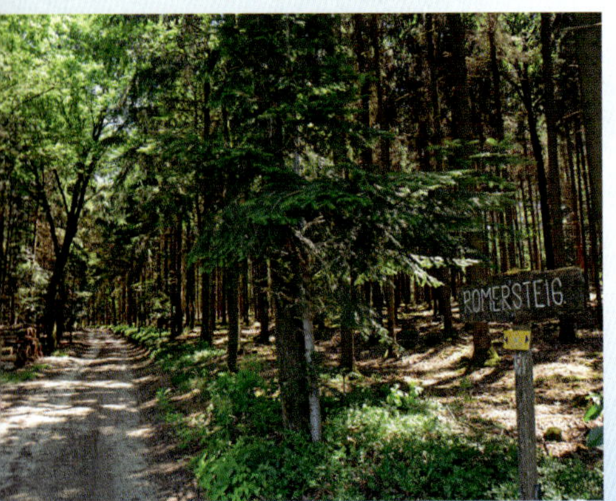

Römersteig

Der Römersteig führt durch Ortschaften der Marktgemeinde Ortenburg auf leicht begehbaren Wegen. Leider ist der Rundweg nur in einer Richtung ausgeschildert, die Markierung ist eine schwarze 9 auf gelbem Grund.

Da für uns der Ausgangspunkt am Marktplatz in Ortenburg nicht sehr reizvoll erschien, haben wir dafür das Gasthaus Hinterschloß mit seinem großen Parkplatz gewählt ❶.

Wir starten direkt beim Gasthaus und folgen der Nr. 9 auf der Wiese leicht bergauf. Der Wiesenpfad führt an einem kleinen Wäldchen vorbei und trifft am Waldrand auf eine Teerstraße.

Hier biegen wir links ab, gehen zunächst am Waldrand entlang und dann ca. 140 m durch den Wald. Der Wanderweg führt ca. 50 m links weiter und macht dann einen Rechtsschwenk zum Weiler Probstöd. Wir lassen das Anwesen rechts liegen und wandern auf dem Wiesenweg leicht bergab bis zur Einmündung in die Teerstraße am Ortsende von Bindering. Geradeaus über die Kreuzung marschieren wir auf der Schotterstraße leicht bergauf, am Ferienhaus Neumaier vorbei, bis zum nächsten Wald.

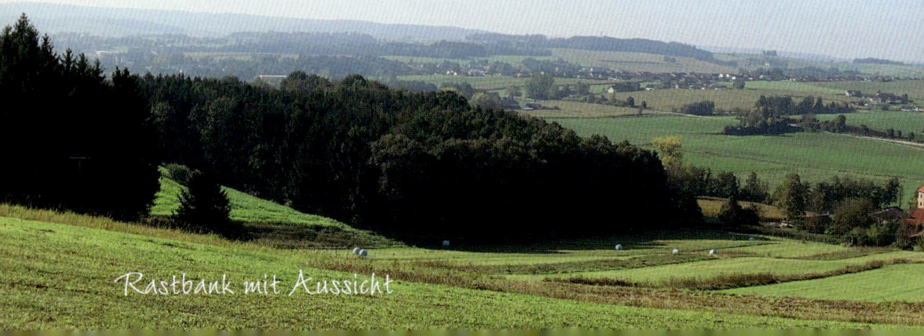

Rastbank mit Aussicht

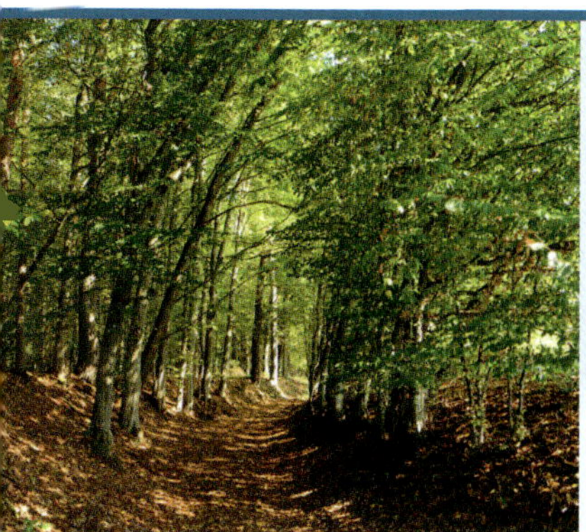

Waldweg nach der Gabelung bei Maierhof

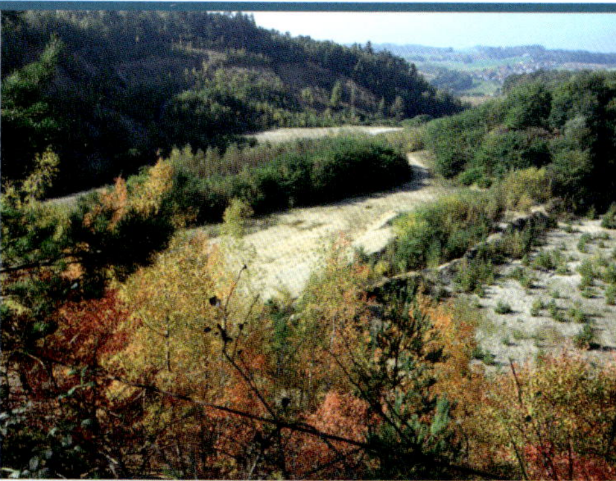

Blick in die Kiesgrube

An der Gabelung gleich im Wald bleiben wir links und wandern jetzt relativ geradeaus durch den Mischwald. Nach etwa 900 m kommen wir zu einer Rastbank mit herrlichem Ausblick auf das Ortenburger Land ❷. Jetzt geht es abwärts, am Anwesen Schöfbach 2 vorbei, in den kleinen Ort Schöfbach. Bei der Einmündung in die Kreisstraße PA 37 überqueren wir diese, gehen rechts zum Buswartehäuschen und gleich dahinter links Richtung Maierhof 11. Auf der Schotterstraße wandern wir bergauf an dem Anwesen vorbei bis zum Waldrand. An der Gabelung bleiben wir rechts und folgen dem Weg zuerst durch den Wald und dann auf dem Wiesenweg am Waldrand entlang weiter bergauf.

Zwischendurch haben wir einen schönen Blick auf die Ortschaft Röhrn und in der Ferne auf die Pfarrkirche Holzkirchen.

Wir tauchen wieder in den Mischwald ein und kommen zu einem Sperrschild für Fahrzeuge aller Art.

Ab jetzt sollten wir unbedingt auf dem Weg bleiben, da wir an der Abrisskante einer Kiesgrube entlangwandern und Absturzgefahr droht. Die Kante wird zwar stellenweise durch ein Seil abgesperrt, es können sich jedoch Überhänge gebildet haben, die von oben nicht sichtbar sind und bei Betreten abbrechen könnten. Trotzdem sieht man schön, wie sich die Natur im Laufe der Zeit die Kiesgrube wieder zurückerobert ❸.

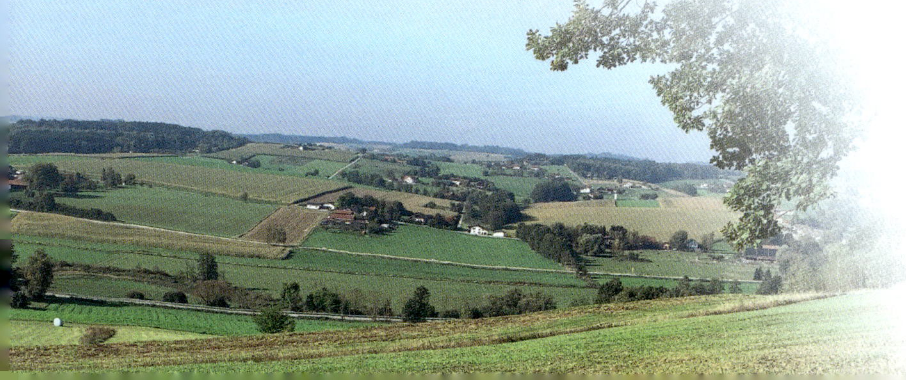

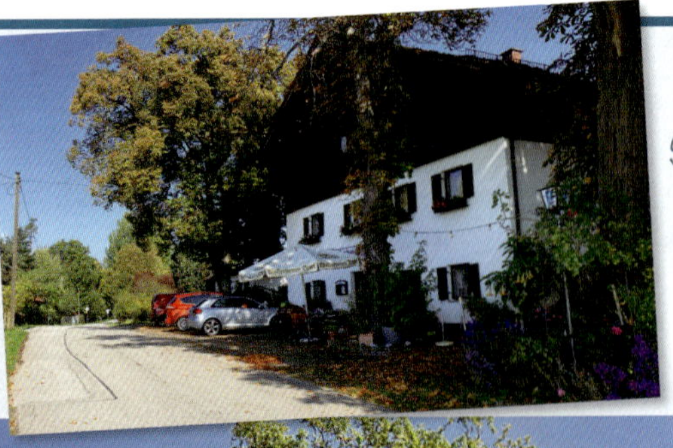

Gasthaus Bachmaier Scheunöd

Kapelle in Marterberg

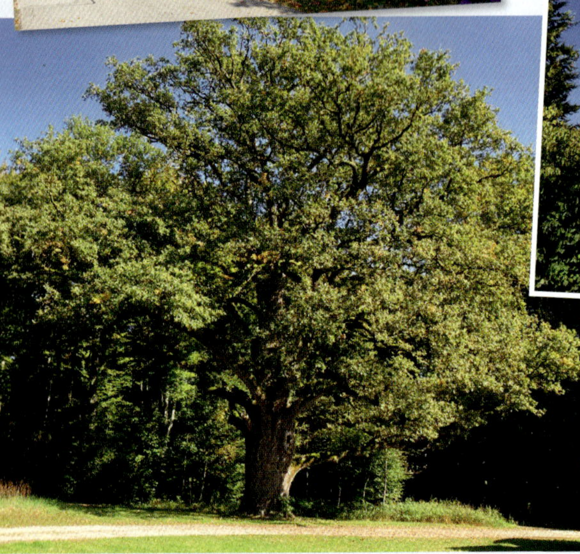

Naturdenkmal St.-Georgs-Eiche Marterberg

Das nächste Sperrschild mit Absperrung umgehen wir kurz links und wandern weiter geradeaus durch den Wald.

Nach gut 300 m treffen wir auf eine Kreuzung und marschieren jetzt auf der Teerstraße bergauf durch die Streusiedlung Scheunöd. Am Ende der Straße biegen wir links ab, gehen am Gasthaus Bachmaier vorbei bis zum Ortsende.

Etwa 50 m weiter biegen wir rechts auf die Schotterstraße Richtung Wald ab.

Wir wandern in einem langgezogenen Linksschwenk bergab durch den Mischwald, bis wir nach ca. 800 m an der Talsohle auf eine Lichtung treffen. In der Mitte der Lichtung zweigt der Wanderweg rechts ab ❹. Wir überqueren ein Bachbett und gehen wieder bergauf durch den Wald. Am Ende des Weges nach knapp 400 m kommen wir zu einer Teerstraße, der wir links bergab bis zur Zufahrtsstraße rechts eines Anwesens folgen. Direkt an der Einmündung führt der Wanderweg rechts über die Wiese, zunächst am Waldrand entlang und dann links in den Wald hinein. Gleich darauf gabelt sich der Weg und die Nr. 9 weist uns links bergab.

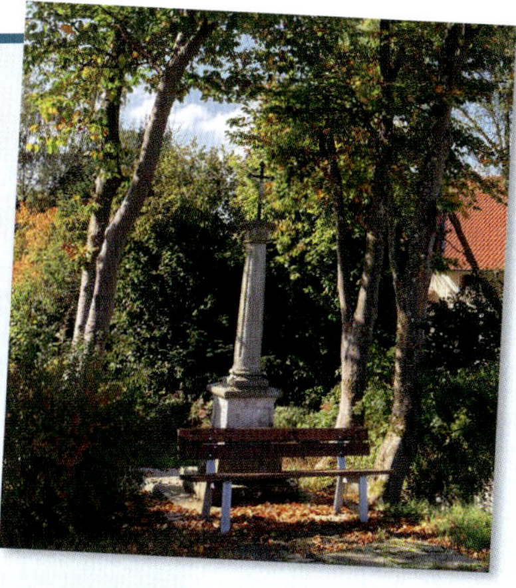

Bank mit Wegkreuz am Ortseingang von Holzkirchen

Essen/Einkehren:

Restaurant Schlosskeller Ortenburg
Vorderschloß 1
94496 Ortenburg
Tel. 08542 532970
www.schlosskeller-ortenburg.de

Der schmale und teils unwegsame Pfad bring uns nach 250 m zu einer Schotterstraße, der wir links folgen. In einem Auf und Ab wandern wir durch den schattigen Mischwald, Abzweigungen ignorieren wir, an Kreuzungen gehen wir geradeaus drüber und erreichen nach ca. 1,2 km das Naturdenkmal St.-Georgs-Eiche bei Marterberg ❺. Sie wird auf 600 - 800 Jahre geschätzt, hat einen Stammumfang von 7 m und ist ca. 26 m hoch.

Von der Eiche gehen wir vor zur Ortschaft Marterberg und biegen rechts auf die Teerstraße ab. Vorbei an der Kapelle ❻ bietet sich uns am Ortsende noch mal ein schönes Panorama bis in den Bayerischen Wald.

Wir durchwandern bergauf ein kleines Mischwäldchen und die Ortschaft Buchet, halten uns an der nächsten Kreuzung bei Kallöd links und kommen bei der nächsten Abzweigung zu einer Bank mit Wegkreuz ❼.

Gleich unterhalb sehen wir das Ortsschild von Holzkirchen. Die Straße führt bergab zur Ortsmitte. Nach der Kirche biegen wir links und nach ca. 50 m rechts in den Kirchweg ab. Dieser geht nach wenigen Metern in eine Schotterstraße über und bringt uns bergauf zu einer Teerstraße, auf der wir links weiterwandern. Hier haben wir noch mal einen schönen Blick auf Holzkirchen.

Vorbei an Kühhügl und einer Bank mit Wegkreuz ❽ biegen wir am Ende der Straße rechts ab, wandern an Hasling vorbei und treffen nach einem Wäldchen wieder auf unseren anfänglichen Weg. Hier schließt sich der Kreis, und wir sind nach wenigen Metern wieder am Ausgangspunkt zurück.

Panorama am Ortsende von Marterberg

Durchs Laufenbachtal

Erlebnisreich unterwegs

Leicht

8,6 km

↓↑ 125 m

2 Std.

Seestetten – Sandbach – Ratzing – Seestetten

Romantischer Weg in einem der schönsten Bachtäler im Passauer Land.

Markierung:
Beschildert mit der Nr. 8 – schwarze Schrift auf gelbem Grund

Parken:
Soldatenbrunnweg am östlichen Ortsende von Seestetten

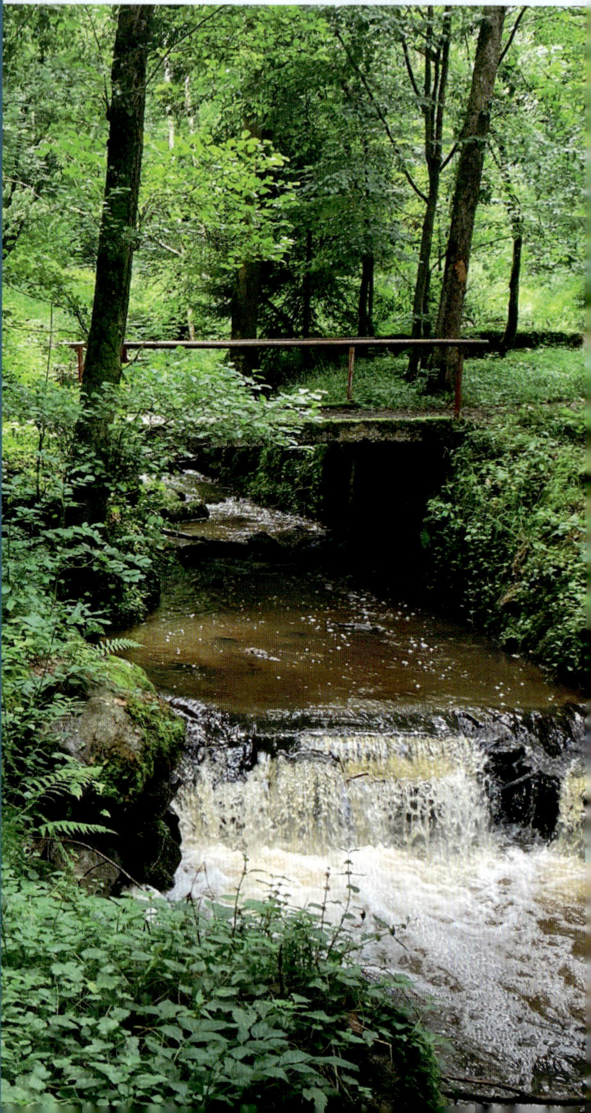

Am Laufenbach

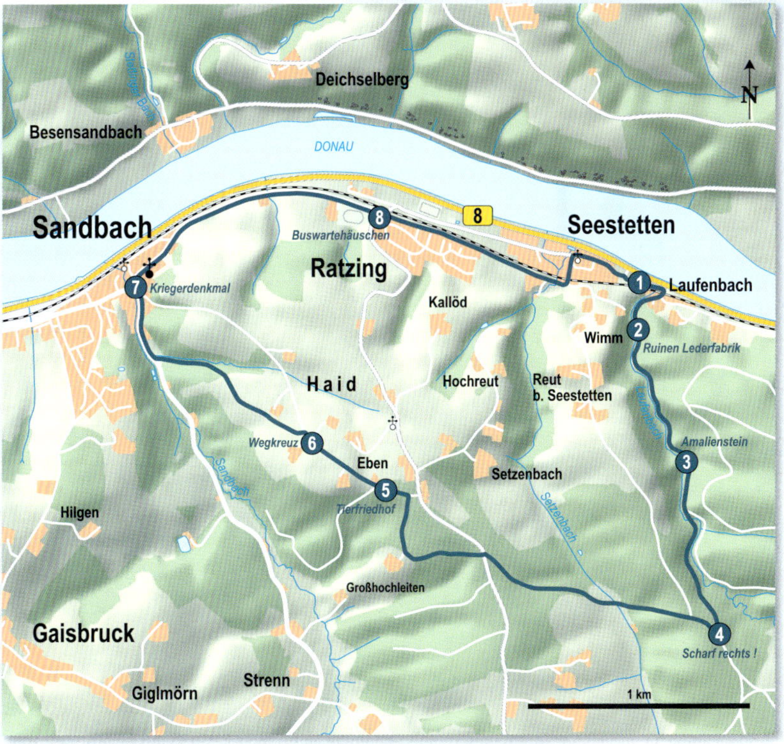

❶ Seestetten Start/Ziel

❷ Ruine Lederfabrik

❸ Amalienfelsen

❹ Scharf rechts!

❺ Tierfriedhof

❻ Wegkreuz

❼ Kriegerdenkmal

❽ Buswartehäuschen

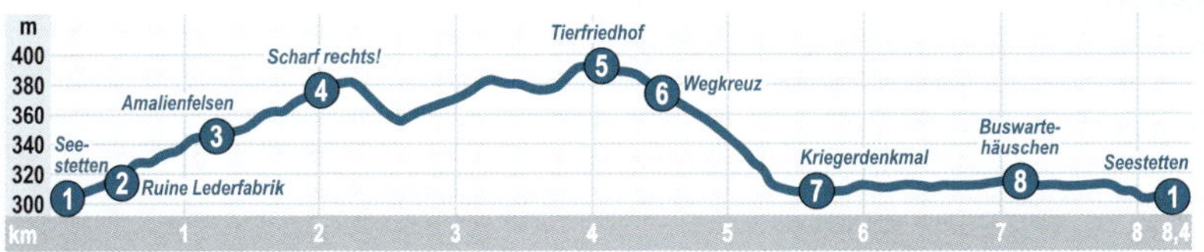

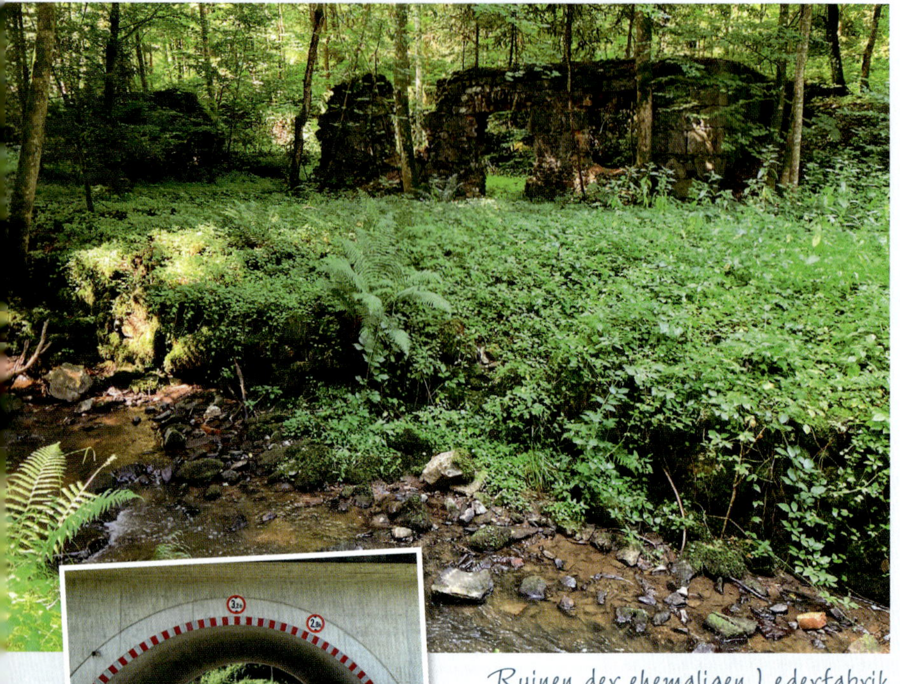

Ruinen der ehemaligen Lederfabrik von Clemens Deppe

Bahnunterführung Seestetten am Soldatenbrunnweg

Die Tour führt von Seestetten durch das romantische Laufenbachtal, eines der schönsten Bachtäler Passaus, sanft bergauf durch schattige Mischwälder in einem weiten Rechtsschwenk über Sandbach und Ratzing wieder zurück. Markiert ist der Weg mit der gelben Nr. 8.

Ausgangspunkt ist der Soldatenbrunnweg am östlichen Ortsende von Seestetten. Hier besteht auch eine Parkmöglichkeit am Straßenrand ❶. Wir wandern das kurze Stück vor bis zur Unterführung der Eisenbahn, unterqueren sie und nehmen den Schotterweg rechts mit der Markierung „gelbe 8“. Gleich darauf tauchen wir am rechten Ufer des Laufenbaches in den schattigen Mischwald ein. Leicht bergauf schlängelt sich der Weg am Bach entlang. Vorbei an den Ruinen der ehemaligen Lederfabrik von Clemens Deppe ❷ kommen wir zum sogenannten „Amalienstein“ ❸. Der „Freundeskreis Sandbach“ hat diesen Platz dem Dichter Hans Carossa gewidmet, der hier angeblich seine Jugendliebe Amalie Danzer traf. Das Gedicht auf der Tafel an der Linde hat er für das Mädchen geschrieben.

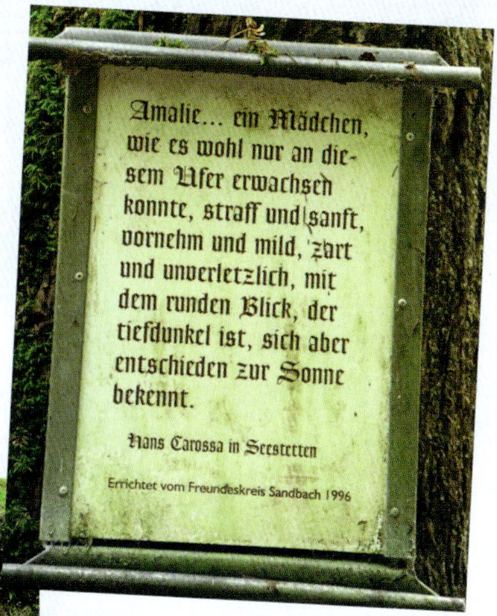

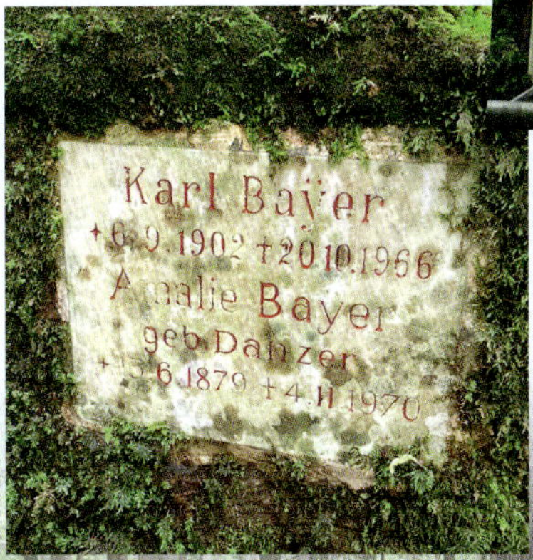

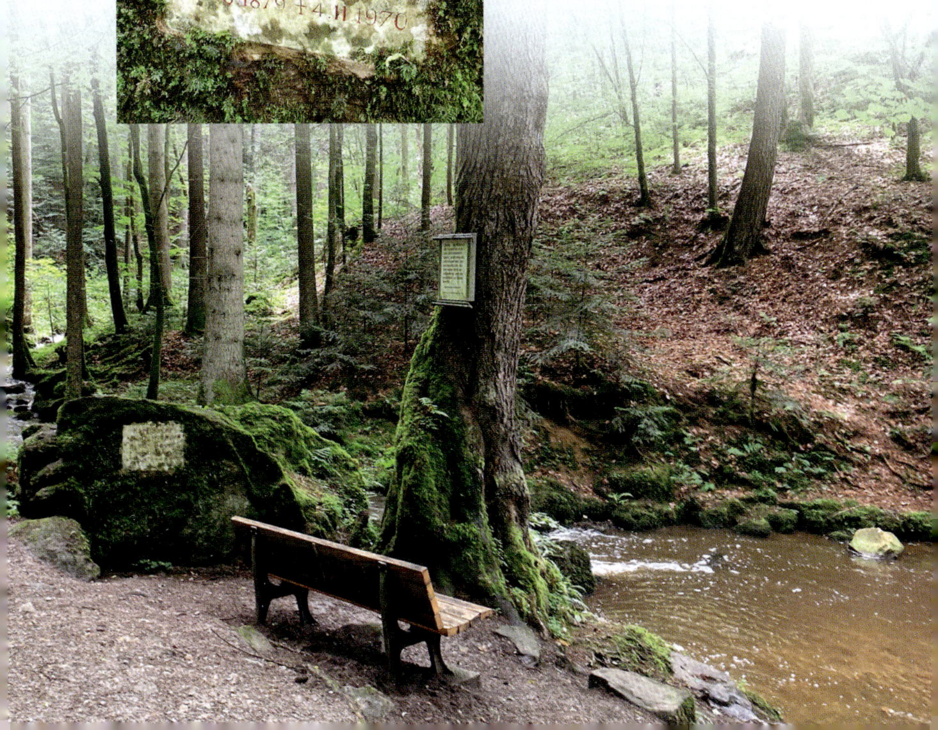

Amalienstein

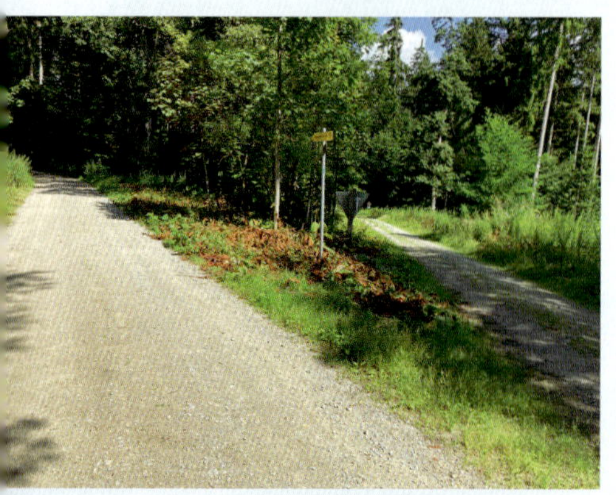

Hier scharf rechts abbiegen

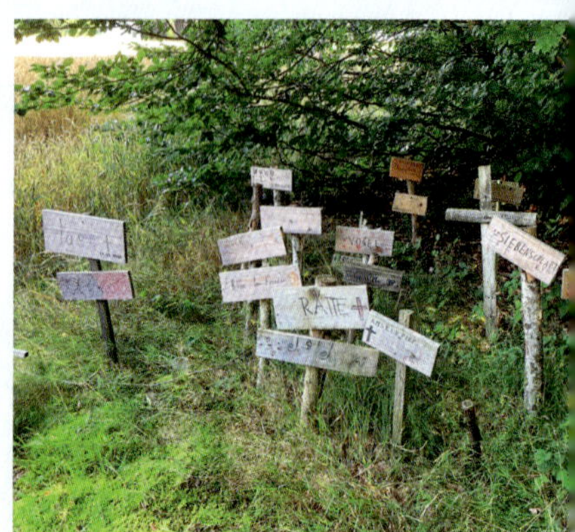

Tierfriedhof

Wir wandern weiter am Laufenbach entlang und halten uns an der nächsten Abzweigung rechts. Über eine Brücke überqueren wir den Bach und gehen an seiner linken Seite immer noch leicht ansteigend weiter. Bei der Einmündung in eine weitere Schotterstraße zweigt der Wanderweg Nr. 8 nun scharf rechts Richtung Sandbach ab ❹.

Wir wandern jetzt auf der Alten Poststraße ein kurzes Stück weiter bergauf und halten uns an der nächsten Gabelung geradeaus. Nun geht es leicht bergab, wir verlassen kurz den Wald mit einem schönen Blick auf grüne Wiesen und Felder, überqueren den Setzenbach und tauchen wieder leicht ansteigend in den Mischwald ein.

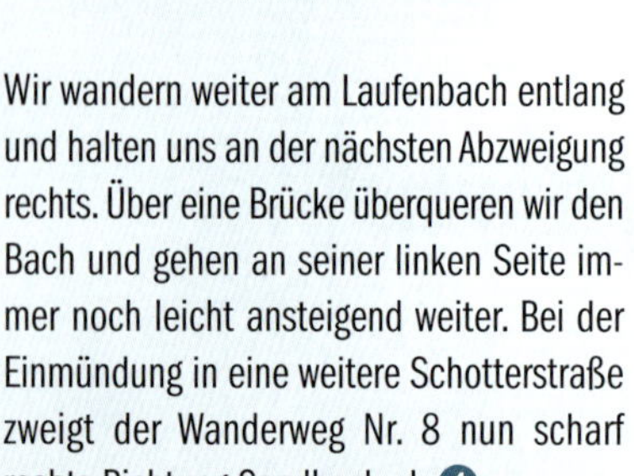

Nach guten 500 m treffen wir auf die Kreisstraße PA 11, die wir geradeaus überqueren, und folgen weiter der Nr. 8 in den Wald. An den beiden nächsten Abzweigungen bleiben wir jeweils rechts. Nach einem kurzen Anstieg mündet der Waldweg wieder in die Alte Poststraße, der wir links folgen. Am Waldrand zeigt rechts ein Wegweiser zu einem Tierfriedhof ❺.

Ein kurzes Stück weiter haben wir einen schönen Blick auf weite Felder und Hügel. Bei der Zufahrt zum Anwesen Heinemann, Eben 4, bei einer Bank mit einem Wegkreuz, sehen wir auf der Wiese alte landwirtschaftliche Geräte.

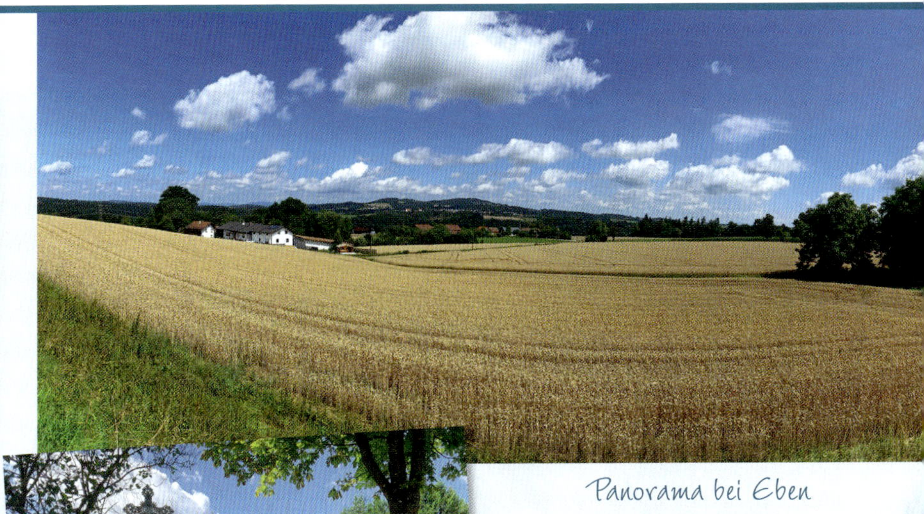

Panorama bei Eben

Bank mit Wegkreuz bei der Zufahrt zum Anwesen Heinemann, Eben 4

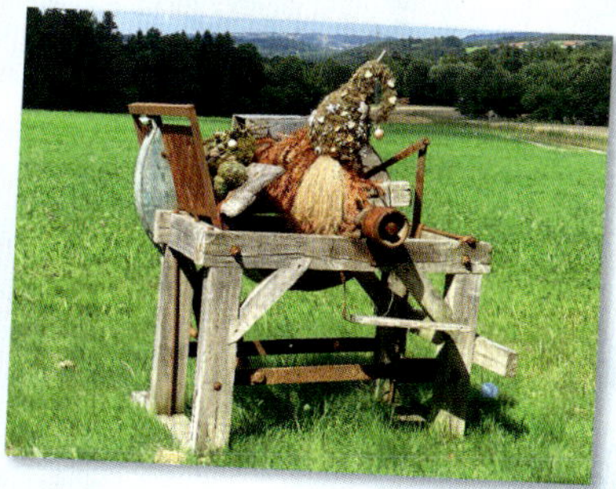

Alte landwirtschaftliche Geräte

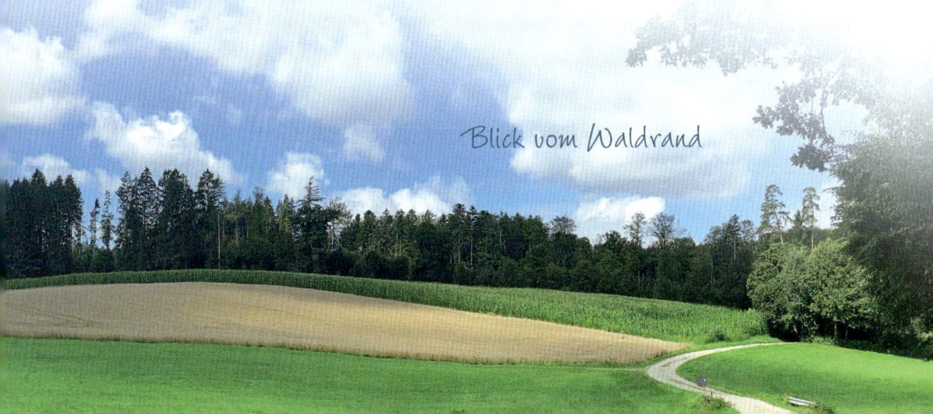

Blick vom Waldrand

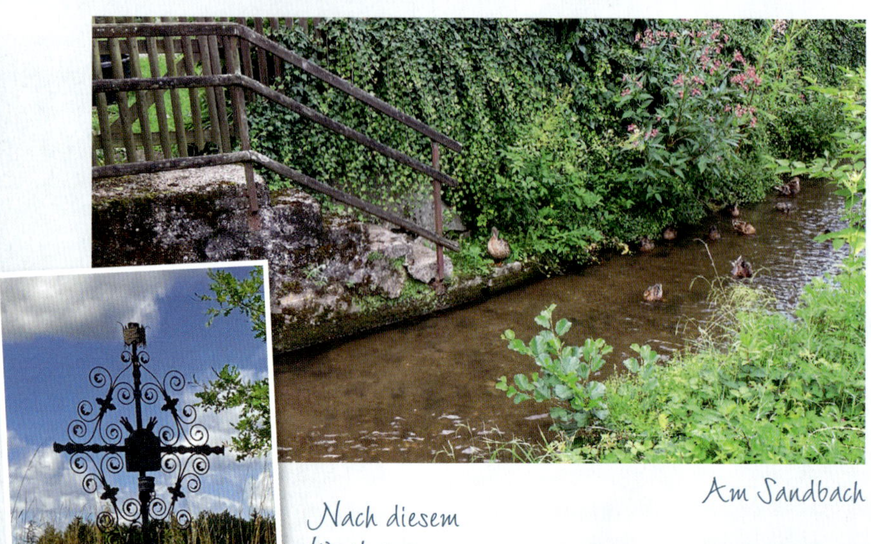

Nach diesem Wegkreuz links abbiegen

Am Sandbach

Etwa 50 m weiter bei einem weiten Wegkreuz ❻ verlassen wir die Alte Poststraße wieder und biegen links auf den Feldweg ab. Wir passieren ein Anwesen mit Reitplatz und Pferdekoppeln und gehen nun auf einem Grasweg Richtung Wald. Bei der Abzweigung am Waldrand halten wir uns rechts bergab. Nach gut 300 m treffen wir auf die Kreisstraße PA 22, der wir rechts nach Sandbach folgen. Entlang des Sandbaches erreichen wir den Ortsbeginn in etwa 100 m. Wir wandern bis zum Kriegerdenkmal ❼ an der Sandbacher Straße und biegen dort rechts ab. Vorbei an der Dreifaltigkeitskirche und dem Kindergarten St. Nikolaus gehen wir auf dem Gehweg in Richtung Seestetten. Etwa 900 m nach Ortsende von Sandbach passieren wir den Sportplatz, verlassen an der Abzweigung der Kreisstraße PA 11 den Gehweg und steuern geradeaus auf das Buswartehäuschen vor der Bahnüberführung zu ❽.

Hier biegen wir rechts in den Schotterweg ein und folgen diesem an der Bahnstrecke entlang bis Seestetten. Kurz vor Ortsbeginn überqueren wir den Setzenbach und treffen

Kriegerdenkmal in Sandbach

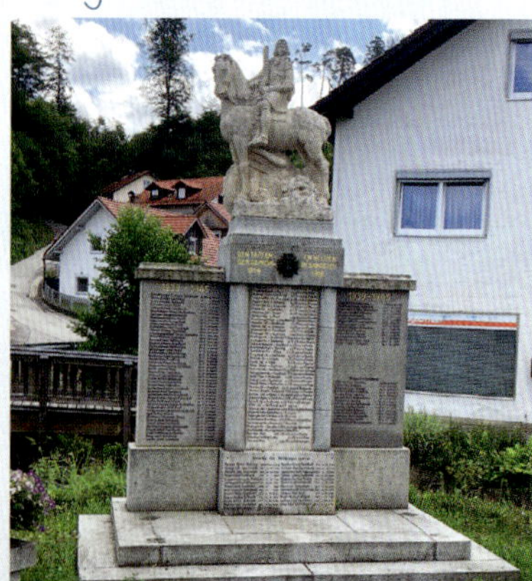

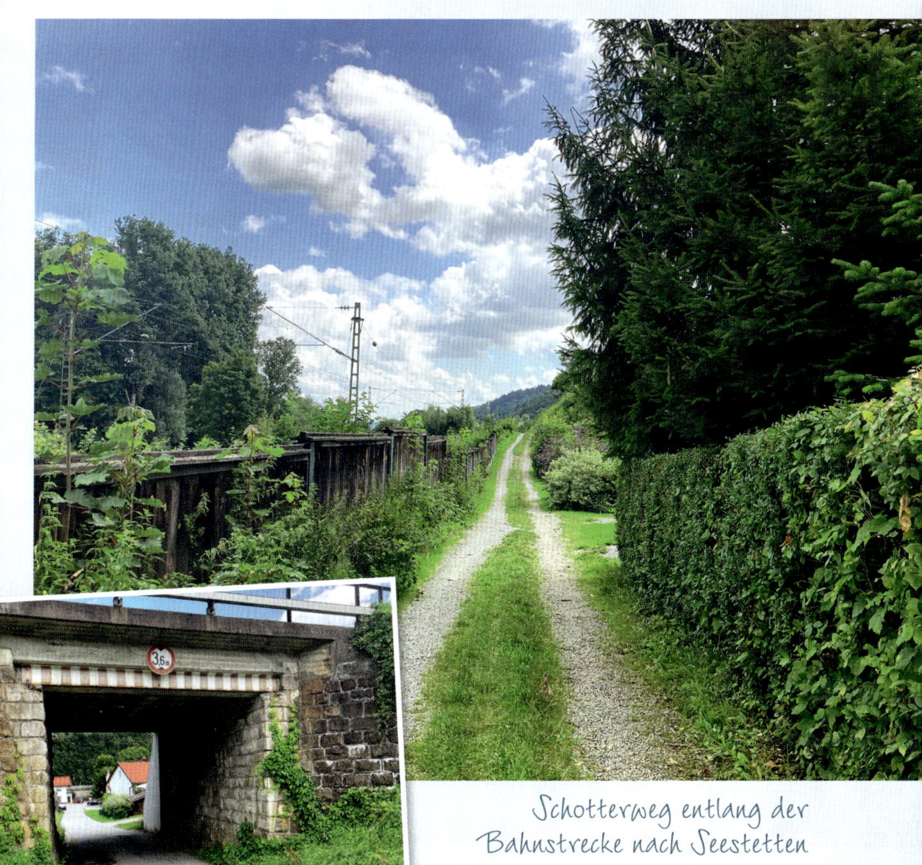

Schotterweg entlang der Bahnstrecke nach Seestetten

Bahnunterführung in Seestetten, Wimmstraße

auf die Wimmstraße. Wir gehen links durch die Bahnunterführung leicht bergab bis zur Seestettener Straße, biegen dort rechts ab und sind nach ca. 300 m wieder am Ausgangspunkt angelangt.

Essen / Einkehren:

Sandbacher Hof
Sandbacher Str. 58
94474 Vilshofen an der Donau
Tel. 08548 237

Fürstenzeller Kreuzweg

Zum Verweilen und Nachdenken

Leicht

7,6 km

↓↑ 100 m

2 Std.

Rundweg durch Wald und Wiese

Der Fürstenzeller Kreuzweg verbindet 14 Kreuze, die zum Verweilen und Nachdenken einladen.

Markierung:
Beschildert mit einer Raute mit silbernem Kreuz, auf blauem Grund

Parken:
Am Fürstenzeller Freibad, Kellerweg

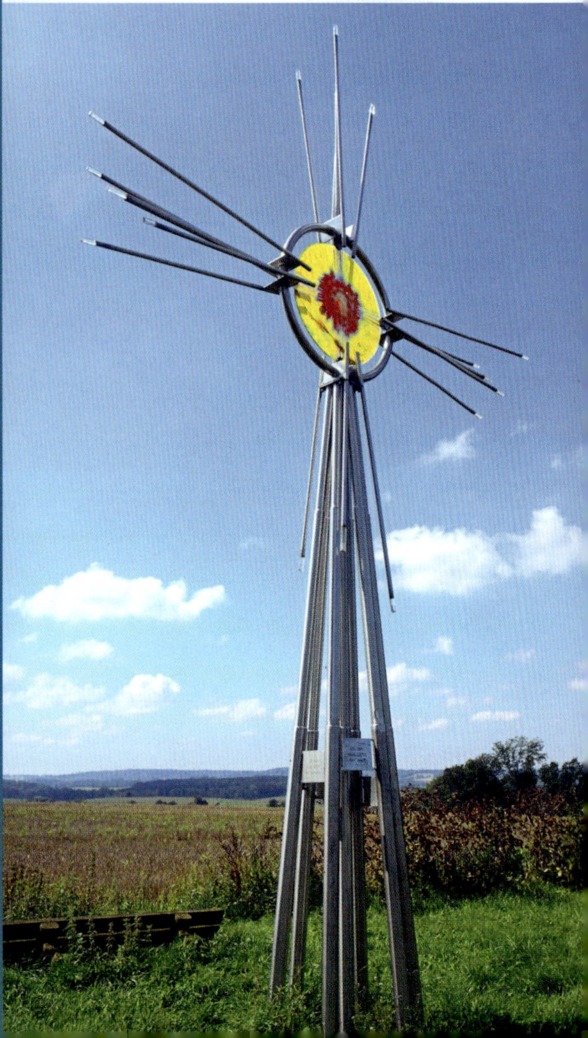

Fürstenzeller-Kreuz

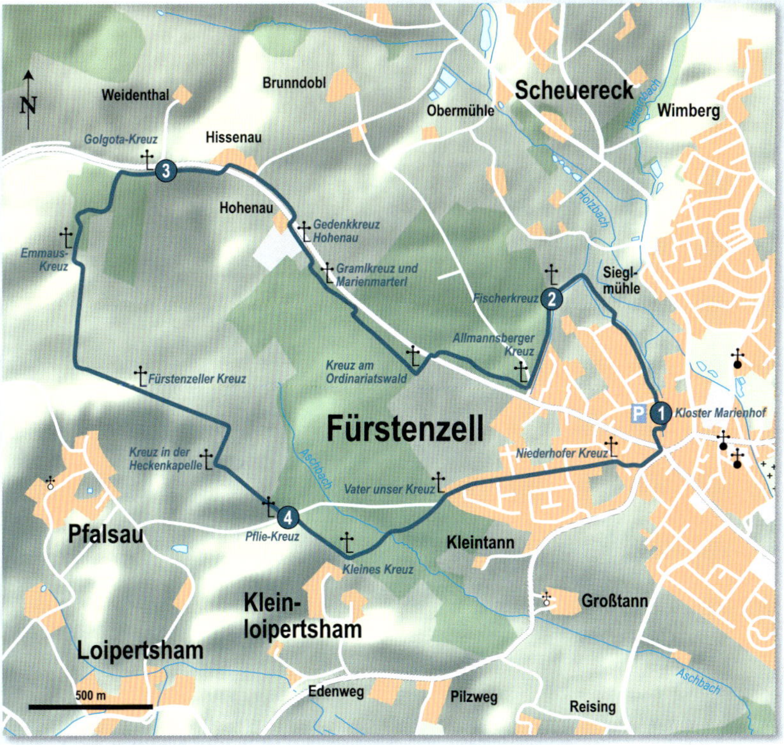

1 Kloster Marienhof Start/Ziel

2 Fischerkreuz

3 Golgota-Kreuz

4 Pflie-Kreuz

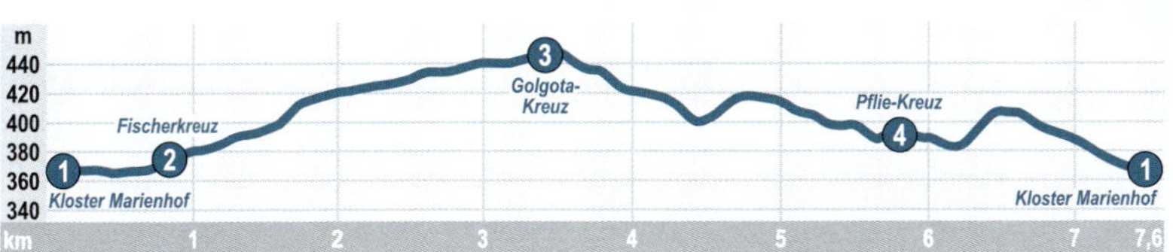

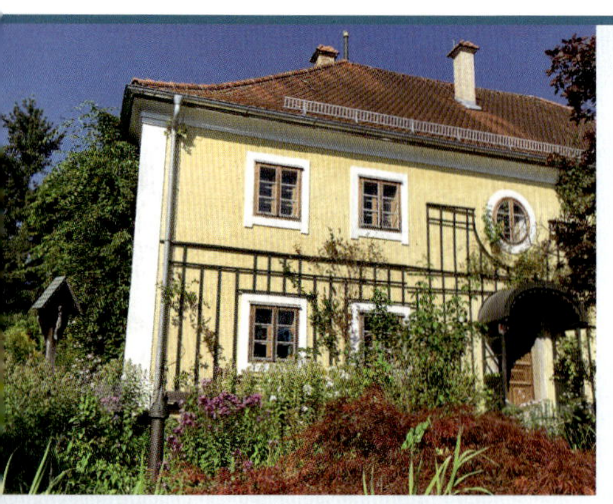

Vorgarten des ehemaligen Klosters Maierhof

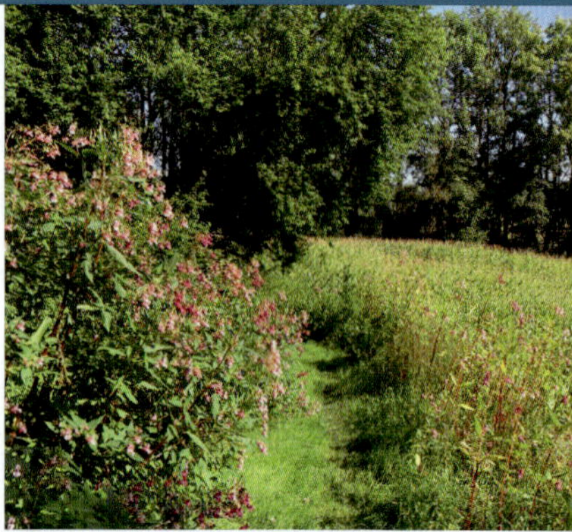

Am Ufer des Zellerbaches entlang

Der Fürstenzeller Kreuzweg ist kein traditioneller Kreuzweg mit den 14 Stationen des Leidens Jesu, sondern er verbindet 14 unterschiedliche Kreuze, die zum Verweilen und Nachdenken einladen sollen. Markiert ist er mit einer Raute mit silbernem Kreuz auf blauem Grund.

Eine Parkmöglichkeit besteht beim Freibad in der Kellerstraße oder sonntags in der Ortsmitte. Von Montag bis Samstag gilt im Innenstadtbereich eine Parkzone mit 2 Stunden Parkdauer.

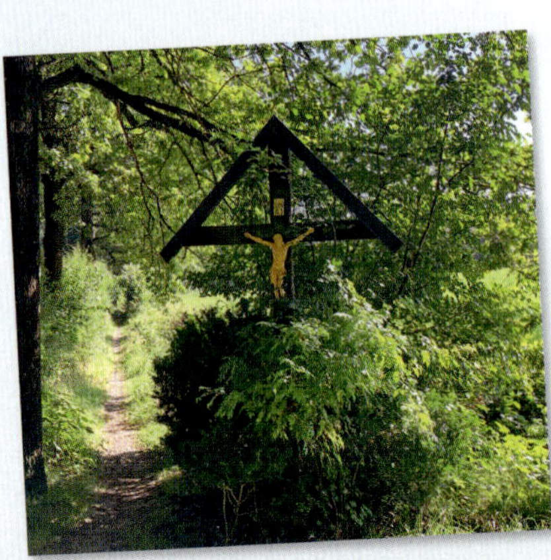

Ausgangspunkt ist das Kreuz im Vorgarten des ehemaligen Klosters Maierhof, Mühlensteig 11, in Fürstenzell ❶.

Dorthin gelangt man vom Marktplatz aus über die Holzbachstraße und nach dem Kaufhaus Zöls links über den Maierhofweg. In der Rechtskurve liegt links das ehemalige Kloster. Wir wandern auf dem Maierhofweg weiter und biegen an der Gabelung rechts nach „Am Mühlbach" ab. Nach etwa 350 m, vor einer Linkskurve, halten wir uns rechts und überqueren auf einer kleinen Brücke den Zellerbach.

Wir wandern auf dem Wiesenweg gut 200 m am Bach entlang und überqueren ihn links bei dem nächsten Brückerl wieder.

Auf einem schmalen Pfad erreichen wir 150 m weiter das „Fischer-Kreuz" ❷.

Es wird so genannt, weil es von der Familie Fischer am Ende ihres Grundstücks aufgestellt wurde. Wir wandern links am Waldrand

Fischer-Kreuz

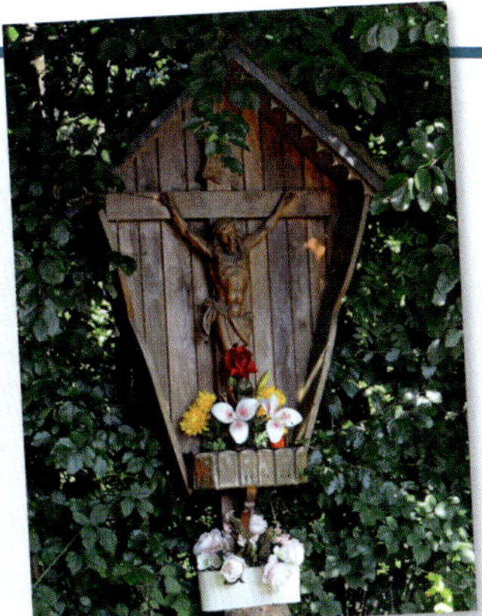

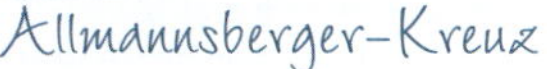
Allmannsberger-Kreuz

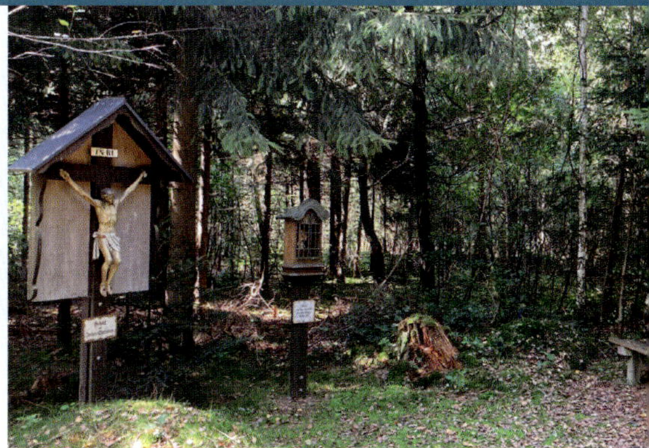
Graml-Kreuz und Graml-Marienmarterl

leicht aufwärts weiter und treffen kurz vor der Einmündung in die Ortenburger Straße rechts auf das „Allmannsberger-Kreuz".
Errichtet wurde dieses Kreuz von der Fam. Allmannsberger aus Dankbarkeit, weil Vater und Sohn nicht mehr in den Krieg eingezogen wurden.
Links vom Kreuz führt ein kleiner Pfad in den Wald. Dieser trifft nach etwa 400 m auf der Höhe des Ordinariats-Waldes auf die Ortenburger Straße.
Wir überqueren diese und gehen am Waldrand leicht bergauf bis zur nächsten Abzweigung in den Wald. Hier treffen wir auf das 4. Kreuz. Angeblich lag der Korpus des Kreuzes schon in einem Abfallbehälter einer Münchner Schule. Das Kreuz wurde von der Fam. Roth 2005 hier aufgestellt. Auffällig ist, dass auf der Kreuztafel die Inschrift „Jesus von Nazareth König der Juden" in Hebräisch, Griechisch und Latein geschrieben steht. Wenn wir uns umdrehen, haben wir einen wundervollen Blick auf Fürstenzell.
Vor dem Kreuz biegen wir rechts in den Wald ein.
Wir wandern ziemlich geradeaus, bis wir nach gut 300 m auf einen Querweg treffen, halten uns rechts und biegen gleich wieder links ab. Nach etwa 150 m treffen wir links auf das „Graml-Kreuz" und das „Graml-Marienmarterl". Beide wurden von der Familie Graml hier aufgestellt.
Wir gehen zunächst geradeaus weiter und treffen nach einer Rechtskurve wieder auf die Ortenburger Straße. Neben der Straße gehen wir vor bis zum Gedenkkreuz bei der Firma Rothofer.

Blick auf Fürstenzell

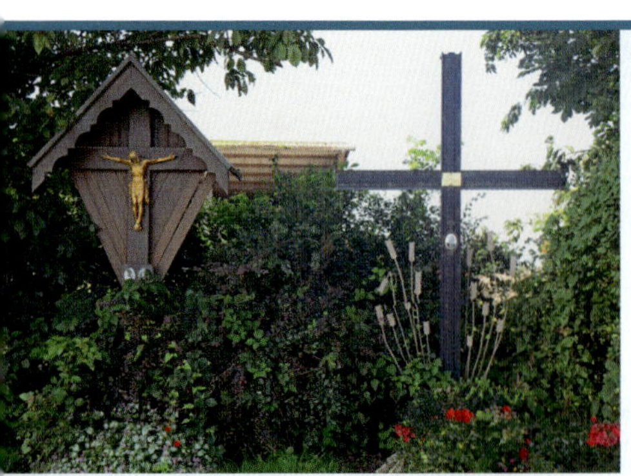

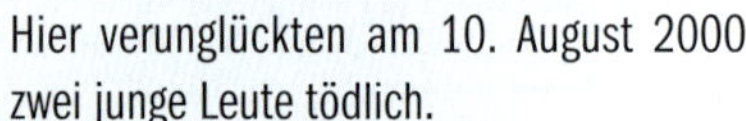
Gedenkkreuz bei der Firma Rothofer

Hier verunglückten am 10. August 2000 zwei junge Leute tödlich.
Wir überqueren die Ortenburger Straße und gehen auf der anderen Seite auf dem Feldweg weiter.
Hier hat man, wenn der Mais nicht zu hoch steht, einen schönen Blick auf Jägerwirth und den Bayerischen Wald. Nach gut 200 m erreichen wir Hissenau. Vor der Ortenburger Straße gehen wir rechts auf der Privatstraße am Rande des Hofes der Familie Riedl vor, bis zur nächsten Einmündung. Der Durchgang wird freundlicherweise von der Familie Riedl gestattet.

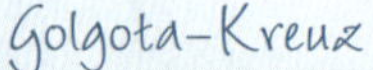
Golgota-Kreuz

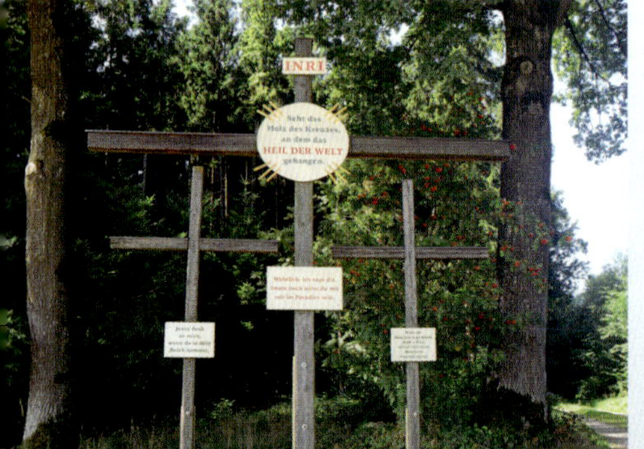

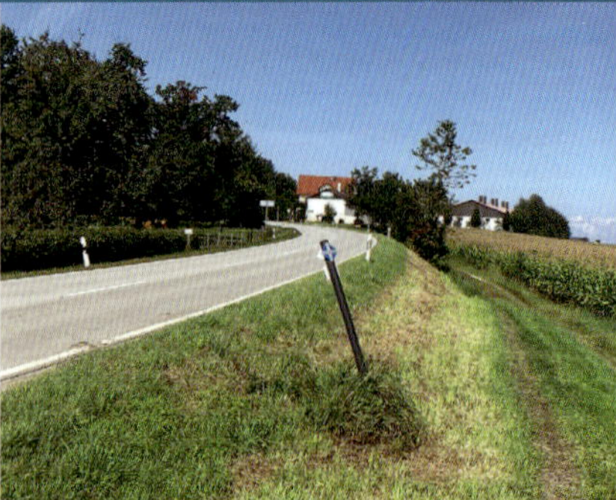

Auf der anderen Seite der Ortenburger Straße geht es weiter.

Wir überqueren wieder die Ortenburger Straße und gehen auf der anderen Straßenseite rechts auf dem Feldweg weiter zum „Golgota-Kreuz". Die Kreuzgruppe wurde 2009 am Rande des Waldes errichtet ❸. Unser Weg führt auf der Schotterstraße in den Mischwald und biegt nach gut 100 m links in einen kleinen Pfad ab. Der Pfad schlängelt sich leicht bergab, und wir kommen am Waldrand zum „Emmaus-Kreuz".
Hier bietet sich uns ein herrliches Panorama. In der Ferne können wir schon unser nächstes Ziel in einer Heckengruppe erkennen, das Fürstenzeller-Kreuz.
Dazu gehen wir auf dem Feldweg ca. 50 m geradeaus leicht bergab, halten uns links und an der Weggabelung gleich wieder rechts. Zwischen Feldern wandern wir ca. 400 m zur nächsten Abzweigung.
Wir biegen links ab, gehen an der Hecke entlang leicht bergauf und erreichen nach weiteren 250 m das „Fürstenzeller-Kreuz". Das markante 7 m hohe Kreuz wurde 2009 aufgestellt und ist seitdem ein Wahrzeichen von Fürstenzell.

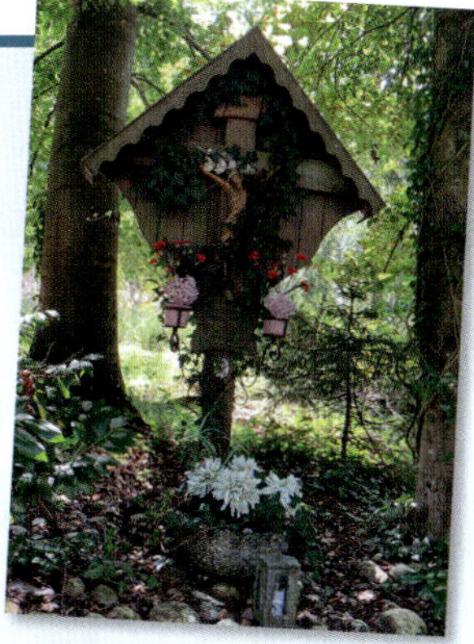

Pflie-Kreuz

Wir wandern auf dem Schotterweg weiter an der Hecke entlang, bis wir nach etwa 250 m auf einen Querweg treffen. In diesen biegen wir rechts ein und gelangen nach etwa 100 m, vor einer Linkskurve, an das Ende der Hecke. Hier befindet sich rechts in der Hecke das Kreuz in der „Heckenkapelle". Weiter geht es jetzt links bis zur Einmündung in die Gemeindeverbindungsstraße Fürstenzell-Pfalsau. Wir halten uns links und nach ca. 50 m wieder rechts auf dem Wirtschaftsweg. Kurz vor der Abzweigung erinnert ein Kreuz an den damals 15-jährigen Andreas Pflie, der hier tödlich verunglückte. Deshalb wird das Kreuz als „Pflie-Kreuz" bezeichnet ❹.

Auf dem Wirtschaftsweg gelangen wir zu einem kleinen Kreuz bei einer Rastbank. Dieses Kreuz hat keinen besonderen Namen. Wir biegen links auf den Wiesenweg ab, überqueren nach knapp 200 m den Aschbach und wandern am Waldrand jetzt leicht bergauf.

Am Ortseingang von Fürstenzell stoßen wir auf das „Vaterunser-Kreuz". Es wird so genannt, da auf einer Tafel das „Vaterunser" geschrieben steht.

Nun geht es auf dem Pfalsauer Weg bergab Richtung Ortsmitte. An der Einmündung in die Griesbacher Straße sehen wir rechts im Gebüsch ein großes Kreuz. Es gehörte zu einer Kreuzigungsgruppe, die einst in der Holzbacher Straße stand, und wird auch Niederhofer Kreuz genannt.

Dies war das letzte Kreuz auf dem Fürstenzeller Kreuzweg.

Wir wandern die letzten Meter vor bis zur Kreuzung, biegen links in die Ortenburger Straße ab, überqueren diese und gelangen über den Mühlsteig wieder zum Ausgangspunkt beim ehemaligen Kloster Maierhof zurück.

Essen / Einkehren:

La Barca
Griesbacher Str. 14
94081 Fürstenzell
Tel. 08502 8987

Panorama beim Emmaus-Kreuz

Impressum

Kartographie:
Kartographie Muggenthaler, Heinz Muggenthaler, Stadtplatz 19, 94209 Regen

Texte:
Matthias Hiergeist und Hans-Peter Müller

Abbildungen:
Matthias Hiergeist und Hans-Peter Müller; Tourismusverband Ostbayern e.V. Fotograf Stefan Gruber; Tourismusgemeinschaft Bayerisches Donautal und Klosterwinkel e.V. Sebastian Werba
Hintergrund: Bastetamon, fotolia.com; Wanderschuh: VRD, fotolia.com

Kontakt – Homepages:
Hans-Peter Müller: www.hp-wandern.de
Matthias Hiergeist: www.donautal-klosterwinkel.de

Bibliografische Information der Deutschen Nationalbibliothek

Die Deutsche Nationalbibliothek verzeichnet diese Publikation in der Deutschen Nationalbibliografie; detaillierte bibliografische Daten sind im Internet über http://dnb.dnb.de abrufbar.
ISBN 978-3-95587-797-2

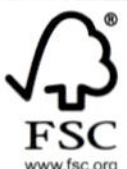

MIX
Papier aus verantwortungsvollen Quellen
FSC® C014138

Für uns, die Battenberg Gietl Verlag GmbH mit all ihren Imprint-Verlagen, ist Nachhaltigkeit ein wichtiger Teil unserer Unternehmensphilosophie. Daher achten wir bei allen unseren Produkten auf den Einsatz umweltschonender Ressourcen und Materialien.
Dieses Buch wurde auf FSC®-zertifiziertem Papier gedruckt. FSC (Forest Stewardship Council®) ist eine nicht staatliche, gemeinnützige Organisation, die sich für die verantwortungsvolle und ökologische Nutzung der Wälder unserer Erde einsetzt.

Unsere Partnerdruckerei kann zudem für den gesamten Herstellungsprozess nachfolgende Zertifikate vorweisen:
- Zertifizierung für FOGRA PSO
- Zertifizierungssystem FSC®
- Leitlinien zur klimaneutralen Produktion (Carbon Footprint)
- Zertifizierung EcoVadis (die Methodik besteht aus 21 Kriterien in den Bereichen Umwelt, Einhaltung menschlicher Rechte und Ethik)
- Zertifikat zum Energieverbrauch aus 100 % erneuerbaren Quellen
- Teilnahme am Projekt „Grünes Unternehmen“ zum Schutz von Naturressourcen und der menschlichen Gesundheit

1. Auflage 2022
ISBN 978-3-95587-797-2

www.battenberg-gietl.de